메디타치오 시리즈 5

# 너희가 사랑 가운데서 뿌리가 박히고

내일을여는지식 종교 19

메디타치오 시리즈 5

# 너희가 사랑 가운데서 뿌리가 박히고

**양창삼** 지음

Ksi 한국학술정보㈜

# 머리말

그리스도인에게 있어서 묵상은 삶의 중요한 부분이다. 매일 말씀을 접하고, 그 말씀을 붙잡고, 삶에서 그 말씀이 우리에게 무슨 의미를 주는가를 깊이 생각하고 적용하고자 한다. 때로 삶의 무게에 짓눌려 고함을 치기도 하지만 하나님의 말씀은 우리를 자유와 해방의 길로 인도한다. 말씀은 언제나 우리가 이 땅에서 경험하지 못한 세계를 열어준다. 그 속에서 놀라운 평안을 느낀다. 하늘의 평안, 곧 그 나라의 평안이다.

묵상은 분명히 개인의 행동이다. 그것은 자아의 깊은 성찰이자 하나님과의 관계를 다시금 확인하고 바르게 확립하려는 의지의 행위이다. 묵상은 개인이 하나님을 향해 나아가는 여러 방법들 가운데 하나임에는 틀림없다. 그러나 묵상은 어떤 한 가지 틀만을 고집하지 않는다. 이 책의 메디타치오 형식도 그 가운데 하나이다. 묵상은 나름대로의 죄에 대한 고백과 믿음생활이 왜 필요한지를 스스로 깨닫고 실생활에 적용하도록 만든다. 묵상이 결단으로 이어지게 하는 일은 매우 중요하다.

묵상은 우리 내면의 문제와 결부되어 있다. 우리가 그리스도 중심의 생활로 변화되면서 참으로 기이한 내적 역사를 일으키는, 그리고 그것이 외부 생활로 발현되는 과정을 체험하는 믿음의 생활 곧 성령님이 내주하셔서 역사하는 움직임을 우리는 묵상을 통해서 생생하게 확인할 수 있기 때문이다.

묵상은 우리 자신을 비하시키는 것이 아니라 하나님께서 우리 각자에게 부여한 생명의 귀함과 영혼의 중요성을 깨닫게 하는 것이며, 우리로 하여금 그리스도 중심의 생활로 나아가게 하는 것이며, 우리를 내적으로나 외적으로 성숙하게 만드는 것이다.

우리 자신, 특히 내면을 돌아보는 작업은 매우 중요하다. 나는 과연 하나님께서 내게 주신 생명을 귀하게 생각하고 있는가? 나는 곧잘 낙심하고 스스로 포기하지 않는가? 나는 하나님의 뜻보다 나의 뜻, 나의 욕심대로 살려하지 않는가? 나의 삶이 과연 주안에서 성숙된 삶인가? 묵상은 이런 문제들에 대해서 매우 도전적인 성격을 갖고 있다.

이번 메디타치오 시리즈는 다섯 번째다. 이 책은 크게 3부로 나누었다. 제 1부와 제 2부는 단 메디타치오로 말씀과 적용이 주를 이루고 있다. 제 3부는 보다 상세한 말씀 상고로 구성되어 있다. 지금까지 묵상을 잇게 해주신 하나님께 감사를 드리지 않을 수 없다.

이 책의 제목은 "너희가 사랑가운데서 뿌리가 박히고"이다. 에베소서 3장 17절 말씀가운데 일부를 인용한 것으로, 전문은 "믿음으로 말미암아 그리스도께서 너희 마음에 계시게 하시옵고 너희가 사랑 가운데서 뿌리가 박히고 터가 굳어져서"이다. 바울이 에베소 교회 교인들을 향해 간절히 기도하면서 쓴 편지가운데 이 말씀이 크게 와 닿았기 때문이다. 이 책속에 담긴 여러 묵상의 조각들이 때로 여러분의 가슴에 기처럼 펄럭이고, 파도처럼 밀려와 우리 모두의 삶에 변화의 기쁨이 넘치기 바란다.

2009년 가을
**양 창 삼**

제1부 너희가 사랑 가운데서 뿌리가 박히고

**제3부** 아르논 골짜기를 건너라

# 제1부 너희가 사랑 가운데서 뿌리가 박히고

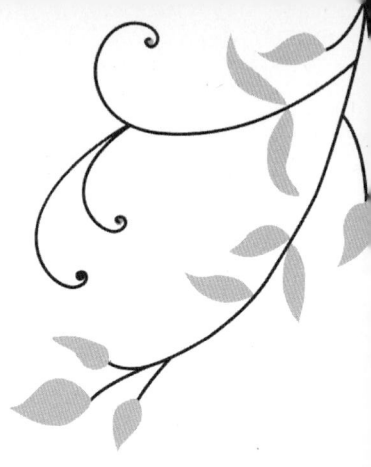

# 1. 자기 유익을 구하지 않는 사랑

로망 롤랑의 「장 크리스토프」서문에 이런 글이 있다. 이 글은 마치 사랑의 선언문 같다.

"동포여 우리 서로 가까워야 하지 않겠는가. 분리는 잊어야 할 것이 아닌가. 우리는 우리를 결합시키는 공통의 비참만을 생각해야 한다. 원수도 악당도 없고 다만 주리고 헐벗은 자만 있을 뿐이다. 오래 계속 될 수 있는 희망은 서로 이해하고 사랑하는 것, 그것이 인생의 앞과 뒤에 있는 두 개의 깊은 골짜기 사이에서 우리의 어둔 밤을 비춰주는 오직 하나의 광명이다."

사랑을 실천한 한 이야기부터 하자. 흑인이 백인으로부터 한창 멸시를 받던 시대에 한 백인이 흑인 동네에 이주해와 많은 농토를 차지하고 흑인을 멸시하며 살았다. 어느 날 흑인의 소가 백인 정원을 짓밟아 아름다운 꽃을 망쳐 놓았다. 화가 난 백인은 흑인을 대상으로 소송을 걸어 손해배상을 요청했다. 흑인은 순순히 배상을 했다.

며칠이 안 되어 백인의 소가 흑인의 땅콩 밭에 들어와 농사를 망쳐 놓았다. 흑인은 백인에게 찾아가 소를 데려가도록 말했다. 백인은 먼저 일을 생각하고 자기 식대로 흑인이 소송을 걸어올 것으로 생각하고 손해배상을 하겠다고 미리 말했다.

그러나 흑인은 태도는 아주 달랐다. "염려 마십시오. 소가 뭘 알고 땅콩 밭에 들어왔겠습니까. 제가 울타리 단속을 잘못한 것이니 잘못은 제게 있습니다. 배상일랑 생각지도 마십시오." 이 말을 들은 백인은 머리 위에 숯불을 올려놓은 느낌이었다. 그리고 많은 것을 깨닫게 되었다. 그 후 흑인의 사랑에 감동한 그는 흑인들과 형제처럼 내왕하면서 서로 사랑하며 살았다.

희랍어에 나타난 사랑은 여러 종류다. 자선과 박애의 필란드로피아(philanthropia), 형제간의 사랑 필라델피아(philadelphia), 부자간 또는 모자 간 등 가정안의 사랑 스토르게(storgeh), 친구 사이의 사랑 필리아(philia), 이성간의 사랑 에로스(eros), 그리고 원수까지도 껴안는 하나님의 사랑 아가페(agape). 이 가운데 최상급 사랑은 역시 아가페.

성경에서 가장 많이 언급되는 사랑도 아가페다. "하나님을 사랑하고 이웃을 사랑하라"(막12:28-31). 이 때 사랑이 아가페다. 아가페의 실천은 그리스도인에게 부여된 사랑의 계명이다. 하나님 사랑과 이웃사랑은 율법의 대강령이다. "온 율법은 네 이웃 사랑하기를 네 몸과 같이 하라 하신 한 말씀에 이루었느니라"(갈5:14). "네 이웃 사랑하기를 네 몸과 같이 하라 하신 최고의 법을 지키면 잘 하는 것이라"(약2:8).

아가페는 어떤 성격을 띨까. 한 마디로 하나님께서 인간을 돌보시고 위하시는 사랑이다. 자기를 반역하고 죄 가운데 살면서도 멸망하게 된 사람들을 구원하기 위하여 사랑하는 아들 예수 그리스도를 보내신 하나님의 사랑이다. 예수님이 십자가에 달려 돌아가시면서도 자기를 죽이는 사람들을 용서해달라고 하실 때 그 사랑이 바로 아가페이다.

하나님은 우리에게 아가페의 사랑을 하도록 하신다. 아가페의 일차적 방법은 자기 유익을 구하지 않는 것이다. 사람들은 자기를 사랑한다(딤후3:2). 그러나 진실한 그리스도인의 사랑은 자기의 유익을 구하지 않는 것이다(고전13:5).

아가페의 경지에 다 다르면 원수까지도 사랑할 수 있다. 주님은 말씀하신다. 마태복음 5장과 누가복음 6장을 가보자. "너희 원수를 사랑하며 너희를 핍박하는 자를 위해 기도하라 그래야 하나님 아버지의 아들이 될 것이니라 너희를 미워하는 자를 선대하며 너희를 저주하는 자를 위해 축복하라 너희를 모욕하는 자를 위해 기도하라 [--] 악한 자를 대적하지 말라 오른 뺨을 치거든 왼 편도 돌려대며 속옷을 가지고자 하는 자에게 겉옷까지도 가지게 하라 억지로 오리를 가게 하거든 그 사람과 십리를 동행하고 구하는 자에게 주며 네게 꾸고자 하는 자에게 거절하지 말라 남에게 대접받고 싶거든 너희도 남을 대접하라." 바울도 이 정신을 가르친다. "원수가 배고파하면 먹을 것을 주고 목말라 하면 마실 것을 주라 악에게 굴복하지 말고 선으로써 악을 이겨내라"(롬12:20, 21).

아가페를 하고 싶다고 되는 것은 아니다. 본회퍼는 말한다. "자연인간은 누구도 참 사랑(아가페)을 가질 수 없다. 오직 예수 그리스도의 사랑이 마음속에 움직일 때 생기는 것이 아가페 사랑이다. 성령의 역사로 일어나는 것이 사랑이다." 예수 그리스도께서 나 같은 죄인을 위해 십자가를 지셨다는 감격이 마음속에 일어날 때, 곧 성령이 역사할 때 우리는 아가페를 할 수 있다는 것이다. 본회퍼 자신도 그 사랑을 보여주었고, 손양원도 그 사랑을 보여주었다.

사람들은 대부분 조건과 외모와 직업과 부에 근거한 '때문에' 사랑을 한다. 그러나 그리스도인은 '그럼에도 불구하고' 사랑을 한다. 그런 조건이 없어도 헌신과 용서와 참마음으로 사랑을 한다. 아가페 사랑, 이것이 주님이 우리에게 가르치시는 사랑의 방법이다. 오늘 우리가 완전하지 않더라도, 아니 단 한 가지라도 아가페를 실현한다면 당신은 성공한 사람이다. 이 땅에서 하늘을 맛본 사람이다.

 ## 2. 내 안에 잠든 거인을 깨우는 주님

행동변화 전문가 앤서니 라빈스가 「네 안에 잠든 거인을 깨워라」는 책을 통해 결단을 촉구했다. 인생은 순간의 결단을 통해 빛이 나기 때문이다. 그는 실용주의적인 미국인답게 실존주의적 철학을 배경으로 미국의 실용주의를 가미하며 인생 변화론을 펼쳤다. 그에 따르면 인생에는 수많은 결단의 순간들이 있으며, 한 사람의 인생은 순간순간의 결단을 통해 자신만의 빛을 발한다.

그는 자신의 변화된 모습을 통해 결단이 얼마나 중요한가를 말한다. 그 책을 쓴 시점을 기준으로 10여전 그는 그저 불우하고 보잘 것 없었던 인물이었다. 하지만 10여년이 지난 지금 그는 개인 소유 헬기를 몰고 강연장을 다닌다. 그 모든 극적인 변화가 성공하기로 결단한 이후 이룩된 것이다.

그는 신경체계 조건화의 과학(NAC)이라는 방법을 사용할 것을 권한다. 자신이 원하는 행동은 즐거움에, 피하고 싶은 행동은 고통에 연결시킴으로써 특별히 의지력을 사용하지 않고도 성공적인 쪽으로 인생을 이끌 수 있다는 것이다. 그는 이 책의 3부에 새로운 삶을 여는 7일 간의 대장정이라는 코너를 따로 두었다. 그리고 7일간 매일 따라 할 실전 매뉴얼을 제시했다. 그러면 변화할 것이라는 말이다.

변화, 얼마나 좋은 말인가? 기업에서도 변화와 혁신을 말한다. 변화는 우리 삶에 키워드가 된지 오래다. 신앙에서도 변화를 강조한다. 그러나 신앙에서의 변화는 행동주의적 조건화가 아니다. 성령님이 우리 안에 내재하시고, 그분을 통해 심령의 변화를 가져온다. 그 변화의 주도권이 내가 아니라 성령님에게 있다. 하지만 성령님의 활동에 대한 우리의 반응도 중요하다. 따라서 변화는 일방적인 것만이 아님을 알 수 있다.

변화된 사람은 이 세상을 본받지 않는다. "너희는 이 세대를 본받지 말고 오직 마음을 새롭게 함으로 변화를 받아 하나님의 선하시고 기뻐하시고 온전하신 뜻이 무엇인지 분별하도록 하라"(롬 12:2). 마음이 새로워진 사람은 나의 욕심을 채우기보다 하나님의 뜻을 갈망한다. 즐거움을 추구하고 고통을 회피하려는 인간적 차원보다 차원이 다르다. 하나님의 뜻을 더 분별하고 채용하고자 하는 사람은 환난 가운데서도 기뻐할 줄 안다.

성령 안에 산다고 해도 때로 우리는 성령님을 밀어내고 그 공간에 인간적인 것을 채우기도 한다. 그것이 지속되면 내 안에 성령님이 보이지 않게 된다. 히브리서 기자는 이런 사람은 변화된 삶으로 되돌아 올 수 없다고 말한다. "변화된 새 생활로 다시 돌아오지 못하는 사람들도 있습니다. 그들은 한때, 하나님의 빛 가운데 살았고, 하늘의 은사를 맛보며 성령을 경험한 사람들이었습니다"(히6:4 쉬운성경). 이것은 변화하는 것도 중요하지만 변화의 속성을 그대로 유지하는 것도 매우 중요하다는 것을 가르쳐 준다.

예수님은 말씀하셨다. "내가 진실로 너희에게 말한다. 너희가 변화돼 어린아이들처럼 되지 않으면 결코 하늘나라에 들어갈 수 없을 것이다"(마18:3). 변화가 하나님의 나라로 들어갈 수 있는 매우 중요한 요소라는 것을 가르쳐 준다. 그렇다면 순전한 마음으로 변화를 갈망하지 않을 수 없다.

변화는 우리 삶의 양식을 완전히 바꾸는 것을 말한다. 의식구조도 바꾸고, 생각과 태도도 바꾼다. "너희는 유혹의 욕심을 따라 썩어져 가는 구습을 좇는 옛 사람을 벗어버리고 오직 심령으로 새롭게 되어 하나님을 따라 의와 진리의 거룩함으로 지으심을 받은 새 사람을 입으라"(엡4:22-24). 옛사람을 벗어버리고 심령(spirit of your mind)으로 새롭게 되기, 하나님의 의와 진리의 거룩함으로 새로이 지음을 받기. 이 모두가 그리스도인으로 거듭나기, 곧 새사람으로 태어나기다.

변화에도 과정이 있다. 생각이 바뀌면 태도(감정)가 바뀌고, 태도가 바뀌면 행동이 바뀌고, 행동이 바뀌면 운명이 바뀐다. 생각을 바꾸는 일은 교육학의 관심분야(지)다. 태도(감정)을 바꾸는 일은 상담학의 관심분야(정)다. 상담을 통해 쓴 뿌리를 제거한다. 행동을 바꾸는 일은 설교의 관심분야(의)다. 결단을 이끌어내고 행동 변화를 촉구한다. 그러나 그 변화 과정 하나하나에 주님을 빼놓고 생각할 수 없다. 변화된 사람은 결국 세계관도 바뀐다. 어둠과 공포의 세계관으로 덧칠된 내가 빛과 화평의 세계관으로 새 옷을 입는다.

임 명희가 쓴 「절망촌 희망교회이야기」를 보면 사람을 팔던 포주에서 그리스도를 전하는 가게 주인으로 바뀐 얘기가 있다. 사람을 팔며 살던 포주가 예수를 믿고 그리스도인이 되었다. 더 이상 포주의 일을 그만 둔 그녀는 사람이 아니라 물건을 파는 슈퍼 가게 주인으로 바뀌었다. 술꾼이었던 그가 술을 끊었고, 고객이 오면 술을 끊으라 권고한다. 술꾼이 가게 앞을 쓸고, 꽃을 피우는 여인으로 변했다. 그리고 그리스도를 전한다. 그 안에 성령님이 내재하기 때문이다.

성령이 내 안에 있으면 사람은 변한다. 변화하고 싶은가. 그러면 주님을 사랑하라. 성령님을 사모하라. 그러면 성령님이 당신을 놀랍게 변화시킬 것이다. 내 안에 잠든 거인을 깨우는 주님을 당신은 놀라운 눈으로 보게 될 것이다.

 **3. 당신을 선물하라**

평양과기대 개교를 위한 칠월 학사회의가 사랑의 교회 복지관 5층에서 있었다. 하루 종일 회의를 하고 난 후 저녁식사를 위해 1층에서 함께 갈 사람들을 기다리고 있었다. 시간이 있어 책꽂이에 꽂

힌 [사랑]이라는 작은 책자를 집었다. 이 교회 복지재단에서 발행하는 것이었다.

책의 뒷 표지에는 무지개 그림이 있고 이런 복지관이 되겠노라는 선언문이 실려 있었다.

"섬김은 우리 마음에 무지개를 뜨게 합니다. 내 것이라고 생각하는 아주 작은 것부터 매일 하나씩 나누어 보세요. 빨주노초파남보. 일곱 색깔 무지개가 내 맘에 뜰 거예요. 사랑의 복지관도 당신의 무지개가 되겠습니다." 글이 마음에 든다.

작은 책 이곳저곳을 보다가 "당신을 선물하십시오"라는 제목의 글이 눈에 들어왔다. 제목이 좋다며 옆에 있던 인제대학의 하일호 교수님께 보여주었더니 그 글을 나에게 소리 내 읽어주었다. 아주 조용히. 다음은 그 글이다.

우리는 특별한 때 친구나 사랑하는 사람에게 줄 선물 때문에 종종 고민합니다.
우리가 줄 그 어떤 선물보다 귀한 선물이 있습니다.
이것은 언제나 효력이 있으며 가격표는 없지만 가장 큰 가치를 안겨주는 선물입니다.
이것은 잃어버릴 수 없고, 잊히지도 않을 것입니다.
모두에게 어울리는 가장 이상적인 선물은 바로 당신 자신입니다.
사랑하는 사람에게 당신을 선물하십시오.
당신을 필요로 하는 이에게 당신의 시간을 주십시오.
의기소침해 있는 이에게 격려의 말을 주십시오.
당신 가족에게 사랑의 포옹을 해주십시오.
소외된 이에게 긍휼의 방문을 하십시오.
아픈 이에게 당신이 준비한 따뜻한 식사를 대접하십시오.
배우자를 잃은 이에게 함께 슬퍼하며 위로의 말을 건네십시오.
어눌해서 쉽게 무시당하는 이에게 친절을 베푸십시오.

글을 읽는 하 교수의 얼굴에 미소가 가득하다. 한줄 한 줄 읽으며 나의 반응을 살펴보았다. 내 가슴도 따뜻해지는 것을 느꼈다. "좋지요. 혼자만 알기에는 너무 아깝습니다. 아내에게도 보여줘야겠네요." 아니 많은 사람에게 알리고 싶었다.

에리자베스 퀴블러 로스가 쓴 [인생수업]에 이런 글이 있다.

마지막으로 바다를 본 적이 언제였는가?
아침의 냄새를 맡아 본 것은 언제였는가?
아기의 머리를 만져 본 것은?
정말로 음식을 맛보고 즐긴 것은?
맨발로 풀밭을 걸어 본 것은?
파란 하늘을 본 것은 또 언제였는가?

많은 사람들이 바다 가까이 살지만
바다를 볼 시간이 없다.
죽음을 앞 둔 사람들은
한 번만 더 별을 보고 싶다고, 바다를 보고 싶다고 말한다.
삶의 마지막 순간에 바다와 하늘과 별
또는 사랑하는 사람들을
한 번만 더 볼 수 있게 해달라고 기도하지 마라.
지금 그들을 보러 가라.
마지막 순간에 간절히 원하게 될,
그것을 지금 하라.

지금 그들을 보러 가라 생의 가장 마지막 순간에 간절히 원하는 것, 그것을 지금 하라! 얼마나 가슴 뿌듯한 언어인가. 이제 우리가 손을 펼칠 차례다. "주님의 손을 펼쳐 병을 낫게 해 주시며, 주님의 거룩한 종 예수님의 이름으로 표적과 기적을 행하소서"(행4:30 쉬운성경).

# 4. 저는 크리스천입니다

"내가 진실로 너희에게 말한다. 누구든지 내 제자라는 이유로 이 작은 사람들 중 하나에게 냉수 한 그릇이라도 주는 사람은 반드시 그 상을 놓치지 않을 것이다."(마10:42 우리말성경).

보스턴 근교 렉싱턴에 그레이스 채플이 있다. 이 교회 담임목사로 IVF 총재를 지낸 고든 맥도날드 목사님이 계셨다. 그는 [내면세계의 질서와 영적 성장], [인생의 궤도를 수정할 때], [영적인 열정을 회복하라], [남자는 무슨 생각을 하며 사는가] 등 여러 저서를 내 우리에게 잘 알려진 분이기도 하다. 그는 이 교회에서 12년 동안 목회를 했다.

김한요 목사가 그레이스 채플에서 맥도날드 목사의 설교를 듣게 되었는데, 그분의 말씀가운데 마음에 와 닿았다는 예화 하나를 소개했다. 내용은 어떤 교인에 관한 이야기. 그가 어떻게 자기 담임하고 있는 교회의 교인이 되게 되었는가에 대한 실제 얘기다.

이야기의 주인공은 사업상 LA와 보스턴을 자주 왕래하는데 주로 밤비행기를 탔다. LA서 밤 비행기를 타고 6시간가량 비행기에서 자고나면 아침에 출근하듯 보스턴에 내릴 수 있기 때문이다. 밤 비행기라 손님도 적어 자리도 넓게 잡아 좋았다.

그런데 하루는 자리가 한 석도 비지 않을 만큼 손님으로 꽉 차게 되었다. 게다가 자기 앞좌석에 갓난아이를 안은 부인이 자리하고 그 옆으로 한 아주머니가 자리를 잡았다. 그는 그 아주머니를 그저 아이의 이모정도로 생각했다. 이번 비행은 편치 않을 것이라는 불길한 예감이 들었다. 아니나 다를까 아기는 보채기, 울기, 토하기를 반복했다. 그는 도저히 잠을 잘 수 없었다. 보스턴에 내려 일을 잘 볼 수 있을지 걱정이 되었다.

아기 엄마가 지쳐가자 옆자리 아주머니가 아이를 안아 주었다. 아기는 마신 우유를 그 아주머니의 어깨에 토하기도 하고, 심지어 변을 보기도 했다. 냄새가 진동했다. 그래도 그 아주머니는 아주 기쁘게 그 일을 감당해냈다. "사랑스런 조카니까 그럴 수 있겠지." 그는 그 정도로 생각했다.

비행기가 착륙하자 모두들 내릴 준비를 했다. 그런데 앞자리 두 여인의 행동이 달라보였다. 그래서 그는 물었다.

"그렇게 아기를 잘 돌보시던데. 토한 것도 참으시고. 두 분이 서로 친척 아니신가요?"

"아뇨. 저는 그저 아기 엄마 옆에 앉은 승객일 뿐입니다."

그 말을 듣는 순간 놀라지 않을 수 없었다. 아기 때문에 잠을 설쳤다고 마음속으로 계속 불평했던 자신의 모습이 부끄러웠다.

"어떻게 그렇게까지?"

"예, 저는 크리스천입니다."

여인의 대답은 아주 짤막했다. "저는 크리스천입니다." 그 말이 그의 가슴에 감동으로 다가오는 순간이다.

"그래요. 그럼, 저도 아주머니가 나가는 교회에 출석하고 싶습니다."

그래서 그는 아주머니를 따라 그 교인이 되었다는 이야기다. 전도는 그냥 되는 것이 아니다. 감동을 줘야 한다. 감동이 전도의 핵심이다.

이 얘기를 들으면서 오래전 김의환 목사가 LA에서 목회할 때 경험 했던 얘기가 생각난다. 교인 중에 자동차 정비사를 하던 분이 있었는데 그의 성실함에 감동한 그의 고객이 당신이 나가는 교회에 가고 싶다고 했다는 것. 그래서 그 교회 교인이 되었다는 얘기다. 그의 성실함과 그 성실에 감동한 이야기다. 그리스도인의 그리스도인다움이 바로 전도가 된다.

파스칼은 그리스도인에게 문제가 있다면 그것은 신앙과 생활의 불일치라고 했다. 스펄전은 그리스도인이 밖에 나가서는 마귀가 될 수 있다고도 했다. 교회 안에서의 삶과 교회 밖에서의 삶이 얼마든지 달라질 수 있는 것이 우리의 모습이다.

그러나 우리가 세상 속에서 그리스도인의 참 모습을 보여준다면, 그것이 비록 작은 것이라 할지라도 그들은 감동한다. 지금 유독 한국교회에 대해 비난이 많이 쏟아지는 것도 그리스도인다움을 보여주지 못하는데 있다. 감동을 주지 못하는데 좋은 말이 나올 수 없다.

릭 워렌 목사는 말한다. "이 땅과 천국에서 해야 하는 일로 네 가지가 있다. 하나님 사랑, 이웃사랑, 예수님 닮아가는 것, 그리고 섬김이다." 세상은 특이한 것에서 감동을 기대하지 않는다. 우리 삶에서 꾸준하게 성실한 모습, 자기보다 남을 생각하고 배려하는 그 작은 섬김에서 감동을 받는다. "저는 크리스천입니다."라는 말이 더 이상 혐오를 일으키는 것이 아니라 진정 감동을 안겨줄 수 있기를 소망한다.

## 5. 마태효과

    요즘 곳곳에서 마태효과(Matthew effect)에 대한 관심과 우려가 높아지고 있다. 미국 사회학자 로버트 머튼이 명명한 이 효과는 "무릇 있는 자는 받아 넉넉하게 되되 무릇 없는 자는 그 있는 것도 빼앗기리라"는 마태복음 13장 12절에 착안 것으로 일종의 승자독식 사회(the winner-take-all)를 일컫는 말이다. 승자가 모든 것을 가져가는 사회 현상이니 승자 쪽에서는 좋을지 모르지만 패자 쪽에서는 얼마든지 문제를 제기할 수 있다.

    마태효과는 사회 곳곳에서 일어나는 현상가운데 하나이다. 경제의 경우 빈익빈 부익부 현상을 말할 때 이 효과를 언급하고 가난한 자를 위한 경제구조 창출을 모색한다. 정치에서는 선거방식과 연관시켜 이 단어를 사용한다. 선거방식이 유권자의 선택결과에 영향을 미칠 수 있기 때문이다. 단일후보를 다수득표에 의해 선출하는 소선거구 단순다수득표제의 경우 지역구에서 다수 투표를 축적하는 정당은 지지율보다 더 많은 지역구 의석을 확보하고, 상대적으로 낮은 비율의 지지를 확보하는 정당은 지지율보다 낮은 지역구 의석을 확보할 수밖에 없다. 마태효과가 그대로 나타난다. 그러니 선거제도를 바꿔야 한다는 말이 나온다.

    연예계에서도 마태효과가 극심하다. 가장 두드러진 분야가 가요계다. 스타급 가수들이 컴백과 함께 모든 오락프로그램을 독식한다. 다른 스타들은 명함조차 내밀지 못한다. 승자독식으로 인해 스타들의 겹치기 출연은 그 나물에 그 밥이라는 지적을 받고 인기에 영합한 모델 선정은 제품보다 모델을 부각시키는 모순을 낳는다. 마태효과는 과학자 사회에서도 예외가 아니다. 유명과학자들에게 주문이 몰리고 생산성, 인용수, 연구비에서 과학자 사회의 구조적 불평등과 누적 이익 현상이 발생한다.

사회 어느 곳이나 승자와 패자가 존재한다. 그러나 승자독식은 정상이 아니면 꼴지나 다름없다. 결국 마태효과는 심각한 불균형과 함께 사회적 부작용을 낳는다. 이러한 구조적 불평등과 악순환을 해결해야 할 과제가 우리에게 있다.

개인에게도 마태효과가 있다. 습관이 바로 그것이다. 비즈니스 컨설턴트이자 성공전략 전문가인 브라이언 트레이시는 "백만장자는 백만장자의 공통된 습관이 있다"면서 습관의 중요성을 강조했다. 성공하는 사람은 성공하는 습관을 갖고 있고, 실패하는 사람은 실패하는 습관을 갖고 있다는 것이다. 백만장자들은 절약하는 습관, 저축하는 습관을 갖고 있으며, 돈을 모으면 모은 돈을 가지고 무언가를 하기 전에 재정적인 조언을 구하는 공통된 습관을 갖고 있다. 실패하는 사람은 그렇지 못하다. 습관도 한 번 경로가 결정되면 관성이 생겨서 기존에 성공했던 경로나 습관을 답습하려는 경향이 있다. 그래서 부유한 사람은 더욱 부유해지고, 상대적으로 가난한 사람은 가난한 습관에 길들여져서 더욱 가난하게 된다. 폴 데이비드와 브라이언 아서는 이를 경로의존성(path dependency)으로 설명한다. 경로의존의 덫에 한번 사로잡히면 나중에 그 경로가 비효율적이라는 사실을 알고도 여전히 그 경로를 벗어나지 못한다. 이 때 마태효과는 경로의존성(path dependency)과 밀접하게 연결된다.

성경에서도 과연 이런 마태효과가 있는 것일까? "무릇 있는 자는 받아 넉넉하게 되되 없는 자는 그 있는 것도 **빼앗기리라**"는 말씀은 마태복음 13장 12절에도 있고, 25장 29절에도 있다. 충분히 근거가 있다. 그러나 말씀을 적용함에 있어서는 예수님이 어떤 경우에 그리고 왜 그런 말씀을 하셨는가에 주목할 필요가 있다.

13장은 씨 뿌리는 자의 비유이고 25장은 달란트 비유이다. 이 비유에서 있는 자와 없는 자의 성격이 다르다.

13장에서 있는 자는 하나님이 천국의 비밀을 이해할 수 있도록 허락된 자임에 반해 없는 자는 그 비밀을 이해하지 못하도록 감춰진 자이다. 하나님이 들을 귀를 주셔서 이해하는 자는 있는 자이고, 감추셔서 전혀 이해할 수 없다면 그는 없는 자이다. 없는 자는 그 마음이 그만큼 완악하다는 말이다. 마지막 결산 때 주님은 알곡과 가라지를 철저히 가리신다. 그때까지 가라지가 살아남지만 그 생명엔 한계가 있다. 그러므로 이 비유에서 마태효과는 세상적인 의미와는 사뭇 다르다.

25장에서 있는 자는 주어진 달란트를 충분히 활용하여 남긴 자이다. 반면에 달란트를 주었음에도 불구하고 주인에게 불만을 갖고 그것을 땅에 묻은 자는 없는 자이다. 남긴 자는 착하고 충성된 종이라는 칭찬을 받지만 묻은 자는 악한 종이라는 비난을 받는다. 여기서 남긴다는 것은 단지 재산을 불린다는 의미는 아니다. 주님의 종으로서 주어진 일에 최선을 다하고, 교회와 사회뿐 아니라 하나님 나라에 유익을 끼치는 것을 말한다. 한 달란트를 받은 자는 묻었지만 두 달란트, 그리고 다섯 달란트 받은 자들은 남겼다. 주님은 한 달란트 받은 자도 남겨야 한다고 말씀하신다. 그러므로 이것을 볼 때 달란트 비유는 승자독식이 아님을 알 수 있다.

세상은 마태효과를 말하고, 그 결과에 대해 우려한다. 불평등사회를 만들 수 있기 때문이다. 그러나 성경에서의 마태효과는 다르다. 하나님의 말씀에 귀를 열고, 그 말씀에 따라 이 땅에서 충성된 삶을 사는 것이다. 우리가 이 땅에서 하나님 나라의 삶을 살 때 주님은 말씀하신다. "착하고 충성된 종아 네가 적은 일에 충성하였으매 내가 많은 것을 네게 맡기리니 네 주인의 즐거움에 참여할지어다."

주님은 우리 각자에게 달란트를 주셨다. 한 달란트를 받았는가. 한 달란트가 얼마나 큰가. 몇 억 원이나 된다. 나에겐 없다고 착각하지 말라. 우리는 모두 받은 자요 있는 자이다. 내가 받는 달란트가 얼마이고 다른 사람이 받은 것은 얼마인가에 관심을 두지 말자. 비교는 동료에 대해 시샘의 독을 뿌리고, 주인에 대해 미움의 악한 뿌리를 심는다. 그러니 주신 달란트에 감사하며 최선을 다 하라. 적은 일에 충성할 때 주님은 우리가 생각하는 이상으로 더 크고 좋은 길을 열어주신다. 남이 알아주지 않는다고 속상해하지 말라. 주님이 기억하고 알아주시면 되지 않는가. 빛이 나고 누구나 서로 하려는 일보다는 오히려 빛이 나지 않고 아무도 하지 않으려는 일에 관심을 가지라. 그리고 부유하고 잘 사는 사람보다 소외되고 병든 자들에게 관심을 가지라. 그러면 주님은 잊지 않으신다. 주님의 말씀을 따르면 우리가 그토록 염려하는 승자독식이나 불평등 구조도 사라진다. 이것이 바로 우리 주님이 말씀하시는 진정한 마태효과다.

## 6. 페스티나 렌테

로마 황제 아우구스투스의 좌우명으로 '페스티나 렌테(Festina lente)'가 있다. 페스티나는 '서둘러라'는 말이고, 렌테는 '천천히'라는 말이다. 서두른 것과 천천히는 논리적으로 반대 되고, 서로 대립되는 말인데 어떻게 이것이 좌우명이 될까. 다소 의아해 할 부분도 없지 않다. 하지만 조금만 깊게 생각해보면 참 의미 있는 말이라는 생각이 든다.

아우구스투스는 페스티나를 사용할 때 "전후좌우를 따져보면서 서두르라. 목적과 방향을 바로 하고 서두르라. 서두르되 내가 무엇을 위해 서두르는지 분명하게 인식하라. 적기가 되면 빨리 해치워라." 하였다.

그리고 렌테를 사용할 때는 "급할수록 돌아가라. 빨리 간다고 좋은 것이 아니다. 서두르면 졸속이 될 수 있다. 무슨 일이든 때가 있기 마련이다. 무조건 서두르면 망칠 수 있다. 하나씩 차례로 하라. 하다가 안 되면 다른 것을 기다려야 한다. 돌아서 가는 것이 빠를 수 있다." 하였다.

이런 설명을 들어보면 두 가지가 서로 반대되는 것이 아니라 보완된다는 것을 느낄 수 있다. 아우구스투스는 한때 전투에 성급하게 돌격하는 장군들을 벌한 적이 있다. 페스티나 렌테! 급할수록 돌아가라는 말이다. 장군들은 성급한 마음을 진정시키고 전략을 다듬었을 것이다.

옛 대공국으로 노이슐로스가 있다. 북서독일의 변방에 왕궁을 두었다. 이곳의 상징 문장 속에 바로 Festina Lente가 있다. 아우구스투스의 좌우명을 그대로 문장으로 삼은 것이다.

그렇다면 우리의 신앙 속에서 페스티나 렌테의 필요성은 없을까. 서둘러야 할 것과 기다려야 할 것. 확실히 있다. 서둘러야 할 것은 전도요 기다려야 할 것은 주님의 재림이다. 빨리 빨리 전도하면서 주님의 오심을 느긋하게 기다리는 것이다. 그래서 그리스도인의 삶은 빠름과 느림의 조화가 있을 필요가 있다.

성경을 보면 바울은 교인들을 엄히 경고한다. 교인들 중 일부는 주님의 재림이 임박했다 하며 심지어 일하기를 싫어하는 자들도 있었기 때문이다. 그들은 주님이 오시는데 일이 무슨 대수냐는 식으로 행동했다. 이에 대해 바울은 말한다.

"형제들아 우리가 너희에게 구하는 것은 우리 주 예수 그리스도의 강림하심과 우리가 그 앞에 모임에 관하여 혹 영으로나 혹 말로나 혹 우리에게서 받았다 하는 편지로나 주의 날이 이르렀다고 쉬 동심하거나 두려워하거나 하지 아니할 그것이라"(살후2:1,2).

재림에 대해 미혹되지 말라 한 후 주님의 재림할 그 때까지 우리가 열심히 일하며 살아야 한다는 것을 강조하는 뜻에서 다음과 같이 권면했다.

"우리가 너희와 함께 있을 때에도 너희에게 명하기를 누구든지 일하기 싫어하거든 먹지도 말게 하라 하였더니 우리가 들은즉 너희 가운데 규모 없이 행하여 도무지 일하지 아니하고 일만 만드는 자들이 있다 하니 이런 자들에게 우리가 명하고 주 예수 그리스도 안에서 권하기를 종용히 일하여 자기 양식을 먹으라 하노라"(살후3:10-12).

여기에서 우리는 "누구든지 일하기 싫어하거든 먹지도 말게 하라" 라는 말을 채용해 자주 언급한다. 사람들은 이 말을 더 강하게 만들어 "일하지 않는 자는 먹지도 말라"로 발전시켰다. 여기선 일

자리가 없어 일하지 못하는 사람들에 대해 언급한 것이 아니다. 오히려 일자리가 있는데도 일손을 놓아버린 사람들에 대한 권고다.

주님 오실 때까지 우리가 해야 할 일은 우리가 하는 직업에서 최선을 다하는 것이다. 그 자리에 당신을 부르지 않으셨는가. 그러므로 지금 하는 직업에 대한 소명의식을 가지고 열심을 다해야 한다. 그 일엔 렌테가 아니다.

무엇보다 렌테가 아닌 일이 있다. 전도다. 릭 워렌 목사의 부친은 돌아가시면서 유언으로 남기신 말씀이 있다. "한 사람이라도 더." 전도가 급하다. 한 사람이라도 더 구원하기 위해 우리는 서둘러야 한다. 주님이 "전도 끝." 하시는 날이 오면 더 이상 전도할 수 없다. 더 이상 구원의 기회도 없다. 그 일은 주님이 오시는 그 순간까지 해야 하는 일이다.

페스티나 렌테. 묘한 말이다. 그러나 이것은 우리가 무엇을 서둘러야 하고, 무엇을 기다려야 하는지 가르쳐주는 귀한 말이다. 때로는 모순과 역설이 우리 삶을 돌아보게 하고, 생각하게 한다. 믿음생활에서도 예외가 아니다.

 **7. 다윗의 라마사박다니와 예수님의 라마사박다니**

"내 하나님이여 내 하나님이여 어찌 나를 버리셨나이까"(시22:1). 시편 22편 1절에 나오는 다윗의 이 시는 예수님이 돌아가시기 전

십자가상에서 하신 아람어 말씀 "엘리 엘리 라마 사박다니(Eloi, Eloi, lama sabachthani)," 즉 "나의 하나님 나의 하나님 어찌하여 나를 버리셨나이까(My God, my God, why have you forsaken me?)"(마27:46;막15:34)와 아주 일치한다.

이 일치에 대해 놀랄 필요는 없다. 예수님이 종종 시편뿐 아니라 구약의 여러 말씀들을 인용하셨기 때문이다. 성경은 성령의 감화로 쓰였고, 주님의 사역은 구약의 성취가 아닌가. 오히려 하나님의 말씀을 이루신다는 점에서 주님의 이 외침은 말씀의 확실한 보장이 된다.

여기서 짚고 넘어갈 것이 있다. 어떤 불교인은 '엘리 엘리 라마 사박다니'는 티벳 라마불교의 진언(眞言)인 "엘리 엘리 라마 삼약 삼 보리 다라니"(Eli Eli Lama Sammach Sam Bori Daranii)를 본 딴 것이며 그 뜻은 "성자시여 위대한 바른 지혜로 드러내주소서"라고 주장한다.

정말 그럴까. 그것은 발음의 유사성을 크게 오해한 것이다. 엘리도 원래는 '엘리 엘리'가 아니라 '엘로이 엘로이'다. '라마'도 '레마'(마27:46 표준새번역, 공동번역)로 보기도 한다. 그 뜻이 확연히 다름은 말할 것도 없다. 성경을 폄훼하려는 이러한 발언은 신중치 못하다. 다른 종교인들이 불교의 경전을 그런 식으로 해석한다면 무엇을 얻겠는가.

원래로 돌아가 보자. 성경주석학자 몰간은 다윗이 이 시를 기록하게 된 직접적인 동기가 무엇이든 간에 그 주제가 너무나도 완벽하게 한 분이신 하나님의 아들과 연결되어 있어 이 시편을 다른 방법으로 해석하는 것은 불가능해 보인다고 말한다. 그리고 시편 22, 23, 24편은 주권자, 목자, 그리고 구원자로서의 그리스도의 사역을 다룬 3부작이라 이름 붙인다.

1절의 이 구절을 고난당하시는 예수님이 인용하여 부르짖은 사실로 보아 십자가와 연관하여 생각하는 것이 타당하다. 또한 이 시가 예수 그리스도의 고난과 연결된다는 점에서 시편이 때로 예언적 성격을 지니고 있음을 알 수 있다.

시편 22편은 메시야에 관해 두 가지 사실을 가르쳐 준다. 첫째, 희생의 제단 위에서 홀로 고난당하시는 분의 모습이다(1-21절). 보다 깊이 있게 묵상하다보면 죄인을 대신하여 주님이 체험하신 그것은 하나님으로부터 철저히 버림받음이요, 그 버림받음은 인간의 상상을 뛰어넘는 고통이라는 것이다. 둘째, 고난을 이기고 승리하신 자의 모습이다(22-31절). 그리스도로 인해 넘치는 기쁨이야말로 현재 고난당하는 자들에게 위로와 기쁨을 가져다준다.

이 시편 22편을 읽고 나서 우리가 그토록 애송하는 시편 23편을 읽으면 더 깊은 맛이 난다. '엘리 엘리 라마 사박다니.' 다윗이 하나님을 반복해서 부른 것은 그가 얼마나 고통과 번뇌 속에 있었는가를 보여준다. "어찌하여 나를 버리셨나이까" 강한 부정 속에서도 끊을 수 없는 하나님에 대한 신뢰가 깊게 배어 있다.

이 극도의 고난과 고통, 철저한 외면과 버림받음. 이것은 모두 우리 죄를 사하기 위함이다. 우리는 그만큼 하나님을 아프게 하였다. 그것을 생각하면 하나님 앞에 고개를 들 수 있을까. 그러나 주님은 이 아픔이상 우리를 용서하고 안으셨다. 그 무한한, 무조건적인 사랑과 용서에 힘입어 우리는 지금 하나님 앞에 나아간다. 기쁨으로, 감사함으로.

지금 버림을 당하고 있다고 생각하는가. 아니 철저히 소외되고 버려졌다고 생각하는가. 그렇다면 이 시편을 다시 읽어보라. 그리고 우리를 위해 친히 버림당하시고, 극도의 고난 속에 들어가신 주님을 묵상해보라.

그 주님은 이미 철저히 버림당한 경험이 있으시다. 욕설과 저주, 가시관, 침 뱉음, 무수한 채찍, 십자가의 못, 그리고 창에 찔리시기까지 그 모든 것을 기쁨으로 이기셨다. 그분이 당신을 위해, 아니 우리 모두를 위해 그리하신 것을 안다면 당신은 지금 주님의 그 피 묻은 손을 잡고 일어서야 한다. 좌절이 아니라 생명으로 들어가야 한다.

이 주님이 우리가 목자가 되시는 한 우리가 버림 당해 아무리 어려운 상황에 있다 할지라도 그분을 의지해 일어날 수 있다. "내 하나님이여 내 하나님이여 어찌 나를 버리셨나이까." 이것은 절망의 외침이 아니다. 그것은 우리에게 영원한 생명을 주시기 위한 마지막 외침이다. 그 주님은 결코 당신을 버리지 않으신다.

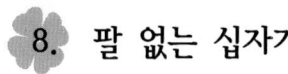

## 8. 팔 없는 십자가

중국의 피터 드러커 아카데미(Drucker Academy)를 책임 맡고 있는 헨리 토와 스티븐 리가 연변과기대를 방문했다. 그들은 홍콩 출신 중국인들로 중국인들의 마인드 세트(mind set)를 변화시키는 일에 관심이 큰 크리스천들이었다. 우리는 며칠 동안 함께 회의를 하고, 가까운 도문시도 방문했다. 스티븐은 끝까지 남아 주일 설교를 했다. 그들은 과기대를 방문하고 한 마디로 이 학교에 "불이 났다(on fire!)"고 했다. 성령께서 강하게 역사하는 학교라는 것을 실감 했다는 말이다. 이렇게 하나님의 열정으로 뜨거운 중국인들을 만났다는 것이 너무 기뻤다.

주일 오후 공동체 모임에서 피터 드러커 아카데미와 연변과기대 사이에 협정서(MOU)가 맺어졌다. 두 단체 사이에서 맺어질 열매를 기대하며 첫 삽을 뗀 것이다. 그 날 스티븐은 짧지만 매우 감격어린 스피치를 했다. 다음은 그 내용이다.

보스니아 내전으로 여러 도시는 폐허가 되었다. 하루는 한 무리의 선교사들이 한 도시를 방문하게 되었다. 도시는 예상했던 대로 무너지고 또 무너진 더미들의 연속이었다. 도시 저쪽 끝에 십자가상이 보였다. 그들은 기쁜 마음으로 그곳을 향해 달려갔다. 이 폐허로 변한 도시에 십자가상이 건재하다니. 놀라운 마음을 억누르며 그곳을 향했다. 그러나 그들의 기쁜 얼굴을 점차 일그러졌다. 그리곤 슬픈 얼굴로 변했다. 예수님의 십자가상에서 두 팔이 없어졌기 때문이다.

선교사들은 팔 없는 주님의 모습을 보면서 말했다. "주님, 주님조차 이렇게 자신을 보호할 수 없었단 말입니까?" 선교사들은 실망을 감추지 못했다. 그러나 그 실망은 점차 희망으로 바뀌었다. 그 십자가상 아래 쓰인 글을 보았기 때문이다. 그곳에는 이런 말이 쓰여 있었다. "네가 예수님의 팔이 되어라!" 선교사들은 "그렇지 우리가 주님의 팔이 되어야지."하는 마음으로 가득 차게 되었다.

스티븐은 이 예화를 소개하면서 연변과기대와 드러커 아카데미가 예수님의 두 팔이 되자는 말로 스피치를 마쳤다. 간결하면서도 참으로 의미 있는 스피치가 아닐 수 없었다. 나는 떠나는 스티븐의 손을 붙잡으며 감사한 마음을 전했다. 이제 중요한 것은 우리가 처한 삶의 현장에서 지금 주님의 팔이 되어 사는 것이다.

팔이 없는 예수 상에 관한 이야기는 이 외에도 여러 버전이 있다. 제2차 세계대전 이후 독일은 글자 그대로 잿더미가 되었다. 어느 날 독일 남부의 어느 마을에서 주민들이 힘을 모아 대대적으로 복구 작업을 폈다. 무너진 성당에서 여러 파편들을 모으던 가운데 두 팔이 없는 예수 상을 발견했다. 사람들의 마음이 아팠다. 자신들의 범죄로 예수님을 두 번 죽였다는 생각이 든 것이다. 그 때 마을사람들은 이렇게 말하기 시작했다. "우리가 주님의 두 팔이 되어 드립시다."

독일 남부 슈바르쯔발트의 전통 십자가에는 두 팔이 없다. 어느 날 그 지역을 방문하던 오세종 목사님이 십자가 전시회를 본 후 팔이 없는 나무 십자가를 보고 너무 충격을 받아 이런 시를 지었다.

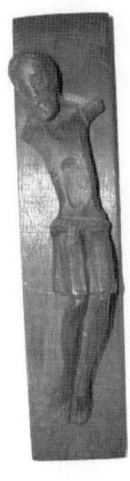

上帝大掌天地遍　하나님의 손길은 천지에 꽉 차 있는데
十字苦像無兩肩　십자가 고난의 상에는 두 팔이 없다
耶蘇二手何處在　예수님, 두 손은 어디에 두셨나요?
爾體雙腕救恤勤　너희 몸이 두 팔로 이웃 사랑에 힘쓰라!

두 팔이 없는 십자가를 보고 충격을 받는 것도 감사한 일이요 시를 쓰는 것도 감사한 일요 그 이야기를 호소력 있게 잘 전달하는 것도 감사한 일이다. 그만큼 주님을 사랑하기 때문이 아니겠는가. 그러나 이보다 더 중요한 것은 우리가 실제 주님의 두 팔로 사는 것이다. 주님은 선한 사마리아 비유를 주시면서 말씀하지 않으셨는가. "너도 가서 이와 같이 하라." 감동을 받는 것도 중하지만 행하는 것이 더 중요하다. 은혜를 받는 것도 귀하지만 주님의 말씀을 우리의 삶에 옮기는 것이 더 중요하다.

## 🍀 9. 헬렌 켈러가 조선에 왔다고?

뉴스 서핑을 하다 중앙일보에 눈이 갔다. 우석대 사학 교수 박상익이 쓴 그 때 오늘 칼럼에 헬렌 켈러가 1937년 7월 식민지 조선을 찾았다는 내용이다. 아니, 헬렌 켈러가 조선에 왔다고? 당시 그녀의 나이 57세, 지금의 서울시의회 자리인 부민관에서 강연을 했고, 평양을 방문했다. 와, 그녀가 왔다니. 사람들은 얼마나 반가웠을까.

볼 수도, 들을 수도, 말할 수도 없었던 그, 그러나 그 모든 것을 극복한 인간 승리의 사표가 아니던가. 그런 그가 식민지 조선에 왔다. 보아도 말할 수 없고, 들어도 말할 수 없고, 입이 있어도 말할 수 없었던 조선 식민지 땅에 왔다. 그녀를 보고 싶어 한 것은 단지 인간 승리자 그를 통해서 그 모든 것을 자유하고 싶었던 조선인의 갈망이었다면 지나친 표현일까.

당시 개성 호수돈여고에서 교편을 잡고 있었던 류달영은 학생들을 데리고 역에 갔다. 개성역에서 1분간 정차할 때 혹시 먼발치에 서라도 그를 볼 수 있을까 해서. 그런데 고맙게도 예정시간보다 5

분이나 더 정차해 주었고, 그 사이에 그녀는 그에게 환호하는 이 땅의 민초들에게 희망의 메시지를 던져 주었다. "이 세상을 향상시키는 것은 오직 사랑뿐이며, 사랑이 없는 국가와 사회는 퇴보할 뿐입니다." 교육자로서의 모습이 역력하다.

난간을 짚고 연설하는 그녀, 그리고 손가락을 벌려 헬렌의 입술과 목에 대고 입술의 움직임과 목의 진동을 파악해 명확하지 않은 그녀의 말을 정확한 영어로 옮기는 그녀의 비서 폴리. 그 사이에 다른 한 손을 헬렌의 손바닥에 대고 마치 손가락으로 무선전신을 치듯이 두들겨서 주위의 상황을 상세히 알려 주는 모습. 어찌 감동적이지 않을 수 있으랴. 역장과 차장도 구경하느라 넋이 나가 있었다.

사진: 개성역 열차에서 연설하는 헬렌 켈러

그가 장애를 이겨냈던 우리 민족도 이 민족적 장애를 이겨내리라 결심하지 않았을까. 그리고 당시 많은 그리스도인들이 농촌으로 들어가고, 가난한 자와 함께 살고, 이 땅의 아픔을 부둥켜 안았던 것도 헬렌 켈러와 같은 그리스도인의 역할이 컸으리라.

헬렌 켈러는 88세에 주님의 부르심을 받았다. 그는 최후의 순간까지 주님을 위해, 아니 이웃을 위해 열정적인 삶을 살았다. 그는 자신의 장애에도 불구하고 어떤 때는 장애인을 돕는 데 하루 18시간을 바쳤다고 한다. 그를 가리켜 사회복지사라 할만하다. 그는 인종주의를 거부하며 서로 사랑하며 살 것을 강조했다. 교통수단이 그토록 열악했던 당시 그는 지구를 아홉 바퀴나 돌며 유럽 · 아시아 · 호주 · 아프리카 39개국을 방문했다. 그 가운데 가난하고 억압받는 이 땅을 방문한 것이다. 그래서 어떤 이는 그의 사상을 사회주의라 하기도 한다.[1] 이웃을 사랑하고 배려하는 것이 어찌 사회주의에만 해당하겠는가. 그리스도인이라면 당연한 일.

이 글을 소개하며 박상익 교수는 말한다. "우리는 삼중고의 헬렌이 전해준 메시지를 얼마나 실천하고 있는 것일까? 장애인과 약자를 배려할 줄 아는 따뜻한 사회가 그립다." 오늘 만난 이 글은 나에게 새로운 도전을 심어준다.

이 장면을 보면서 문득 예수님의 예루살렘 입성 장면이 떠오른다. 겸손하게 나귀를 타신 주님, 그리고 자기의 겉옷과 종려나무 가지를 길에 펴는 사람들. 그리고 무리들의 합창. "호산나 다윗의 자손이여 찬송하리로다 주의 이름으로 오시는 이여 가장 높은 곳에서 호산나"(마21:9).

호산나란 무슨 뜻인가. 호산나(Hosnna)는 아람어 호산나(hosan-na)의 음역으로 '우리를 구원하소서'라는 뜻이다. 시편 118편 25절에서 유래된 것으로 구원을 간구하는 짧은 기도가 담겨있다. 초막절 의식

---

1) 우리가 그에 대해 갖는 좋은 이미지와는 달리 소련을 좋아한 극단적 사회주의자라는 비판도 있다.

에서 제단에 물을 부을 때 레위인들은 시편 118편을 찬양했으며 제사장들이 "여호와여 구하옵나니 이제 구원하옵소서"를 외쳤다. 이 구원 간구 문을 무리들은 앞서거니 뒤서거니 하며 소리 높인 것이다.

그런데 그들의 소리는 결국 무엇으로 바뀌었는가. "저를 십자가에 못 박으소서. 못 박으소서." 십자가에 못 박으라는 것은 예수님은 더 이상 자기들의 구주가 아니라는 말이다. 무리는 정치적, 종교적 압력에 눌려 주님을 배반한다. 주님을 진정 사랑한다면 이제 하나님의 말씀에 귀를 기울일 때다. 그것을 실천할 때다. 헬렌 켈러를 진정 존경한다면 그가 존경하는 주님을 따를 차례다.

## 10. 하나님의 전신갑주

호주에서는 강렬한 태양광선으로 피부암이 많다고 한다. 그래서 그들은 이를 막기 위해 '입고 바르고 쓰라'는 처방을 준수한다. 입는다는 것은 옷을 입는 것을 말하고, 바른다는 것은 태양광선을 차단하는 크림을 바르는 것을 말하며, 쓴다는 것은 머리를 태양광선으로부터 보호하기 위해 덮개나 안경 등을 쓰는 것을 말한다.

이러한 현상을 보며 우리는 영적인 문제가 심각할 때 우리 영혼을 위해 입고 바르고 써야 하는 것은 무엇일까 생각해본다. 그것은 두 말할 필요 없이 하나님의 전신갑주(whole armor)가 아니겠는가. 바울은 말한다.

"마귀의 궤계를 능히 대적하기 위하여 하나님의 전신갑주를 입으라 [--] 그러므로 하나님의 전신갑주를 취하라 이는 악한 날에 너희가 능히 대적하고 모든 일을 행한 후에 서기 위함이라"(엡6:11, 13).

전신갑주는 몸 전체에 착용하거나 입는 갑옷과 투구를 말한다. 이것은 군인이 갖추어야 하는 전신무장 형태다. 바울 당시 로마 군인이 전쟁에 대비하여 방패와 갑옷, 투구, 검, 신발 등을 갖추어 무장하였는데 바울은 이 이미지를 비유적으로 사용해 진리의 허리띠, 의의 흉배, 복음의 신, 믿음의 방패, 구원의 투구, 그리고 성령의 검을 말했다.

여기서 성령의 검은 하나님의 말씀이다. 버나드 쇼는 가장 많이 도움을 받은 책은 은행저축통장이라 했는데, 영적인 싸움에서 가장 도움이 되는 책은 돈이 아니라 하나님의 말씀이다.

한국인물전기학회에서 2003년 '춘원 이 광수의 생애와 문학사상'을 주제로 대회를 열었다. 이 학회에 춘원의 막내 딸 이 정화 씨가 '아버님 춘원'이라는 주제로 어린 시절 아버지에 얽힌 추억과 가족 이야기를 털어놓았다. 평생 폐병을 달고 다닌 한국 근대문학의 거목 춘원, 산부인과 의사로 남편의 병 수발과 감옥 뒷바라지를 해온 어머니 허 영숙 여사, 광복 후 반민특위에서의 재판과정, 6.25납북 등.

그러나 딸로서 그가 잊을 수 없는 것은 아버지가 자신에게 끼친 도덕적, 종교적 영향이었다. 춘원은 거지를 보면 호주머니에 있는 돈 가운데 제일 큰돈을 꺼내주었다. 그 아버지의 모습이 지금도 눈에 선하다는 것이다. 그리고 열두 살 때 아버지가 사주신 영어성경책을 지금도 간직하고 있다고 고백했다. 아버지는 성경 첫 장에 아버지와 자신의 이름을 나란히 써 주시며 아버지가 세상을 떠난 후에도 이 책에서 위로를 받으라고 하셨다는 것이다. 성경. 그것은 세상에서 물려주고 싶은 가장 귀한 책이다.

성경을 귀하게 보려면 성경을 사는 것은 어떨까. 미국의 실업가로 백화점을 운영했고, 훗날 체신부 장관까지 역임한 존 워나메이커는 성경을 사랑한 인물로 잘 알려져 있다. 그는 82세에 이렇게 고백했다. "저는 오늘까지 무려 30,026일을 살아오면서 투자하는 것마다 많은 이윤을 남겼습니다. 그러나 제가 한 가장 위대한 투자는 12살 때 2달러 50센트를 주고 빨간 가죽 성경을 산 것입니다. 왜냐하면 이 낡은 성경이 현재의 나를 만들었기 때문입니다."

워나메이커가 어린 나이에 직접 성경을 샀다는 것은 흔치 않은 일이다. 지금은 누가 믿기 시작하면 성경을 기꺼이 선사한다. 성경이 거저 생긴다. 거저 받는 바람에 성경의 귀함이 상실되지 않았나 생각된다. 그래서 이렇게 말하고 싶다. 성경을 선물 받기보다 직접 성경을 사라. 성경의 귀함을 알기 위해서라도, 그리고 그것이 인생에서 가장 위대한 투자라는 것을 체득하기 위해서라도.

성경은 왜 귀한가. 그것은 우리를 변화시키고 생명으로 인도하기 때문이다. 무디는 말한다. 성경은 우리의 지식(information)을 더하기 위해 주신 것이 아니라 우리의 삶을 변화(transformation)시키기 위해 주셨다고. 그러므로 성경의 말씀이 나를 통제하게 만들라. 그렇게 되도록 기도하라.

장수하고 싶은가. 그렇다면 하나님의 말씀을 가까이 하라. 생명이 길리라.

- "네 부모를 공경하라 그리하면 네 하나님 여호와가 네게 준 땅에서 네 생명이 길리라"(출20:12).
- "내 아들아 들으라 내 말을 받으라 그리하면 네 생명의 해가

길리라"(잠4:10).

- "내 목소리를 들으라 그리하면 나는 너희 하나님이 되겠고 너희는 내 백성이 되리라
- "너희는 내가 명령한 모든 길로 걸어가라 그리하면 복을 받으리라"(렘7:23).

장수는 단지 이 땅의 삶만 의미하는 것 아니다. 그것은 영원한 삶, 곧 하나님 나라의 삶, 생명의 삶을 의미한다. 주안에 거하게 될 때 우리는 영생의 삶으로 들어간다. 이제 당신은 죽을 수 없다. 영원한 주의 생명이 당신 안에 있기에.

 **11. 미어켓의 자녀교육과 생존문제**

캠브리지 대학 연구팀이 아프리카 칼라하리 사막에서 미어켓 (meerkat)을 대상으로 그들이 자녀를 어떻게 교육하는지 조사해보았다. 미어켓은 늘 다른 동물의 공격을 피하기 위해 다리를 고추 세우고 주변을 두리번거리기 일쑤인 동물이다. 사냥이라 할 것 없지만 먹이를 위해 식구 모두 이동을 한다. 후각이 뛰어난 그들은 주로 땅 속에 숨어있는 전갈을 잡아먹는다.

사냥을 나가서 배가 고프면 새끼들은 끙끙거린다. 그럴 때 어미는 전갈을 잡아온다. 전갈은 꼬리 부분에 독이 있고 쏘기 때문에

이 부분을 없애고 아예 물어 죽인 다음 그것을 새끼에게 내놓는다. 새끼는 그것을 맛있게 먹어치운다. 이것이 1단계 교육이다.

2단계 교육은 조금 다르다. 독이 있는 꼬리 부분만 없애고 살아 있는 전갈을 그 앞에 놓는다. 그러면 새끼는 요리조리 피하는 전갈을 발로 낚아채며 꼬리부터 그것을 씹어 먹는다. 조금씩 사냥 방법을 익히는 것이다.

3단계는 아예 독이 있는 꼬리 부분을 그대로 놔둔 채 살아있는 전갈을 준다. 그러면 새끼는 독이 있는 꼬리부분을 공격하면서 사로잡는 연습을 한다. 그 때 물릴 수도 있다. 물리는 경우 사람은 죽을 수도 있을 만큼 강한 독성을 가지고 있다. 그러나 미어켓은 면역을 가지고 있어서 죽지는 않는다. 하지만 따끔하고 아프다. 물린 새끼는 놀란다. 하지만 결국 몇 번의 시도 끝에 성공한다.

4단계에서 어미는 자기 입에 문 전갈을 주지 않는다. 새끼는 배가 고파 어미에게 파고들지만 어미는 결코 그것을 내주지 않고 먹어버린다. 그만큼 배웠으니 이제 스스로 알아서 사냥하라는 것이다. 새끼는 결국 사냥에 나선다. 이제 독립적으로 먹이를 해결하는 단계에 이른 것이다.

대학 연구팀은 다른 발견도 했다. 미어켓 가족 중 이 교육방법을 철저히 시킨 경우 생존경쟁에서 살아남지만 이 교육방법을 무시하고 그저 달라는 대로 준 경우 그 가족은 위험에 빠지기 쉽고 생존 자체가 어렵다는 것이다. 동물의 삶에서 교육이 얼마나 중요한가를 보여주는 연구결과다.

미어켓을 참고하지 않더라도 교육의 중요성은 아무리 강조해도 지나침이 없다. 교육은 그만큼 귀하다. 신앙에서도 예외가 아니다.

하나님은 자녀들에 대한 말씀 교육을 중히 여기셨다. 신명기에는 자녀교육에 대해 여러 번 언급된다.

"네가 호렙 산에서 네 하나님 여호와 앞에 섰던 날에 여호와께서 내게 이르시기를 나에게 백성을 모으라 내가 그들에게 내 말을 들려주어 그들이 세상에 사는 날 동안 나를 경외함을 배우게 하며 그 자녀에게 가르치게 하리라 하시매"(신4:10).

"네 자녀에게 부지런히 가르치며 집에 앉았을 때에든지 길을 갈 때에든지 누워 있을 때에든지 일어날 때에든지 이 말씀을 강론할 것이며"(신6:7). 이 말씀은 신명기 11장 19절에서도 강조된다. "또 그것을 너희의 자녀에게 가르치며 집에 앉아 있을 때에든지, 길을 갈 때에든지, 누워 있을 때에든지, 일어날 때에든지 이 말씀을 강론하고." 자녀의 신앙교육이 얼마나 중요한가를 보여준다.

전 세계 2만4천 종족 중 유대인은 1천 5백 만 명이다. 그중 160만이 정통파 유대인이다. 그들은 하나님을 자신들의 하나님이라 믿는 사람들이다. 그들은 쉐마, 십계명, 토라를 중시여긴다. 쉐마 이스라엘, "들으라 이스라엘아"라는 말이다. 그들은 자녀교육에 있어서 신명기 6장 4-9절, 신명기 11장 13-21절, 그리고 민수기 15장 37-41절을 귀히 여긴다. 그들은 3대가 매일 두 차례(아침, 저녁) 하나님의 말씀을 읽고 외운다. 이 말씀을 머리에, 팔에, 문지방에 새긴다.

말씀을 읽을 때 탈리티를 입는다. 탈리티는 술이 있는 옷으로, 원래 왕이 입었다. 그들이 이 옷을 입는 것은 자신들이 왕 같은 제사장임을 보여주는 것이다. 이것은 613개 율법(토라)을 상징한다. 토라에는 613개 율법이 있다. 248개의 "하지 말라"는 법과 365개의 "하라" 율법이다. 248는 뼈의 수를 나타낸다. 온 몸으로 지킨다는 뜻이다. 365는 일 년으로, 매일 지킨다는 뜻이다. 정통 유대인들은 민족의 생존을 걸고 철저하게 가르쳐왔다.

시편 기자는 말한다. "너희 자녀들아 와서 내 말을 들으라 내가 여호와를 경외하는 법을 너희에게 가르치리로다"(시34:11). 잠언 기자도 말한다. "마땅히 행할 길을 아이에게 가르치라 그리하면 늙어도 그것을 떠나지 아니하리라"(잠22:6). 말씀을 가르치면 영적인 전쟁에서 승리할 수 있다. 그러나 우리 속에 그 가르침이 사라지면 그 전쟁에서 패할 수밖에 없다. 말씀은 우리 생존의 문제다.

 ## 12. 화복에 관한 주님의 방정식


누가복음 16장에 부자와 거지 나사로에 대한 예수님의 비유가 있다. 이 비유를 보며 어떤 이는 단정적으로 말하기도 한다. "지금 굶주리고 있는 사람·울고 있는 사람이 훗날 행복하게 되고, 지금 배부른 사람·웃고 있는 사람이 훗날 불행하게 된다." 인생 만사 새옹지마(塞翁之馬)라는 말이 있다. 행복이 다하면 불행이 오고, 불행이 다하면 행복이 오는 것인가.

이 문제라면 좀 더 깊게 생각해볼 필요가 있다. 인생만사 새옹지마라며 쉽게 단정하기엔 이르다. 주님이 하시고자 하는 말씀이 있기 때문이다. 이 비유는 부자는 지옥에 가고, 거지는 천국에 간다는 단순논리가 아니다. 이 내용은 우리가 이 땅에서 재물을 어떻게 사용해야 하는가를 교훈해 준다. 그리고 그 비유의 끝에는 믿음에 관해 언급한다.

비유에서 부자는 우선 가난한 자에 대한 배려가 전혀 없다.

"한 부자가 있어 자색 옷과 고운 베옷을 입고 날마다 호화롭게 즐기더라 그런데 나사로라 이름 하는 한 거지가 헌데 투성이로 그의 대문 앞에 버려진 채 그 부자의 상에서 떨어지는 것으로 배불리려 하매 심지어 개들이 와서 그 헌데를 핥더라"(19-21절).

부자는 자신의 부를 즐기고, 거지는 버려진 채 있다. 거기에게 관심을 보이는 것은 오직 개뿐이었다.

그런데 죽어서는 그 상황이 반전된다.

"이에 그 거지가 죽어 천사들에게 받들려 아브라함의 품에 들어가고 부자도 죽어 장사되매 그가 음부에서 고통 중에 눈을 들어 멀리 아브라함과 그의 품에 있는 나사로를 보고 불러 이르되 아버지 아브라함이여 나를 긍휼히 여기사 나사로를 보내어 그 손가락 끝에 물을 찍어 내 혀를 서늘하게 하소서 내가 이 불꽃 가운데서 괴로워하나이다"(22-24절).

거지는 아브라함의 품에 있고, 부자는 음부에서 고통을 당한다. 그제서야 나사로를 부른다. 이 장면을 보면 새옹지마임이 틀림없다.

그 때 아브라함이 말한다.

"얘 너는 살았을 때에 좋은 것을 받았고 나사로는 고난을 받았으니 이것을 기억하라 이제 그는 여기서 위로를 받고 너는 괴로움을 받느니라"(25절).

그리고 그의 제의는 거부된다.

"그뿐 아니라 너희와 우리 사이에 큰 구렁텅이가 놓여 있어 여기서 너희에게 건너가고자 하되 갈 수 없고 거기서 우리에게 건너올 수도 없게 하였느니라"(26절).

천국과 지옥 사이에 놓인 큰 구렁텅이는 케슴(chasm)이다. 둘 사이에는 교통로가 없다.

부자는 이제 세상에 있는 자기 식구들을 생각한다. 그들만큼은 여기에 오지 않아야 할 터인데. 그 방법은 주님을 믿고 따르는 것이다. 예수님은 여기서 믿음의 차원으로 이 비유를 이끌어 가신다. 부자는 간청한다.

"그러면 아버지여 구하노니 나사로를 내 아버지의 집에 보내소서 내 형제 다섯이 있으니 그들에게 증언하게 하여 그들로 이 고통 받는 곳에 오지 않게 하소서"(27, 28절).

그러나 그 간청도 다시 거부된다.

아브라함과 부자 사이에 대화가 오간다. 여기서 아브라함은 하나님 아버지시다.

"그들에게 모세와 선지자들이 있으니 그들에게 들을지니라"(29절).

"그렇지 아니하니이다 아버지 아브라함이여 만일 죽은 자에게서 그들에게 가는 자가 있으면 회개하리이다"(30절).

"모세와 선지자들에게 듣지 아니하면 비록 죽은 자 가운데서 살아나는 자가 있을지라도 권함을 받지 아니하리라 하였다 하시니라"(31절).

부자가 이 땅에서 살 때 해야 할 일이 두 가지가 있다. 하나는 모세와 선지자가 전하는 말씀, 곧 하나님의 말씀을 들어야 한다. 그렇지 않으면 하나님 나라에 들어갈 수 없다. 비유에서 아브라함과 부자 사이의 대화는 그것에 포커스가 맞춰져 있다. 다른 하나는 재물이 있을 때 그것을 바르게 사용해야 한다. 재물을 숭배하는 태도나 자신만을 위해 그것을 독점하는 것은 그리스도인으로서 합당한 삶이 아니다. 적어도 이 두 가지에서 실패하지 않을 때 비유에서 부자와 같은 처지에 떨어지지 않게 된다.

그럼 거지 나사로는 가난했기 때문에 아브라함 품에 안긴 것인가. 그런 것은 아니다. 비록 가난했지만 하나님의 말씀을 듣고 순종하며 살았기 때문이다. 부자가 나사로로 하여금 세상에 나가 증언하도록 요구한 것이 그 증거이다. 가난이 천국에 들어갈 수 있는 요건은 아니다. 가난하든 부하든 이 땅에서 주님 뜻대로 사는 것이 중요하다. 이것이 바로 화복에 관한 주님의 방정식이다. 꼭 새옹지마는 아니다.

 ## 13. 적어도 그 나라 백성이라면

우리는 하나님 나라의 백성들이다. 그렇다면 그 나라는 어떤 나라이며, 그 나라 백성은 어떤 생각을 가져야 하는지 생각해본 일이 있는가. 그렇지 않다면 그 나라 백성으로서 직무유기다.

다윗 왕에 예표 되었던 하나님 나라의 특징은 흔히 공의, 평화, 영원, 우주로 표현된다. 공의로 그 허리띠를 삼으며(사11:5) 평강으로 통치하며 영원한 언약에 따라 모든 세대와 모든 민족을 대상으로 다스린다.

이사야는 이것을 오실 메시야와 연결시켰다. "이는 한 아기가 우리에게 났고 한 아들을 우리에게 주신 바 되었는데 그의 어깨에는 정사를 메었고 그의 이름은 기묘자라, 모사라, 전능하신 하나님이라, 영존하시는 아버지라, 평강의 왕이라 할 것임이라"(사9:6). 기묘자와 모사는 공의로운 통치자로, 평강의 왕은 평화의 통치자로, 영존하시는 아버지는 영원성으로, 전능하신 하나님은 범 세계로 연결된다.

예수님은 메시야, 곧 그리스도시다. 하지만 자신의 메시야이심을 숨기셨다. 그는 메시야 됨을 제자들에게는 사건을 통해 계시하셨다. 그러나 일반인들에게는 숨기셨다. 이것이 바로 메시야 은닉이다. 그를 따라오는 백성들이 기적만 믿고 그 성격을 오해할지 모른다는 생각에서다. 백성은 예수를 왕으로 모시려 하지 않았는가. 메시야를 자신들의 정치적 또는 경제적 목적을 달성하기 위한 도구로 삼고자 한 것이다. 이것은 얼마만큼 메시야에 관한 진정한 이해가 중요한가를 보여준다. 우리는 지금 주님을 우리 자신의 경제적 유익을 위한 도구로 삼고 있지 않는가.

메시야, 곧 그리스도의 나라 성격을 공의, 평화, 영원성, 그리고 우주성으로 다시 한 번 살펴보자. 구약시대와 신약시대를 대비시키면 확연하게 다름을 알 수 있다. 나아가 이것은 때로 우리의 생각과 주님의 생각이 다를 수 있다는 것을 보여준다.

구약에 있어서 공의는 왕들의 정의로운 통치로 나타난다. 하지만 예수님은 하나님의 의가 주님을 따르는 모든 제자들에게서 드러나기를 바라셨다. 바리새인들보다 더 나아야 한다는 말씀이나 새 계명을 주시고 이것을 실천하라 하신 것은 바로 그리스도인의 의는 나의 의가 아니라 하나님의 의여야 한다는 것을 가르치신 것이다. 그 의를 삶에서 드러냄으로 하나님께 영광을 돌리라는 것이다.

구약에서의 평화는 왕의 통치, 곧 정치와 경제의 안정을 통한 평화, 지도자들에 의한 평화다. 그러나 예수님의 평화는 하나님을 전폭적으로 의뢰함으로 하나님으로부터 얻는 하늘의 평화다. 하나님은 참새도 보호하신다. 주님을 의뢰하는 자는 하나님의 보호를 받는다. 우리의 머리카락도 헤아리시는 주님이 바로 우리의 구원자시다. 성도들 사이엔 형제애가 넘친다. 그 나라의 사랑이다.

구약에서의 영원성은 압축된 환상을 통해 영원하고 확고한 나라가 갑자기 임할 것을 믿는다. 유대인들은 지금도 그 나라가 임할 것을 믿는다. 그러나 예수 그리스도의 나라는 가난한 마음, 겸손한 마음 가운데 임해서 전 세대에 걸쳐 성숙된다. 그리고 종말에 완전히 성취된다.

우주성에도 차이가 있다. 구약의 경우 메시야가 임하면 이스라엘과 유다가 재건되고 이방나라들은 속국이 되리라 생각한다. 자국위주의 사고다. 그러나 신약의 경우 이스라엘 대다수가 제외되고 오히려 이방인 성도들에게 문이 열린다. 이스라엘을 샘나게 하신다. 그리고 이스라엘이 주님의 나라에 들어오도록 한다. 결국 모두에게 열리는 것이다.

지금까지 그 나라의 성격을 생각해보았다. 구약시대의 생각과 신약시대의 생각이 다르듯 이스라엘 사람과 이방인의 생각이 다르다. 그러나 그 무엇보다 우리의 시각을 주님의 시각으로 바꿀 필요가 있다.

우리는 하나님의 백성이다. 주님은 우리로 하여금 지금도 그 나라 백성으로 살기를 바라신다. 우리는 진정 우리 자신의 의보다 하나님의 의를 사모하고, 정치적이고 경제적인 평화보다 하나님 나라의 평화를 원하며, 우리 자신의 교만한 영원성보다 가난하고 겸손한 영원성을 가지고 있는가. 그리고 나만의 세계가 아니라 모든 사람을 포용하는 아름다운 마음을 가지고 있는가. 깊이 살펴볼 일이다. 적어도 그 나라 백성이라면.

## 14. 다시 생각하는 삼위일체

기독교에서 삼위일체는 신비요 기쁨이다. 하지만 이처럼 이해하기 어렵고 논란이 많은 것도 없다. 우리 이성에 따른 이해를 초월하기 때문이다. 그래서 삼위일체를 이해하려면 믿음이 요구된다.

어느 목사님은 말한다. "지금까지 예수님이 이 땅에 살아계신다면 지금 주님은 얼마나 바쁘실까. 그 많은 사람들 만나시려고." 그런데 주님은 우리에게 성령님을 보내주시겠다고 약속하셨고, 성령님이 임하셨다. 우리는 지금 하나님의 영으로 임하시는 그 성령님으로 인해 영적으로 충만한 생활을 할 수 있다.

삼위일체란 삼위, 곧 3인격이신 성부 하나님, 성자 예수님, 그리고 성령 하나님이 서로 구별되기는 하지만 모두 하나, 곧 하나님이심을 의미한다. 삼위는 성부, 성자, 그리고 성령으로 구별된 세 인격(person)이시다. 성부는 성자와 다르고, 성자는 성령과 다르다. 다시 말하면 성부는 성자가 아니고 성자는 성령이 아니다. 그러나 이 삼위는 영원부터 영원까지 동시에 존재하시고 상호 내주하신다. 아버지와 아들과 성령으로 구분되지만 결코 분리되지 않으신다. 한 하나님이시기 때문이다. 그래서 삼위일체 하나님은 분리할 수 없는 하나의 동일한 본질(homoousion, homo는 동질, ousion은 본질) 안에 3개의 구별된 위격(인격)이 함께 영원히, 함께 동등하게, 함께 본질적으로 존재하신다. 위격이 서로 다르지만(다양성) 모두 하나님이라는 특색(통일성)이 있다. 성부도 하나님이요 성자도 하나님이요 성령도 하나님이다.

예수님이 세례 받으실 때 하나님의 성령이 성자 하나님께 비둘기처럼 내려왔다. 그리고 하늘에서 소리가 있었다. 이는 내 사랑하는 아들이요 내 기뻐하는 자라(마3:16-17). 성부 하나님의 말씀이다. 삼위는 위격이 다르지만 하나님이라는 점에서는 같다. 예수님은 아버지와 나는 하나라 하셨다(요14:16-17).

정통기독교는 삼위일체를 기본적 신앙으로 고백한다. 그래서 삼위일체는 기독교신앙에서 흔들릴 수 없다. 그러나 모두가 삼위일체를 인정하는 것은 아니다. 역사적으로도 많은 논란이 있어왔다.

이슬람교와 유대교는 일위일체(unitarianism) 신관을 가졌다. 그들은 성부 하나님만 믿고 성자와 성령을 부인한다.

이위일체관도 문제다. 이것은 하나님 없는 그리스도파에 속하는 생각으로 성령을 부인한다든지 하나님을 친구로 폄하하는 생각을 가지고 있다.

삼신론(tri-thesim)도 문제다. 삼위를 지나치게 분리하여 하나님의 본질을 셋으로 이해하고, 심지어 하나님이 셋이라 주장한다. 이슬람교는 기독교가 세 하나님을 믿는다는 잘못된 인식아래 많은 기독교인들을 학살하기도 했다. 삼위일체는 삼신론이 아니다.

양태론(modalism)로 문제다. 이에 따르면 한 하나님이 인간의 역사 속에 세 번의 가명을 쓰고 일하신다는 이론이다. 예를 들어 기체

수증기, 액체 물, 고체 얼음이 물인 것과 같이 삼위 하나님도 이와 같다고 말하는 것이다. 나는 아버지의 아들이자 자식의 아버지요 아내의 남편인 것처럼 역할이 다르다는 것도 마찬가지다. 우리는 삼위일체를 설명할 때 종종 양태론적으로 말해 오류를 범하기도 한다.

기독교인이라면 삼위일체관을 확고히 할 필요가 있다. 특히 구원 사역에 있어서 삼위의 역할은 뚜렷하다. 성부 하나님은 구원을 계획하셨고, 성자 예수님은 그 구원을 성취하기 위해 이 땅에 오셨으며, 성령 하나님은 구원이 역사하도록 능력으로 임하셨다. 삼위는 천지를 창조하실 때도 함께 하셨고, 지금도 역사하고 섭리하신다. 아나니아가 문제를 일으켰을 때 베드로는 말한다. 성령을 속이는 것은 하나님을 속이는 것이다(행5:3-4).

예수님은 지상명령을 내리실 때 성부 하나님, 아들, 성령의 이름으로 세례를 주라 하셨다((마28:19-20). 사도들은 축도할 때 예수님의 은혜와 하나님의 사랑과 성령의 교통하심을 말한다(고후13:14). 모두 삼위 하나님이시다. 유다는 말한다. "성령으로 기도하며 하나님의 사랑 안에서 자기를 지키며 우리 주 예수 그리스도의 긍휼을 기다리라"(유1:20-21). 삼위일체 하나님은 지금도 우리 모두에게 관심을 두신다. 우리가 알지 못하는 그 시간에도. 우리는 삼위일체 하나님의 완벽한 보호 속에 있다.

# 15. 하나님 우리 아버지

"하나님은 아버지, 교회는 어머니다"라는 말이 있다. 대부분 아버지는 힘 있는 모습을, 그리고 어머니는 사랑을 보여 준다. 아담의 뜻은 '남자'이고, 하와는 '어머니'다. 남성과 여성, 부성과 모성은 다르다. 그런데 하나님 아버지라 할 때는 부성과 모성 모두 원한다. 능력 있는 아버지뿐 아니라 사랑이 넘치는 아버지를 기대하는 것이다.

전도를 하다보면 하나님을 아버지라 부를 때 전도가 막히는 상황이 발생하기도 한다. 아버지에 대한 인상이 좋지 않은 경우 "하나님이 아버지라면 나는 믿지 않겠다."고 말하는 분들을 만나기 때문이다. 자기 아버지에 대한 좋지 않은 기억들이 전도에도 영향을 미치는 것이다. 그래서 아버지에 대한 생각을 바꾸는데 시간이 필요하기도 하다.

좌시 맥도웰은 알코올 중독에 빠진 아버지 월모트를 증오했다. 술을 먹고 귀가하면 으레 어머니를 때렸고, 결국 어머니를 죽게 만든 장본인이 바로 아버지였기 때문이다. 그런데 하나님이 아버지라니. 그는 하나님 아버지를 받아들일 수 없었다. 그러나 그가 예수를 깊이 연구한 뒤 아버지와의 관계가 사랑으로 바꿔졌다. 자신의 삶의 모습이 변화한 것뿐 아니라 아버지를 보는 눈이 달라진 것이다. 더욱 놀라운 것은 달라진 아들의 모습을 보고 아버지도 예수를 영접하고 회심하게 된 것이다. 마침내 술꾼 아버지가 전도자 아버지로 변화했다. 하나님 아버지를 알면 그 아버지 앞에 나올 수밖에 없다. "천부여 의지 없어서 손들고 옵니다." 우리 입술도 달라진다.

성경에서 하나님을 아버지라 부른 최초의 인물은 모세다. 신명기

32장 2절을 보면 그는 이스라엘 백성들을 향해 여호와 하나님은 너의 아버지라 말한다. 그리고 여러 곳에서 그 아버지가 그의 능력과 사랑으로 광야의 백성들을 보호하고 지켜주셨음을 확인시켜 준다. 하나님이 우리 아버지시라는 것이다.

하나님이 우리 아버지이심을 몸소 보여주고 가르쳐 주신 분은 예수님이다. 주님은 우리에게 기도를 가르쳐 주실 때 제일 먼저 하나님을 "하늘에 계신 우리 아버지"로 부르게 하셨다. 이 기도는 주기도문으로서 늘 우리 가까이 있다. 아니 하나님을 우리 아버지로 고백하며 살게 만든다. 이 가르침에 따라 사도들도 하나님을 아버지로 고백한다. "전능하사 천지를 만드신 하나님 아버지를 내가 믿사오며." 사도신경에서도 하나님은 아버지시다. 하나님을 아버지라 부를 수 있는 것은 그리스도인의 특권이자 축복 중의 축복이다.

요한복음은 예수님이 얼마나 하나님을 아버지로 자주 부르셨는가를 보여주는 대표적인 책이다. 요한복음 14장을 보면 19번이나 아버지가 언급된다.

- 내 아버지 집에 거할 곳이 많도다(요14:2)
- 나를 본 자는 아버지를 보았거늘 어찌하여 아버지를 보이라 하느냐(요14:9)
- 내가 아버지 안에 있고 아버지께서 내 안에 계심을 믿으라(요14:11)
- 내가 아버지께 구하겠으니 그가 또 다른 보혜사를 너희에게 주사(요14:16)
- 나를 사랑하는 자는 내 아버지께 사랑을 받을 것이요(요14:21)

그뿐 아니다. 요한복음 17장에선 하나님을 39번이나 아버지라 부르셨다. 이를 보면 예수님은 하나님을 아버지라 부르며 사신 분임을 알 수 있다.

예수님은 "나를 본 자는 아버지를 보았느니라"(요13:9) 하심으로써 성부 하나님이 곧 성자 예수와 동일한 분이신 분임을 가르쳐 주셨다. 나아가 주님은 우리에게 하나님의 자녀가 되는 권세를 주셨다. 이것은 우리가 하나님을 아버지라 부를 수 있는 권세를 주심이다. 우리는 종의 영이 아니라 양자의 영을 받았기 때문에 하나님을 "아바, 아버지"라 부를 수 있다. "아바"는 "아빠"다. 그만큼 가깝고 친밀하다는 말이다. 하나님 아버지는 멀리 계시는 분이 아니라 우리 곁에 계시고, 우리가 가깝게 부르며 함께 사시는 분이다.

중요한 것은 그 아버지를 진정 친밀한 아버지로 모시고 사는가 하는 것이다. 이를 위해 가장 중요한 것은 하나님이 나의 아버지라는 확신을 가지는 것이다. 확신이 없다면 신앙생활이 오히려 짐이 될 것이다. 하나님은 나의 아버지가 아니라 남들의 아버지가 되기 때문이다. 나의 아버지로 확신하는 사람은 마음이 편안해지고 내면에 기쁨이 넘친다. 하나님의 말씀을 기뻐하며 주야로 묵상한다. 그 말씀이 내 영혼을 살찌게 한다.

나아가 하나님의 자녀처럼 행동한다. 믿음은 그렇게 될 줄 알고 믿고 행동하는 것이다. 필립 얀시는 말하지 않았는가. 믿음은 하나님의 모든 말씀이 사실인 것처럼 믿고 행동하는 것이라고. 우리를 향해 그의 자녀라 했으니 자녀처럼 행동하는 것은 당연하지 않는가. 자녀는 항상 아버지와 소통한다. 소통의 방법 중 가장 좋은 것은 기도다. 아버지의 사랑과 그의 능하심을 의지해 기도한다. 아침엔 "아버지, 일어났어요." 기도하고, 직장에서도 "아버지, 오늘도 함께 해주세요." 기도하고, 잠들기 전에 "아버지, 저 오늘 어땠어요?" 기도한다. 힘 들 때 더 기도한다. 상황이 나아지지 않는다 해도 나의 모든 것을 감찰하고 선히 인도하시는 하나님을 믿기 때문에 좌절하지 않는다.

그리고 자녀들에 대해서도 그분을 통해 익힌 사랑을 편다. 오프라 윈프리는 자신이 어릴 때 부모가 이혼하는 바람에 아버지가 자신을 안아 준 기억이 없고, 어머니가 자신을 사랑한다는 말을 들어본 적 없다고 했다. 그는 우리를 향해 자식을 안아주며 사랑한다고 말하라 주문한다. 자식들에게 부모로서의 역할을 다하라는 것이다. 자식들에게 아버지의 사랑이 무엇인가를 깨닫게 하라. 그러면 하나님 아버지를 더 가깝게 이해할 것이다. 온몸으로 아버지를 느끼고 경험하게 하라. 내 전 인격이 아버지를 느끼고 확인할수록 하나님이 우리 아버지이심을 감사하게 된다.

## 16. 물이 바다를 덮음 같이

인간은 이상사회를 꿈꾼다. 동양도 서양도 모두 그 꿈을 꿨다. 공자의 대동사회, 인위보다 자연의 삶을 강조하는 도가의 소국과민(小國寡民), 불교의 불국토 등은 동양의 대표적 이상사회다. 서양은 어떨까. 플라톤의 정의로운 국가와 철인정치, 성경의 천년왕국, 토마스 모어의 유토피아, 빈부차를 없애기 위한 소농주의와 직접민주주의를 합한 루소의 민주적 이상사회, 사유재산과 계급이 없는 마르크스의 공산주의, 정부의 간섭을 배제한 바쿠닌의 무정부사회, 무절제한 욕망충족 사회 코카인[2], 절제와 즐거운 노동 사회 아르카디아, 과학기술이 지배하는 전설의 섬 아틀란티스 등은 서양이 꿈꾼 이상사회 모습들이다.

공자는 [예기]에서 대동사회를 이렇게 묘사한다. "대도(大道)가 시행되는 시대에는 천하를 만인의 공유물로 생각하고, 덕과 재능이 있는 자를 선출하여 정치를 맡겨 신의를 강구하고 협동을 다진다. 그러므로 사람들은 유독 자기 자식만을 친애하지 아니하며 사회의 노인들로 하여금 편안히 여생을 마칠 수 있게 하고, 젊은이로 하여금 충분히 자기의 능력을 발휘할 수 있게 하고, 어린이로 하여금 좋은 환경에서 자랄 수 있게 하며, 홀아비 과부 고아 자식없는 외로운 늙은이 나쁜 질병에 걸린 사람들이 모두 부양될 수 있도록 한다. 남자는 각각 일정한 직분이 있고, 여자는 모두 시집가서 가정을 꾸린다. 재화는 그것이 땅바닥에 함부로 버려지는 것을 방치하지 않으나 그렇다고 나 한사람의 사유물로 간직하려 하지 않으며, 노력은 그것이 내 몸에서 나오지 않는 것을 싫어하지만, 그렇다고 반드시 나 한사람만을 위하자는 것은 아니다. 그러므로 음모는 닫혀서 일어나지 않고, 절도와 난적은 생겨나지 않는다. 그래서 대문을 닫아걸지 않고 안심하고 생활하니, 이것을 대동(大同)의 세계라 한다."

대동은 원래 사람이 천지 만물과 서로 융합하여 한 덩어리가 된다는 뜻이다. 이것이 인간사회에서 큰 도가 행해지는 것으로 나타난

---

2) 마약 코카인도 여기서 따온 말이다.

다. 어진 사람과 능력 있는 사람이 버려지지 않고, 사람들은 자기 부모만 부모로, 자기 자식만 자식으로 여기지 않는다. 노인은 자기의 생을 편히 마치며, 젊은이는 모두 일할 수 있고, 노약자, 병자, 불쌍한 자들이 부양되며, 나 한 사람만 위해 살지 않는 세상이다.

[도덕경]에 나오는 도가의 소국과민은 다음과 같은 세상이다. "나라가 작고 백성은 적어서 여러 사람 몫을 할 도구가 있어도 부릴 데가 없고, 백성이 죽음을 무겁게 여겨 먼 데로 옮겨 다니지 않게 한다. 배와 수레가 있어도 탈 일이 없고 군대가 있어도 진을 펼칠 일 없다. 백성들이 다시 노끈을 매듭지어 쓰게 하고 음식을 달게 먹고, 입는 옷을 곱게 입으며, 거처를 편안해 하고, 풍속을 즐기게 한다. 이웃 나라가 서로 바라보고, 닭과 개 소리가 서로 들리지만 삶을 마칠 때까지 오가지 않는다." 소국과민은 문명의 발달이 없는 사회가 아니라 배 수레 군대 중장비 등이 갖추어져 있지만 활용할 필요가 없는 평화로운 세상이다.

플라톤은 [국가론]에서 철인정치는 이성의 덕을 가진 철인 통치자가 용기의 덕을 가진 군인 계급의 도움을 받아 절제의 덕을 가진 생산자 계급을 다스릴 때 정의로운 국가가 이루어진다고 보았다. 플라톤의 이상 국가는 오랜 교육과 엄격한 훈련을 통해 좋음의 이데아, 곧 도덕적 선에 관한 절대적 지식을 성취한 현명한 철학자들이 통치하는 사회이다. 그 국가에서 각 계급은 자기 역할과 본분을 다한다.

마르크스는 [독일 이데올로기]에서 자신의 공산사회를 이렇게 묘사한다. "아무도 하나의 배타적인 활동 영역을 갖지 않으며, 모든 사람이 그가 원하는 분야에서 자신을 수양할 수가 있다. 그리고 사회가 생산 전반을 통제하게 되므로 각 개인은 자신이 하고 싶은 대로 오늘은 이 일을, 내일은 저 일을, 즉 아침에는 사냥하고 오후에는 낚시하고 저녁때는 소를 몰며, 저녁 식사 후에는 비평을 하면서 그러면서도 사냥꾼으로도 어부로도 목동으로도 비평가로도 되지 않는 일이 가능하게 된다."

성경은 이상사회를 어떻게 묘사하는가. 하나님의 나라, 곧 예수 그리스도의 나라다. 여러 말씀 중에 이사야서를 조명해보자.

"이새의 줄기에서 한 싹이 나며 그 뿌리에서 한 가지가 나서 결실할 것이요 그의 위에 여호와의 영 곧 지혜와 총명의 영이요 모략과 재능의 영이요 지식과 여호와를 경외하는 영이 강림하시리니 그가 여호와를 경외함으로 즐거움을 삼을 것이며 그의 눈에 보이는 대로 심판하지 아니하며 그의 귀에 들리는 대로 판단하지 아니하며 공의로 가난한 자를 심판하며 정직으로 세상의 겸손한 자를 판단할 것이며 그의 입의 막대기로 세상을 치며 그의 입술의 기운으로 악인을 죽일 것이며 공의로 그의 허리띠를 삼으며 성실로 그의 몸의 띠를 삼으리라

그 때에 이리가 어린 양과 함께 살며 표범이 어린 염소와 함께 누우며 송아지와 어린 사자와 살진 짐승이 함께 있어 어린 아이에게 끌리며 암소와 곰이 함께 먹으며 그것들의 새끼가 함께 엎드리며 사자가 소처럼 풀을 먹을 것이며 젖 먹는 아이가 독사의 구멍에서 장난하며 젖 뗀 어린 아이가 독사의 굴에 손을 넣을 것이라 내 거룩한 산 모든 곳에서 해 됨도 없고 상함도 없을 것이니 이는 물이 바다를 덮음 같이 여호와를 아는 지식이 세상에 충만할 것임이니라"(사11:1-9).

이사야의 이 시는 메시야가 다윗의 집에서 태어날 것이며 그의

능력, 그의 공의로운 통치, 그리고 그의 통치의 평화로움을 묘사하고 있다. 이새는 다윗의 아버지다. 메시야의 통치는 궁극적으로 모든 상태를 변화시킨다.

성경적 이상사회와 세속적 이상사회가 다른 점은 그 안에 하나님이 있느냐 하는 것이다. 인간이 아무리 이상사회를 꿈꾼다 하더라도 그 속에 하나님이 없다면 진정한 평안을 누릴 수 없기 때문이다. 하나님의 나라는 여호와를 경외함으로 즐거움을 삼는 나라다. 하나님이 주시는 평안을 누리는 진정한 평화의 왕국(the peaceful Kingdom)이다. 공의로 가난한 자를 심판하고, 정직으로 겸손한 자를 판단하는 나라다. 그리스도는 의로 심판할 뿐 아니라 의로 허리띠를 삼고 모든 의를 이루신다. 주님이 있는 거룩한 산 모든 곳에선 해 됨도 상함도 없다. 오직 여호와를 아는 지식이 충만하다. 물이 바다를 덮음같이. 여호와를 아는 지식은 지식적인 앎으로만 끝나지 않는다. 여호와의 영광을 인정하며 우리 모두가 그 영광을 드러내며 산다. 그의 자녀로서. 이 나라는 세상이 꿈꾸는 나라와 다르다.

 ## 17. 메시야의 위로와 은총

"주 여호와의 영이 내게 내리셨으니 이는 여호와께서 내게 기름을 부으사
가난한 자에게 아름다운 소식을 전하게 하려 하심이라 나를 보내사 마음이
상한 자를 고치며 포로 된 자에게 자유를, 갇힌 자에게 놓임을 선포하며

여호와의 은혜의 해와 우리 하나님의 보복의 날을 선포하여 모든 슬픈 자를 위로하되 무릇 시온에서 슬퍼하는 자에게 화관을 주어 그 재를 대신하며 기쁨의 기름으로 그 슬픔을 대신하며 찬송의 옷으로 그 근심을 대신하시고 그들이 의의 나무 곧 여호와께서 심으신 그 영광을 나타낼 자라 일컬음을 받게 하려 하심이라"(사61:1-3).

이사야 61장의 이 말씀을 읽을 때마다 우리에게 특별하게 부어 주시는 하나님의 은총이 얼마나 큰가를 느낀다. 이 메시지는 메시야가 오셔서 평화의 사역을 하실 것을 예언하는 내용이다. 예수님이 나사렛 회당에서 바로 이 말씀을 읽으시고 그 말씀이 이룰 때가 왔다고 선포하셨다. 이것은 예수 그리스도께서 바로 오실 메시야이심을 보여주신 것이다.

이 메시지는 전체적으로 그리스도의 사명이 무엇인지 요약적으로 보여준다. 그는 상한 심령을 고치고 포로 된 자를 자유를 주는 구원의 주시다. 은혜의 해와 신원의 날(the day of vengeance)은 바로 그리스도께서 구원의 날을 전파하여 기쁨을 주시는 것을 의미한다. 그는 슬픔과 근심대신 희락과 찬송을 우리에게 주시고 우리로 하여금 하나님의 영광을 나타내도록 하신다. 그가 우리에게 입히신 구원의 옷과 의의 옷은 바로 그리스도를 통해 얻은 것이다.

은총은 크게 일반은총(common grace)과 특수은총(special grace)으로 나뉜다. 일반은총은 자연적 축복들, 세속적 의, 양심, 도덕적 선악에 관련된 은총 등 다양하다. 자연적 축복에는 선인에게만 비를 내리지 아니하시고 악인에게도 내리신다. 하나님은 과분한 축복을 모든 사람들에게 차별 없이 내리신다. 이성적, 도덕적으로 죄를 제재하고 사회질서를 유지하며 정의를 증진시킨다. 중생하지 않은 사람이 선하고 의로운 일을 행하게 하는 것도 은총이다. 하나님은 죄를 여러 방법으로 제재하신다. 하나님이 인간으로 하여금 회개치 않게 하고 자기 분노대로 내버려 두시기도 하지만 회개의 기회를 주기 위해 생명을 연장시키기도 하신다. 이것도 하나님의 은총이다. 도덕적 선악에 대해서는 신적 형벌과 상급을 내리신다. 일반은총은 때로 우리의 양심을 통해 역사한다. 양심은 신의 계시의 빛이다. 하나님은 때로 정치를 이용하기도 하고 여론을 이끌기도 하신다. 진리와 도덕과 종교의 감각을 갖게 하시는 것도 일반은총이다.

이에 반해 특별은총은 그리스도 구속사역에 따른 축복이다. 그 은총을 받으면 영적인 변화가 있다. 일반은총은 심중에 영적인 변화를 일으키지 못한다. 도덕적 선을 행할 수는 있지만 영적 선을 행할 수 없다. 신앙과 회개로 하나님께 돌아올 수 있게 만들지 못한다. 죄책을 제거하지 못하기 때문이다. 그러나 특별은총은 우리로 하여금 기꺼이 하나님께 굴복하게 만들고 영적인 열매를 맺게 하신다. 이 은혜는 불가항력적이다. 거부할 수 없다.

어거스틴은 아담이 타락 이전에 일반은총, 특히 자연은총을 즐겼다고 주장한다. 아퀴나스도 자연과 은혜에 대해 말한다. 이에 반해 펠라기우스는 자연적 은총을 인정하지만 특수은총은 부정한다.

루터는 영적 영역(spiritual sphere)과 열등영역(lower sphere)을 구분하고, 영적 영역엔 특수은총이, 열등영역엔 일반은총이 작용한다고 보았다. 칼빈은 하나님의 형상을 접촉점으로 해서 인간이 타락할 때 특별계시를 전적으로 상실했으며, 일반계시는 왜곡되었지만 남아있었다고 주장한다. 바빙크와 같은 개혁주의자들은 하나님의 특수은총이 있어야 구원이 가능하다고 주장한다. 인간은 전적으로 부패하고(total depravity) 전적으로 무능력하고(total inability), 전적으로 타락했기(total corruption) 때문에 구원을 얻기 위해서는 특수 은총이 있어야 한다는 것이다.

구원을 위해 하나님의 특별하신 은혜가 필요하다면 그 은혜는 과연 무엇일까. 그것은 예수님이 그리스도로 오시는 것이다. 그분이 우리 주님이시고 우리를 구원할 능력이 있으신 분이기 때문이다. 우리에게는 그 무엇보다 메시야의 위로와 은총이 필요하다. 가난한 자에게 복음을, 마음 상한 자에게 치유를, 포로에게 자유를, 갇힌 자에게 놓임을 주는 주님이시다. 그분이 있어 오늘 우리가 화관(a garland)을 쓰고, 찬송의 옷을 입을 수 있다. 오직 주님께 영광을. 그 놀라우신 은혜에 찬송을.

 ## 18. 다원주의와 그리스도의 유일성

포스트모던 시대의 특징가운데 하나는 상대주의가 만연하고 있다는 점이다. 그 상대주의가운데 하나가 바로 다원주의다. 이것은 개인이나 여러 집단이 기본으로 삼는 원칙이나 목적이 서로 다를 수 있음을 인정하는 태도다. 다원주의에도 문화다원주의, 종교다원주의 등 다양하다. 종교다원주의는 여러 종교들끼리 서로 인정하도록 하고 있다.

서로 다른 종교를 인정하는 것은 결코 잘못된 것이 아니다. 그 나름대로 존재의 이유가 있다. 이것을 거부한다면 우리는 스스로 소외되게 만들 것이다. 그러나 각 종교가 지켜야 할 분명한 선이 있다. 그것은 바로 그 나름대로 각 종교가 가지고 있는 정체성이다. 종교다원주의가 아무리 관용의 성격을 띠었다 할지라도 불교가 기독교가 될 수 없고, 기독교가 힌두교가 될 수 없다. 만일 종교들이 마구 섞어진다면 과연 무슨 종교가 될까. 기독교는 과연 기독교일까. 이런 점에서 각 종교가 정체성을 유지하지 않으면 안 된다.

존 스토트 목사는 감히 외친다. "21세기에 복음주의 크리스천들에게 주어진 중요한 과제는 종교다원주의의 도전을 극복하는 것이다." 종교다원주의가 문제가 있기 때문이다. 그는 종교다원주의는 단순하게 오늘날 세계에 다양한 믿음들이 존재한다는 것을 인정하는 차원이 아니라 다원주의 자체가 하나의 거대한 이데올로기가 됐다고 경고한다. 다원주의는 모든 믿음 자체에 타당한 가치가 있다고 전제함으로써 기독교의 복음 전파를 원천적으로 막고 있다는 것이다.

그에 따르면 크리스천들이 다원주의를 거부해야 하는 가장 중요한 이유는 예수 그리스도의 유일성 때문이다. 그리스도는 유일하며 최종적인 존재로 그와 대체될 아무것도 없다. 그는 다원주의 시대에 크리스천들이 반드시 지켜야 할 것은 예수 그리스도의 유일성이라고 강조했다. 그리스도의 유일성이 무너질 때 기독교는 다원주의에 잠식될 것이다. 모든 복음주의 크리스천들은 그리스도의 유일성을 깊이 인정해야 한다.

또한 종교적 다원주의는 구원관에도 문제가 있다. 모든 종교를 구원의 도구로 인정한다. 이로 인해 기독교에만 구원이 있는 것이 아니라 각 종교에도 구원이 있다고 주장한다.

이 두 가지 문제점에 대해 베드로의 말에 주목할 필요가 있다.

대제사장 안나스와 가야바, 대제사장 문중이 다 있을 때 그는 담대히 외쳤다. "다른 이로서는 구원을 얻을 수 없나니 천하 인간에 구원을 얻을 만한 다른 이름을 우리에게 주신 일이 없음이니라"(행 4:12). 주 예수 그리스도만이 유일한 구원자라는 것이다.

다원주의가 모두 나쁜 것은 결코 아니다. 다문화가정을 이해하고 서로 존중하는 것, 각 민족의 문화를 인정하고 격려하는 것, 각 종교가 서로의 존재를 인정하는 것이 문제가 될 수 없다. 그러나 신앙의 차원은 다르다. 우리의 믿음까지 버리고, 심지어 다원주의라는 이름아래 절대적인 하나님을 상대화시키고, 예수 그리스도의 유일성을 부인한다면 그것은 하나님에 대한 배교다. 예수님 외에 다른 길에서도 구원을 얻을 수 있다고 말한다면 그것은 십자가에서 흘리신 주님의 보혈을 무효화시키는 것이다. 다른 길이 있었다면 하나님은 굳이 그 험한 십자가의 길을 택하지 않으셨을 것이다. 그저 산상수훈만으로 쉽게 끝날 수 있다. 그러나 하나님의 십자가 계획은 다원주의로 설명할 수 없는 하나님의 절대적인 비밀이 담겨있다.

다원주의가 이 시대의 도도한 흐름이라 할지라도 그것이 우리의 믿음을 무너뜨리는 것이라면 그것은 약이 아니라 독약이다. 지금 종교적 다원주의는 거짓교사의 차원이 아니라 기독교의 근간을 헤치는 일을 마다하지 않고 있다. 심지어 다른 종교에도 구원이 있다고 말하는 다원주의 신학자들도 등장하고 있다. 그들을 왜 기독교 신학자라 불러야 하는지 의심스럽다. 믿음은 순수해야 한다. 구약의 백성들이 혼합주의 때문에 하나님으로부터 멀어졌고, 그로 인해 포로생활까지 해야 하는 비극을 겪었다. 우리마저 주님을 배반하는 일은 없어야 한다.

우리의 구원자는 예수 그리스도 한분뿐이다. 이 사실은 결코 변경될 수 없다. 종교다원주의도, 그 어떤 이데올로기도 이것을 바꿀 수 없다. 주님은 말씀하신다. "너희가 사람의 미혹을 받지 않도록 주의하라 [--] 거짓 선지자가 많이 일어나 많은 사람을 미혹하겠으며 [--] 그러므로 깨어 있으라 어느 날에 너희 주가 임할느지 너희가 알지 못함이니라"(마24:4, 11, 42, 43). "천지는 없어지겠으나 내 말은 없어지지 아니하리라"(마4:35). 이 혼돈의 시대에 우리가 의지해야할 것은 인간의 변화무쌍한 생각과 사상이 아니다. 그 모든 잘못된 사상과 생각을 파하시는 주님이시다.

 **19. 칼빈과 오직 예수**

2009년은 칼빈 탄생 500주년이 되는 해다. 한국은 물론이고 세계 곳곳에서 그를 기린다. 그를 재조명하는 움직임이 활발했다.

프랑스 사람인 칼빈이 박해를 피해 오래 거주했던 제네바는 그에 대한 열기가 뜨겁다. 그는 이곳에서 종교개혁사상을 체계화했고, 부를 노동에 대한 정당한 대가로 보는 개신교 노동윤리를 정립했다. 이것이 근대 자본주의 형성에 크게 기여했음을 논리적으로 증명한 인물이 바로 막스 베버다.

칼빈 탄생 500주년 기념 학술 심포지엄이 서울교회에서 열렸다. 7개 분과로 나눠 모두 72명이 발표를 했다. 분과 발표를 마친 뒤

각 분과에서 대표가 나와 종합적으로 의견을 제시했다. 그 중에 몇 가지를 추리면 다음과 같다.

- 총회장은 한 번 열리는 총회에서 사회만 보도록 되어있는데 일 년 내내 군림하는 것은 칼빈주의가 아니다.
- 집사의 중심 사역은 구제다.
- 칼빈은 금욕과 절제를 가르쳤지 성공신학을 가르치지 않았다.
- 칼빈의 설교는 구속사적 설교다. 역사의 배후에 움직이는 하나님의 주권과 섭리를 말한다. 이에 비해 한국교회는 칼빈의 설교를 하고 있지 않다. 교양위주의 설교, 도덕적 설교를 하고 있다.
- 칼빈은 성경중심의 설교, 그리스도의 대속적 죽음과 천국에서의 잔치를 이 땅에서 맛보는 성찬, 기도, 그리고 구제를 강조했다.
- 칼빈은 주일마다 성경에서 장절을 뽑아 설교를 하지 않고 창세기부터 요한삼서에 이르기까지 연속설교를 했다.
- 칼빈은 성경 해석에 철저했다. 진리만을 전하고자 했다. 그는 사람들이 설교에 어떻게 반응하고 은혜를 받는가에 주목하지 않았다. 사람을 즐겁게 하는 데 초점을 맞춘 것이 아니라 하나님을 기쁘게 하는데 초점을 맞췄다.
- 사람의 야망과 야심이 교회를 망하게 하고 있다. 사람의 야망은 목사가 망하는 첫 번째 길이다.
- 칼빈은 교회 일치를 추구했다. 교회의 분열보다 연합을 도모했다. 한국 장로교회는 분열이 아니라 통합을 모색해야 한다.
- 칼빈은 아카데미학교를 세워 성경교육의 세계화 의지를 보였다. 교회에서 진리가 제대로 선포되고, 권징이 바르게 이뤄지며, 성도의 생활이 경건하기를 원했다.

제네바의 칼빈09위원회도 기념행사를 주관했다. 그리고 칼빈의 경제철학에 대해 주목하여 발표했다. "칼빈의 경제철학은 돈은 좋은 것이지만 과시해서는 안 되며, 공공선을 위해 투자하되 가난한 자들을 착취하지 말라는 것으로 요약된다." 네덜란드 총리 얀 페테르 발케넨데도 한 마디 한다. "현 경제위기는 탐욕, 돈에 대한 집착, 이기적 행동이 빚어낸 도덕적 위기다. 어떤 사회나 도덕적 중심이 필요하다."

칼빈의 사상을 기리는 것은 매우 중요하다. 그러나 우리가 잊어서는 안 될 중요한 것이 있다. 그것은 칼빈이 스스로 자신을 내세우지 않았다는 점이다. 우리가 자랑하고 내세워야 할 분은 오직 예수 그리스도 한 분이라 했다. 그는 자신의 동상이 세워지는 것을 바라지도 않았다. 그가 죽자 그분의 뜻을 안 제자들은 그를 아무도 모를 묘지에 묻었다. 오직 예수님만 드러나게 하라. 오늘 우리가 그로부터 배워야 할 중요한 교훈이다.

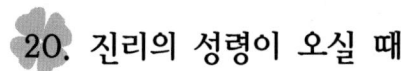

## 20. 진리의 성령이 오실 때

성경을 연구하다 보면 성령의 약속된 형태가 유대 절기와 깊게 연관되어 있음을 알 수 있다. 유월절과 무교절, 감사절을 거쳐 오순절엔 그 절정에 달한다. 성령이 강하게 임했기 때문이다. 그 뒤 제자들의 삶의 모습이 달라졌다.

그 첫 번째 절기가 유월절이다. "유월절 양 그리스도께서 희생이 되셨느니라"(고전5:7). 예수님이 우리 죄를 위해 십자가에 지셨다. 유월 절 어린 양 예수, 십자가 피. 그 피로 인해 우리가 구원을 얻지 않았는가. 그러므로 유월절은 예수께서 우리를 대신하여 돌아가신 날을 영적으로 기념하는 날이 되었다.

그 다음 절기는 무교절이다. 이 때 집안에 누룩을 두지 않는다. 누룩은 악마와 악의 상징으로, 누룩을 두지 않는 것은 신자의 절제 생활과 연관된다. "명절을 지키되 묵은 누룩도 말고 괴악하고 악독한 누룩도 말고 오직 순전함과 진실함의 누룩 없는 떡으로 하자"(고전5:8). 순전함과 진실함. 이것은 그리스도의 죽음으로 구원을 얻은 백성들이 걷는 길과 결부되어 있다. 무교절은 정월 14일 저녁에서 21일 저녁까지 7일간이다. 이것을 교회의 주일과 어떻게 연결시킬 수 있을까. 주일의 첫 날인 주일만 경건하게 지낼 것이 아니라 7일 모두 악행을 피하고 하나님을 향해 경건한 삶을 살아야 할 것이다.

그 다음 절기는 감사절이다. 감사절엔 이스라엘 백성이 처음으로 수확한 곡물을 바친다. 그리스도는 닥아 올 더 큰 부활의 증거를 보여준 첫 곡물이다. "이제 그리스도께서 죽은 자 가운데서 다시 살아 잠자는 자들의 첫 열매가 되셨도다"(고전15:20). 잠자는 자들의 첫 열매는 그리스도의 부활을 가리킨다. 주님은 죽음에서 부활한 큰 수확의 첫 열매이다(살전4:13-18). "각각 자기 차례대로 되리니 먼저 첫 열매인 그리스도요 다음엔 주 강림하실 때 그에게 붙은 자요"(고전15:23).

마지막으로 오순절 성령강림절은 성령샘물 준공 축하의 날이다. 유월절 후 50일째 되는 날이다. 오순절 전에 칠칠절(7X7=49)을 지킨다. 곡식에 낫을 대는 첫 날부터 7주를 계수하고 하나님 앞에 칠칠절을 지킨다(신16:9, 10). 그리고 50일째 되는 그 다음 날 오순절을 지킨다. "안식일 첫날 곧 너희가 요제로 단을 가져온 날부터 헤어서 일곱 안식일의 수효를 채우고 제 칠 안식일 이튿날까지 합 50일을 계수하여 새 소제를 하나님께 드리라"(레23:15, 16).

오순절은 유월절 이후 50일이 되는 단 하루다. pentecost. 희랍어로 50번째라는 뜻이다. 오순절엔 일곱 마리 어린 양을 바친다. 성령강림일은 예수님께서 부활한지 50일째 되는 날이다. 이 오순절에 성령이 강하게 임한 것이다. 성령의 강한 임재는 예수 그리스도의 영광과 능력이 강하게 나타남이다.

"보라 내가 내 아버지의 약속하신 것을 너희에게 보내리니 너희는 위로부터 능력을 입히울 때까지 이 성에 유하라"(눅24:49). 주님은 제자들에게 예루살렘에 거할 것을 말씀하셨다. 그 말씀에 따라 오순절 날 제자들이 다 모여 기도하는 자리에 갑자가 하늘로부터 급하고 강한 바람 같은 소리가 저희가 앉은 온 집에 가득하였다. 불의 혀 같이 갈라지는 것이 저희에게 보여 각 사람 위에 임했다. 그러자 모두 다 성령의 충만함을 받고 성령의 인도하심에 따라 다른 방언으로 말하기 시작했다(행1:1-4). 성령 충만한 제자들은 그리스도를 힘 있게 전하기 시작했다. 베드로는 그 날 3천명을 회개시켰다.

일부 신학자들은 예수님이 다시 오실 때도 성령강림일에 임할 것으로 믿는다. 성령 안에서 한 몸 된 우리(고전12:13)가 아니던가. 그 날에 성령이 교회와 성도 안에 거하러 오신다는 것이다. 이것은 물론 확실한 것은 아니다. 그 날은 오직 하나님만 아신다. 성령을 사모하다보니 그런 생각을 하는 사람도 있다는 것이다.

주님은 평소 성령에 대해 말씀하셨다. "내가 떠나가는 것이 너희에게 유익하니 내가 떠나가지 아니하면 보혜사가 너희에게로 오시지 아니할 것이요, 가면 내가 그를 너희에게로 보내리니"(요16:7). 주님은 지금도 성령을 보내신다. 더 강하게. 그만큼 우리에게는 성령이 필요하다. 성령을 받으면 우리는 어떻게 되는가. 무엇보다 입을 열어 주님을 증거 하게 된다. "내가 아버지께로서 너희에게 보낼 보혜사 곧 아버지께로서 나오시는 진리의 성령이 오실 때 그가 나를 증거 하실 것이요"(요14:16). 오늘도 성령 안에서 사는가. 진리이신 주님을 드러내며 그분의 영광을 위해 사는가.

## 21. 너희가 믿을 때에 성령을 받았느냐

바울이 에베소 교회를 방문했다. 교인들을 만나 묻는다. "너희가 믿을 때에 성령을 받았느냐?" 대답은 아주 실망스러운 것이었다. "아니요. 우리는 성령이 있는 것도 듣지 못했습니다." 그들은 요한의 세례, 곧 회개의 세례밖에 알지 못했다(행19:1 - 7).

브리스길라와 아굴라는 아볼로를 에베소교회에 초빙하여 하나님의 도를 가르치게 하였다. 회개의 필요성, 그리고 예수가 그리스도임을 알게 한 것까지는 좋았다. 하지만 성령은 받지 못했다. 아볼로는 자기가 아는 요한의 세례만 열심히 전하고 간 것이다.

"요한의 세례만 알뿐이요 성령이 있음도 듣지 못하였다"는 것은 중생도 모르고 구원받은 자로서 능력 있게 살고 있지 못함을 의미한다. 성령을 모른다면 교회는 무기력하고 무감각할 수밖에 없다.

그는 곧 주 예수 이름으로 세례를 받게 하고, 안수했다. 그 때 성령이 강하게 임하였다. 성도들 가운데 12명 정도가 방언도 하고 예언도 하는 역사가 일어났다. 성령이 있는 교회는 달라진다. 교회뿐 아니라 개인도 달라진다. 그만큼 성령이 중요하다.

훗날 바울은 에베소 교회에 보내는 편지를 통해 말한다. "그 안에서 너희도 진리의 말씀 곧 너희 구원의 복음을 듣고 그 안에서 또한 믿어 약속의 성령으로 인치심을 받았나니"(엡1:13). 성령으로 인 치심을 받았다 선언한 것이다. 얼마나 기쁜 말인가. 성령을 통해 이제 그 소유권이 하나님께 있음을 확신케 하는 말이다. 성령의 사람들인 것을 확신한다는 말이다.

성령은 사도행전에만 나오는 것은 아니다. 성경 전체에 걸쳐 성령이 등장한다. 성령은 여러 이름이 있다. 하나님의 신(창1:2), 성령(시51:11), 지혜와 총명의 신(사11:2), 주 여호와의 신(사61:1), 은총과 간구하는 심령(슥12:10), 주의 성령(눅4:18), 진리의 영(요14:17), 살아계신 하나님의 영(고후3:17), 주의 영(고후3:17), 생명의 성령(롬8:2), 그리스도의 영(롬8:9), 은혜의 성령(히10:29), 영광의 영(벧전4:14) 등 그 외도 많다.

성령은 인격이시다. 어떤 이는 성령이 육체를 소유하지 않는다는 이유로 성령의 인격을 부인한다. 그러나 내 육신이 인격이 아니며 사람이 죽는 것은 사람의 인격이 아니라 그의 몸만 죽는 것이다. 육체는 다만 인격이 거하는 곳일 뿐이다. 성령님은 지금 우리 안에 인격으로 거하신다.

성령은 마음을 소유하신다(롬8:27). "하나님의 성령이 비둘기같이 내려 자기 위에 임하심을 보시더니"(마3:16). '성령이 비둘기 같이' 는 사랑을 나타내는 상징적인 표현이다. 이 말씀은 예수님이 공적 사역을 시작하실 때 성령이 충만한 사랑으로 임재 하셨음을 의미한다. 성령과 함께 그의 공생애가 시작된 것이다. 성령은 언제나 주님과 함께 하셨다. "성령으로 말미암아 하나님의 사랑이 우리 마음에 부은바 되었느니라"(롬5:5). "같은 한 성령이 행하사 그 뜻대로 각 사람에게 나누어 주시느니라"(고전12:11). 하나님의 모든 백성에게 성령을 부어주신다. 은혜의 선물이다. 우리는 성령을 통해 하나님의 사랑을 안고 산다.

성령은 삼위일체의 영원하고 무한한 제3인격이다. 삼위의 각각은 다른 위와 함께 하는 하나이다. 그러나 삼위의 인격과 직위는 별개의 것으로, 성령은 하나님의 뜻을 수행하는 특수한 임무를 가지고 있다.

우리는 삼위를 따라 부여된 임무를 수행한다. "너희는 가서 모든 족속으로 제자를 삼아 아버지와 아들과 성령의 이름으로 세례를 주고"(마28:19). 전도를 하고 세례를 베풀 때도 삼위의 이름으로 한다. "은사는 여러 가지나 모든 것을 사람가운데서 역사하시는 하나님은 같으니"(고전12:4-6). 삼위는 하나이시다. 그래서 바울은 편지의 끝에 이렇게 적는다. "예수 그리스도의 은혜와 하나님의 사랑과 성령의 교통하심이 너희 무리와 함께 있을지어다"(고후13:14). 이 말씀은 축도의 원형이 되었다.

그리스도인은 성령 안에서 하나 된 사람들이다. "몸도 하나, 성령도 하나이니 이같이 너희가 부르심의 한 소망 안에서 부르심을 입어"(엡4:4). 그리고 성령으로 인해 거룩하게 되었다. "내 신을 너희 속에 두어 너희로 내 율례를 행하게 하리니 너희가 내 규례를 지켜 행할지라"(겔36:27). 우리가 하나님의 말씀을 귀하게 생각하고 그것을 지키려 하는 것도 성령이 내 안에 계시기 때문이다. "또 마음을 아시는 하나님이 우리에게와 같이 저희에게도 성령을 주어 증거 하시고 믿음으로 저희 마음을 깨끗이 하사 우리나 저희나 분간치 아니하셨느니라"(행15:8, 9). 성령이 있는 한 우리는 차별이 없다. 모두 그리스도를 증거 하는 자로 살게 하신다. 나아가 거룩한 하나님의 자녀로 살게 하신다. "너희 몸은 하나님께로 받은바 너희가운데 계신 성령의 전인 줄 알지 못하는가 너희는 너희 것이 아니라 값으로 산 것이 되었으니 그런즉 너희 몸으로 하나님께 영광을 돌리라"(고전6:19, 20).

그리스도인은 단순한 몸이 아니다. 바로 성령이 거하는 전이다. 그래서 우리는 거룩한 하나님의 백성이 되었다. 그 성령이 오늘도 우리로 하여금 육의 욕심에 따라 살게 하지 않고 하나님의 사람으로 살게 하신다.

성령으로 사는 자는 생수의 강이 넘친다. "누구든지 목마르거든 내게로 와서 마시라 나를 믿는 자는 성경에 이름과 같이 그 배에서 생수의 강이 흘러나리라 [--] 이는 그를 믿는 자의 성령을 가리켜 말씀하신 것이라"(요7:37이하).

그러므로 바울은 과감히 묻는다. "너희가 믿을 때에 성령을 받았느냐." 당신은 과연 성령의 사람인가. 프로그램과 이벤트의 사람인가. A. W. 토저는 말한다. "습관적인 신앙으로부터 벗어나라. 머리로만 믿는 그리스도인이 되어서는 안 된다. 성령님의 신비한 능력을 삶에서 드러내라."

## 22. 여호와의 영이 임한 이유

　여호와의 영은 성령을 가리킨다. 성령이 임한 이유가 뭘까. 성경에선 다양한 이유로 성령이 임하셨다. 그러나 그 모두는 하나님의 구원사역과 예수 그리스도에 초점이 맞춰진다.

　첫째, 아름다운 소식을 전하기 위함이다. 이 소식은 복음을 말한다. 이사야 32장에 가보자.

　　"주 여호와의 영이 내게 내리셨으니 이는 여호와께서 내게 기름을 부으사 가난한 자에게 아름다운 소식을 전하게 하려 하심이라 나를 보내사 마음이 상한 자를 고치며 포로된 자에게 자유를, 갇힌 자에게 놓임을 선포하며 여호와의 은혜의 해와 우리 하나님의 보복의 날을 선포하여 모든 슬픈 자를 위로하되 무릇 시온에서 슬퍼하는 자에게 화관을 주어 그 재를 대신하며 기쁨의 기름으로 그 슬픔을 대신하며 찬송의 옷으로 그 근심을 대신하시고 그들이 의의 나무 곧 여호와께서 심으신 그 영광을 나타낼 자라 일컬음을 받게 하려 하심이라"(사61:1-3).

　둘째, 여호와께 속하도록 하기 위함이다. 이사야 44장을 보자.

　　"나의 종 야곱, 내가 택한 이스라엘아 이제 들으라 너를 만들고 너를 모태에서부터 지어 낸 너를 도와 줄 여호와가 이같이 말하노라 나의 종 야곱, 내가 택한 여수룬아 두려워하지 말라 나는 목마른 자에게 물을 주며 마른 땅에 시내가 흐르게 하며 나의 영을 네 자손에게, 나의 복을 네 후손에게 부어 주리니 그들이 풀 가운데에서 솟아나기를 시냇가의 버들 같이 할 것이라 한 사람은 이르기를 나는 여호와께 속하였다 할 것이며 또 한 사람은 야곱의 이름으로 자기를 부를 것이며 또 다른 사람은 자기가 여호와께 속하였음을 그의 손으로 기록하고 이스라엘의 이름으로 존귀히 여김을 받으리라"(사44:1-5).

셋째, 구원을 얻도록 하기 위함이다. 요엘2장을 보자.

"그 후에 내가 내 영을 만민에게 부어 주리니 너희 자녀들이 장래 일을
말할 것이며 너희 늙은이는 꿈을 꾸며 너희 젊은이는 이상을 볼 것이며
그 때에 내가 또 내 영을 남종과 여종에게 부어 줄 것이며 내가 이적을
하늘과 땅에 베풀리니 곧 피와 불과 연기 기둥이라 여호와의 크고 두려운
날이 이르기 전에 해가 어두워지고 달이 핏빛 같이 변하려니와 누구든지
여호와의 이름을 부르는 자는 구원을 얻으리니 이는 나 여호와의 말대로
시온 산과 예루살렘에서 피할 자가 있을 것임이요 남은 자 중에 나 여호와의
부름을 받을 자가 있을 것임이니라"(엘2:28-32).

장래일, 이적, 크고 두려운 날 등은 구원을 얻지 않으면 안 된다
는 것을 가르쳐 준다. 그 날의 모든 것을 알리고, 여호와께 피하기
위해 남종과 여종들에게 성령을 부어주신다. 이 모두 이스라엘을
회개케 하기 위함이다. 베드로는 오순절에 요엘서의 말씀을 인용하
였다(행2:16).

끝으로, 예수 그리스도를 증거 하기 위함이다.

"요한이 또 증언하여 이르되 내가 보매 성령이 비둘기 같이 하늘로부터
내려와서 그의 위에 머물렀더라 나도 그를 알지 못하였으나 나를 보내어
물로 세례를 베풀라 하신 그이가 나에게 말씀하시되 성령이 내려서 누구
위에든지 머무는 것을 보거든 그가 곧 성령으로 세례를 베푸는 이인 줄
알라 하셨기에 내가 보고 그가 하나님의 아들이심을 증언하였노라 하니라"
(요1:29-34).
"보혜사 곧 아버지께서 내 이름으로 보내실 성령 그가 너희에게 모든 것을
가르치고 내가 너희에게 말한 모든 것을 생각나게 하리라"(요14:26).
"오직 성령이 너희에게 임하시면 너희가 권능을 받고 예루살렘과 온 유대와
사마리아와 땅 끝까지 이르러 내 증인이 되리라 하시니라"(행1:8).

성령의 사역과 그 능력은 제한이 없다. 그만큼 크고 위대하다. 그러나 그 모든 사역 가운데서 가장 위대한 것은 복음과 관련된 성령의 사역이다. 성령은 아름다운 소식을 전하기 위해 기름 부으셨고, 여호와께 속하고 구원 얻도록 하였으며, 오늘도 우리로 하여금 그리스도의 증인이 되도록 하신다. 성령을 사모하라. 나를 위해서가 아니라 오직 주님을 위하여.

## 23. 사마리아에 임한 성령의 의미

사도행전을 가리켜 성령행전이라 하기도 한다. 성령의 임재로 사람이 변화되고 교회가 변화되기 때문이다. 성령을 받았느냐 하는 것은 그 때나 지금이나 주요 관심사항이었다. 특히 복음의 사각지대였던 사마리아에 성령이 임했다면 어떤 생각이 들까.

예루살렘 교회에 핍박이 일자 사도 외에는 모두 유대와 사마리아 모든 땅으로 흩어지게 되었고, 그들이 각 곳에 흩어져 전도하게 되었다. 빌립은 사마리아 성에 내려가 그리스도를 백성에게 전파했다. 하나님 나라와 예수 그리스도의 복음을 전한 것이다. 그리고 병자들을 고쳤다. 성령이 강하게 역사한 것이다. 그곳 사람들이 빌립의 말과 그가 행하는 표적을 보며 한 마음으로 믿기 시작했다. 사마리아 성에 기쁨이 넘쳤다. 예루살렘에 있던 사도들이 그 소식을 접하게 되었다. 그리고 대표를 파견해 성령세례를 받도록 했다.

"예루살렘에 있는 사도들이 사마리아도 하나님의 말씀을 받았다 함을 듣고 베드로와 요한을 보내매 그들이 내려가서 그들을 위하여 성령 받기를 기도하니 이는 아직 한 사람에게도 성령 내리신 일이 없고 오직 주 예수의 이름으로 세례만 받을 뿐이더라 이에 두 사도가 그들에게 안수하매 성령을 받는지라"(행8:14—17).

예수님은 사마리아에 대해 특별한 애정을 가지고 있었다. 주님은 사마리아의 수가라는 동네에서 사마리아 여인을 만나 영원히 목마르지 아니하는 생수가 자신으로부터 나온다는 것을 말씀해주셨고, 그 말씀을 믿은 여인이 동네에 나가 그리스도를 전함으로써 사람들이 믿기 시작했다. 주님은 강도만난 자의 비유에서도 사마리아 사람을 선한 인물로 부각시키셨다. 그리고 제자들에게 유대와 사마리아와 땅 끝까지 복음을 전하라 하셨다.

역사적으로 볼 때 사마리아와 유대는 서로 적대의식을 가지고 있었고 서로 자기의 예배가 진실하다고 주장했다. 유대는 예루살렘에서의 예배를, 사마리아는 그리심 산에서의 예배가 진짜라고 주장해왔다. 그들은 자기들의 주장을 굽히지 않고 수백 년간 싸워왔다.

하나님은 장차 이스라엘이 가나안을 정복하면 그들이 하나님께 예배할 장소를 정해 주시리라 말씀하셨다(신12:5;16:2;26:3). 그러나 모세 오경에는 구체적인 지명에 대해 어떤 언급이 없었다. 유대인들은 역대하(6:6;7:12)와 시편(78:68)을 내세워 그곳이 예루살렘이라 주장해왔다. 하지만 오경만을 경전으로 믿는 사마리아인들은 이것을 인정하지 않았다. 사마리아 사람들은 유대인과는 달리 신명기(27:4)를 근거로 그곳이 바로 세겜 땅 그리심 산이라 믿고 주전 400년경에 이곳에 성전을 세웠다. 하지만 주전 129년경에 파괴되었다.

유대인과 사마리아인 사이의 적대의식은 제도나 교리로 고칠 수 없었다. 하나님은 이들이 그리스도 안에서 의견이 일치하도록 사도들이 도착하기까지 그 때를 기다리셨다. 성령이 임하시면 변할 것을 아셨기 때문이다.

베드로와 요한이 사마리아 성에 도착하여 형편을 살펴본 결과 그들은 신앙고백을 했음에도 불구하고 성령은 받지 못하고 오직 세례만 받고 있었다. 두 사도는 성령의 임함이 얼마나 중요한가를 말해주었을 것이다. 자연 성령을 사모하게 되었을 것이다. 안수하자 성령이 임했고, 그들은 성령을 받았다. "애써 구하는 자에게 성령을 주시지 않겠느냐"(눅11:13) 하신 말씀이 이뤄진 것이다.

이 사마리아 사건은 예수님께서 말씀하신 그대로의 성취다. 왜 그런가? 사마리아 여인과 대화할 때 주님의 말씀으로 돌아가 보자.

> "여자여 내 말을 믿으라 이 산(그리심산)에서도 말고 예루살렘에서도 말고 너희가 아버지께 예배할 때가 이르리라 [──] 아버지께 참되게 예배하는 자들은 영과 진리로 예배할 때가 오나니 곧 이 때라 아버지께서는 이렇게 자기에게 예배하는 자들을 찾으시느니라 하나님은 영이시니 예배하는 자가 영과 진리로 예배할지니라"(요4:21-24).

주님이 말씀하신 이 때는 언제일까. 바로 사마리아에 복음이 전파되고 성령이 임할 때, 곧 하나님의 때이다. 그 때 성령은 분리된 곳을 하나로 만드시고 참된 예배, 곧 영과 진리로 예배하도록 하신다. 사마리아에 성령이 임한 사도행전 8장의 기록은 그 날이 오리라 하신 요한복음 4장의 성취다. 주님은 오늘도 말씀하신 바를 성령을 통해 하나씩 이루어 가신다. 오늘 그 이루심을 기뻐하자. 성령의 기름 부으심을 사모하자.

## 24. 간수의 마음에 지진을 일으키신 성령님

사도행전 16장은 빌립보교회가 어떻게 시작되었는가를 한편의 영화처럼 잘 보여주고 있다. 감독은 성령님이시다. 주인공은 바울. 그리고 실라, 루디아, 귀신들린 노예 여종, 간수는 조연이다.

성령의 인도함을 받아 빌립보로 오게 된 바울. 성령님은 거기서 빌립보 교회의 첫 번째 교인이 될 루디아를 만나 유럽교회의 싹을 틔우게 하셨다. 그리고 빌립보 교회의 두 번째 교인이 될 귀신들린 여인을 고쳐주게 된다. 귀신을 쫓아냈을 때 여종의 주인들이 나타나 선동한다. 우리가 '받지도 못하고 행치도 못할 풍속'을 전한다는 것이다. 주인이 하나가 아님을 볼 때 그녀는 얼마나 시달렸을까. 사실 돈 문제 때문임에도 불구하고 그 사실은 접고 다른 이유를 들어 공격한다. 일방적으로 당하는 바울. 좋은 일이 있을 때 역풍이 불어온다.

투옥. 귀신들린 여인을 고쳐준 대가가 매질로 돌아오고, 마침내 투옥된다. 로마시민인 그에게 어떤 재판 없이 매질을 하거나 투옥할 수 없는 것인데 그는 변명의 기회조차 얻지 못한 채 선동에 밀려 꼼짝없이 당한다. 그리고 갑자기 죄수로 전락된다. 한 사람의 성도를 얻는다는 것은 얼마나 힘든 일인가를 보여준다. 전도자는 고난의 대접을 받을 수 있다. 그러나 그 상처는 영광이다.

바울과 실라는 간수에 이끌려 깊은 옥에 갇힌다. 당시 감옥은 아래서 밑으로 떨어뜨리는 식으로 되어있다 한다. 그리고 그 아래서 착고(着鋼)에 채워 도망가지 못하게 한다. 착고는 죄수를 붙잡아 매어두는 도구다. 상관이 든든히 지키라 했으니 오죽 했을까.

그가 이렇게 된 데에는 간수를 변화시켜 그리스도인으로 만들려는 하나님의 계획과 섭리가 있었다. 성령님은 그 계획을 오묘한 방법으로 이루신다. 간수가 누구인가. 당시 간수 직은 주로 퇴역한 로마 군인들이 했다고 한다. 로마군 출신 간수라면 명령에 따라 움직이는 사람이다. 원칙에 살고 원칙에 죽는다. 자기 스스로 부족함이 없다고 생각하는 사람이다. 이 말은 그 만큼 전도하기 어렵고, 예수님에 관심을 두지 않는 사람이란 말이다. 그 마음은 돌 같아 설득될 가능성이 없다. 그 사람의 마음을 열기 위해서는 보통 이상의 작업이 필요하다. 이것을 성령님은 잘 아셨다.

감옥에 갇힌 바울과 실라. 그들은 다른 죄수처럼 남을 원망하거나 불평하거나 자기를 비관하거나 로마정부가 이럴 수 있느냐 비판하지 않았다. 그들은 기도하고 찬송했다. 억울하고 불리한 상황에서도 오히려 기도하고 찬양했다. 이것이 바로 거꾸로 사는 그리스도인의 방법이다.

바울과 실라가 뭐라 기도했을까. 바울은 감옥에서도 전도하는 사람이다. 죄수들도 간수도 다 전도의 대상이다. 전도 대상자 모두의 마음을 흔들어 옥토가 되도록 기도했을 것이다. 같은 방에 있던 죄수는 물론 간수도 그 기도와 찬양을 들었다. 그들은 느꼈을 것이다. 갇힌 자리에서 하나님께 찬양하고, 오히려 우리를 위해 기도하다니. 세상이 이런 사람들이 어디 있을까.

그러나 이것만으로 간수를 그리스도인으로 만들 수 없다는 것을 성령님은 아신다. 한 밤중 모두 자고 있을 때 지진을 일으켜 옥 터를 진동시켰다. 옥문이 열리고 족쇄가 풀렸다. 자유의 몸이 된 것이다. 바울과 실라 뿐 아니라 그 안의 죄수 모두 도망할 수 있었다.

절호의 기회가 아닌가.

놀라 잠에서 깨어난 간수는 옥문이 열려있는 것을 보고 죄수들이 다 도망한 것으로 알았다. 책임추궁 당할 것이 뻔하다. 그는 자결하려 칼을 빼들었다. 그 순간 바울의 외침을 듣는다. "네 몸을 상하지 말라 우리가 다 여기 있노라." 자결하려는 간수를 배려하고 관용한 바울. 그의 말에 간수는 크게 감동하지 않을 수 없었다. 보니 바울과 실라는 물론 다른 죄수들도 그대로 있었다. 지진이 나도 도망하지 않다니. 놀라운 일이 아닐 수 없었다. 지진이 땅을 흔든 것 이상으로 그의 마음을 움직였다. 간수의 마음에 지진을 일으키신 성령님. "그리스도인이여 당신의 행동으로 이웃의 마음에 지진을 일으켜라!"

바울과 실라는 그리스도인이니까 그렇다 해도 다른 죄수들은 왜 도망하지 않았을까. 그 답은 바울과 실라의 기도와 찬송을 듣고 감화를 받았기 때문이었으리라. 그러나 이렇게만 생각하면 더 큰 것을 보지 못한다. 그 안에는 성령님의 놀라운 움직임이 있었기 때문이다. 지진은 바울과 실라를 살리기 위한 것보다 간수에게 복음을 전하기 위함이다. 간수의 마음을 옥토로 변화시키기 위함이다. 그들이 도망하지 않은 것도 하나님의 섭리가 있었기 때문이다.

간수는 달라졌다. 그 마음에 지진이 인 것이다. 그는 바울 앞에 엎드렸다. 그리고 그의 생애에 있어서 가장 절실한 질문을 던진다. "내가 어떻게 하여야 구원을 얻으리이까?" 바울은 분명히 말한다. "주 예수를 믿으라 그리하면 너와 네 집이 구원을 얻으리라." 복음은 로마간수를 넘어뜨리고 그의 온 가정을 구원의 자리로 인도했다. 간수와 그의 가족을 주 앞에 인도하기 위한 하나님의 세밀한

계획과 성령의 놀라운 능력을 보라. 이것이 바로 고난의 현장을 축제의 현장으로 바꾸는 복음의 역동적 시스템이다.

이 장면은 많은 것을 느끼게 한다. 억울하고 힘든 상황에서도 주님을 생각하며 기도하고 찬양한다. 하나님은 어떤 상황에서도 자신의 사자들을 지키시고 보호하신다. 상황을 역전시키신다. 지진이 난 후에도 도망치지 않은 바울. 그 인격 속에서 우리는 자기의 유익을 구하지 않는 그리스도의 인격을 본다. 그리스도인은 언제 어디서나 예수의 인격으로 사는 사람이다. 그런 삶을 살 때 주님은 그 속에 자신의 교회를 세우고 주를 더 높이 찬양할 수 있는 기회를 허락하신다. 당신의 삶에서도 주의 이름이 승리하도록 하라. 성령과 함께. 놀랍도록.

 ## 25. 죄 지은 자의 어두운 모습들

아담과 하와는 금지된 선악과를 먹었다. 결국 그들은 그것을 먹음으로써 하나님과 그분의 말씀을 거역하는 최초의 인간이 되었다. 창세기 3장은 그들이 죄를 범함으로써 어떤 어두운 모습들이 드러나는지 잘 보여주고 있다.

첫째 그들의 눈이 밝아졌다(7절). 뱀이 하와를 유혹할 때 "그것을 먹는 날에는 너희 눈이 밝아 하나님과 같이 되어 선악을 알 줄을 하나님이 아심이니라"(창3:5) 했다. 그런데 그 말대로 정말 그들의 눈이 밝아졌다. 이것은 한편으론 사단도 때로는 맞는 말을 하는구나 하는 생각을 들게 한다. 하지만 다른 한편으론 뱀의 유혹을 확실히 받았다는 사실을 순간적으로 인식하게 만든다.

눈이 밝아진 것은 과연 좋은 것인가? 겉으로는 좋아 보일 수 있다. 눈이 뜨이고 지금까지 알지 못하던 선악도 알 수 있게 되었다. 그러나 안으로 들어갈수록 문제가 심각하다. 영적으로 죽었기 때문이다. 겉만 보면 알 수 없다. 속은 이미 타락해 있다.

둘째, 벗은 줄 알았다(7절). 벗은 줄 알았다는 것은 부끄러움을 알게 되었다는 말이다. 선악과를 먹기 전까지는 벌거벗었어도 결코 부끄러워하지 않았다(창2:25). 그러나 이젠 다르다. 벌거벗었다는 사실이 부끄럽다. 자기를 의식하게 된 것이다. 그래서 그들은 무화과로 치마를 해 입었다. 부끄럽다고 생각되는 곳을 작은 잎들로 가렸다. 스스로 그것을 가린다 한들 부끄럼이 없어질까. 그들은 부끄럽고 또 부끄러워 하나님께서 그들을 찾아도 피하였다(10절).

셋째, 하나님의 낯을 피하여 숨었다(8절). 날이 서늘할 때, 즉 바람이 불 때 하나님이 임하셨다. 바람은 하나님의 거룩한 임재를 뜻한다. 하나님이 강림하신 것이다. 선악과를 먹은 것에 대해 더 이상 무시할 수 없기 때문이다. 하나님은 찾으셨다. "네가 어디 있느냐"(9절). 하나님의 음성을 듣자 그들은 나무사이로 숨었다. 죄책감 때문에 하나님을 대면하기 두려웠다(10절). 그러나 아무도 여호와의 낯을 피할 수 없다. 누가 주님으로부터 피할 수 있는가. 더욱이 죄를 범한 자라면.

넷째, 그들은 자기의 책임을 남에게 돌렸다. 하나님은 가장인 아담에게 물었다. "어찌하여 네가 그 실과나무를 먹었느냐"(11절). 아담은 그 책임을 아내인 하와에게 돌렸고(12절), 하와는 그 책임을 뱀에게 돌렸다(13절). 눈이 밝아진 그들이 이젠 자기를 합리화할 줄 알게 된 것이다. 사단은 우리로 하여금 하나님을 향해 죄를 인정하지 말고 먼저 합리화하라 가르친다.

그들은 결코 "그것은 제 잘못입니다"라고 말하지 않았다. 그들은 서로서로 책임을 남에게 전가함으로써 문제로부터 자신을 보호하고자 했다. 책임을 전가한다고 해서 그 문제로부터 벗어날 수 있을까. 책임전가는 자기에겐 책임이 없다는 말이다. 그렇다면 누구에게 있는 것인가? 뱀인가 하나님인가. "그래요. 하나님 잘못이예요. 결국 먹을 줄 아시면서 왜 먹지 말라 하셨어요? 동산에 선악과를 두신 것 자체가 잘못된 것입니다." 이렇게 말하고 싶은가. 책임전가는 결국 하나님을 비난하는 결과를 가져온다. 이것은 하나님에 대한 중대한 도전이다.

죄는 인간에게 여러 부끄러운 모습을 가져다준다. 뱀의 말대로 눈이 밝아졌다. 그러나 영적으로는 부패하고 죽었다. 그 눈은 자기의 벌거벗음을 보게 하였고 마음은 부끄러움을 갖게 했다. 그들은 하나님의 임재를 두려워하고 숨었다. 그리고 그들의 문제가 도마 위에 올랐을 때 그 모두는 자신들의 책임이라 말하지 않고 서로 전가하기 바빴다. 우리도 지금 우리가 져야 할 책임을 다른 것에 떠넘기기에, 아니 우리의 죄책감을 감추기 위해 오늘도 하루 종일 동분서주하고 있지 않은가.

하나님은 뱀을 향해 말씀하신다. "네가 이렇게 하였으니"(14절). 뱀에게 먼저 책임을 물으신 것이다. 그렇다고 아담과 하와는 제외되었는가? 아니다. 하와에게 그 책임을 물으셨고(16절), 아담에게도 그 책임을 물으셨다(17-18절). 그리고 그들을 에덴에서 추방하셨다.

부끄러움을 느끼고 그것을 가리고자 하는 것은 죄의식의 한 단면이다. 그것을 치유하실 분은 오직 하나님 한 분이시다. 그 하나님은 아담과 그 아내 하와를 위하여 가죽옷을 지어 입히셨다(21절). 그들을 불쌍히 여기신 것이다. 가죽옷은 인간 스스로 치부를 가리기 위해 만들어 입은 것이 아니다. 하나님이 직접 만들어 입혀주신 옷이다. 가죽옷은 동물이 피를 흘렸다는 것을 의미한다. 예수님은 우리 죄를 위해 십자가에서 속죄의 피를 흘리셨다. 우리가 입은 옷은 십자가의 피로 씻음 받은 흰 옷이다. 가죽옷은 이 흰 옷을 상징하는 것이 아니겠는가.

훗날 다윗은 나단이 자신의 죄를 지적하자 "내가 하나님 앞에 범죄 하였나이다." 고백했다. 그는 결코 그 책임을 남에게 돌리지 않았다. 상황이나 환경에도 돌리지 않았다. 오직 자기의 책임임을 확실히 했다. 이런 점에서 책임 전가하기에 급급했던 사울 왕과는 얼마나 대조적인가.

지금 우리는 오랜 분단의 아픔을 가지고 있다. 누구의 죄 때문일까. 지금까지 우리는 쉽게 누구 때문이라며 그 책임을 남에게 돌렸다. 이젠 영적인 눈으로 우리 자신을 들여다 볼 때다. 그러면 자연히 알게 된다. 작게는 우리 한 사람 한 사람의 죄 때문이요, 크게는 우상숭배한 우리 민족의 죄 때문임을. 그래서 하나님도 이 민족의 아픔을 보시며 눈물을 흘리신다. 당신은 이 민족을 향한 하나님의 마음을 아는가. 이제 우리 모두 하나님을 피하려 하지 말고 겸손히 그 앞에 나아가자. 우리를 향한 주님의 깊은 마음에 다가가자.

# 26. 당신이 영원히 살 수 있는 방법

옥한흠 목사가 새 생명 축제, 곧 전도 집회 때마다 강조하는 말이 있다. "인간은 죽는다. 그러나 당신이 영원히 살 수 있는 방법이 있다." 그 멘트는 참석자로 하여금 그것이 과연 무엇일까 생각하게 만든다.

그의 손에는 꺾은 나뭇가지가 있다. 그는 그 나뭇가지를 보여주며 말한다. "이 나무는 살았습니까? 죽었습니까?" 대답이 없다. 질문을 했다고 마구 대답할 수 있는 자리도 아니다. 녹색을 보니 살아있는 것 같기도 하고, 이미 꺾인 나무이니 죽은 것 같기도 하고. 그러나 죽은 것이리라. 이미 나무에서 떨어져 나온 것이기에.

그는 계속해서 말한다. 인간에게는 세 가지 죽음이 있다. 영원한 생명, 육체적 죽음, 영원한 사망. 육체적 죽음이나 영원한 사망은 알겠는데, 영원한 생명이 왜 죽음과 관련이 있는지 궁금할 것이다.

영원한 생명. 이 나뭇가지는 원 나무로부터 떨어져 나와 생명을 공급받지 못하므로 죽은 것이다. 우리도 하나님으로부터 떨어져 나오면 죽는다. 그러나 우리가 하나님을 믿으면 멸망하지 않고 영원한 생명을 얻는다. 그 생명이다. 죄로 죽은 자가 주님으로 인해 영원한 생명을 얻는 것이다.

육체적 죽음. 나무는 언젠가 죽는다. 떨어져 나온 가지도 며칠 녹색을 보이겠지만 누렇게 말라 죽는다. 우리 인간도 다 죽는다. 하나님 앞에 죄를 지은 인생은 예외 없이 죽는다.

영원한 사망. 말라 비틀어진 나무는 아무도 돌보지 않으며 결국 쓰레기로 태워진다. 하나님의 생명관계에서 떨어져 나온 우리는 지옥에 가게 된다. 영원한 사망이다.

이 말씀을 들으면 사마리아 수가 동네 야곱의 우물가에서 예수님과 그곳 사마리아 여인과 나눈 대화 생각이 난다. 여기서는 물이 논제의 주제가 된다.

예수님은 여인에게 물을 좀 달라신다. 유대인과 사마리아인이 상종하지 않던 시대에 유대인이 사마리아인에게 물을 달라는 것이 이상했다. 여인은 묻는다.

"당신은 유대인으로 어찌하여 사마리아 여자인 나에게 물을 달라 하십니까?"

이렇게 해서 대화는 시작된다.

"네가 만일 하나님의 선물과 또 네게 물 좀 달라 하는 이가 누구인 줄 알았더면 네가 그에게 구하였을 것이요 그가 생수를 네게 주었으리라."

"어디서 이 생수를 얻을 수 있겠습니까? 우리 조상 야곱이 이 우물을 주었고 우리가 다 이 물을 먹고 살아왔는데 당신이 야곱보다 더 크십니까?"

"이 물을 먹는 자는 다시 목마르려니와 내가 주는 물을 먹는 자는 영원히 목마르지 아니하리니 나의 주는 물은 그 속에서 영생하도록 솟아나는 샘물이 되리라"(요4:14).

대화는 남편의 문제, 예배의 문제, 메시야 문제로 이어지다가 여인은 예수님이 바로 그리스도시라는 것을 깨닫게 된다. 그 순간 여인은 물동이를 내두고 동네에 들어가 외친다.

"와 보라. 그리스도께서 여기 계신다."

예수 그리스도는 우리에게 영원히 목마르지 아니하는 물을 주신 분이시다. 아니 영원히 죽을 수밖에 없는 인간들에게 영원히 살 수 있는 길과 방법을 알려주신 분이다. 생명수, 영생.

영생(eternal life)은 영원한 생명이다. 생명을 의미하는 조에(zoe)와 영원을 의미하는 아이오니오스(aionios)를 결합한 말이다. 영생은 살아있는 것이 끝난 후의 단순한 시간 연장이 아니다. 영원한 하나님의 생각 속에서 그 시작을 갖는다(엡1:4). 그러므로 우리가 예수를 주님으로 고백하는 순간 그의 나라 백성이 되며 영생의 존재로 그 속성이 달라진다.

이 영생은 거짓이 없으신 하나님이 영원 전부터 약속하신 것(딛 1:2)이다. 영생은 곧 유일하신 참 하나님과 그가 보내신 자 예수 그리스도를 아는 것이요(요17:3) 예수를 믿는 자에게는 영생이 있고 예수님에게 순종하지 아니하는 자는 영생을 보지 못하고 도리어 하나님의 진노가 그 위에 머물러 있게 된다(요3:36).

하나님이 예수를 세상에 보내신 것은 세상을 심판하려 하심이 아니다. 오히려 예수로 말미암아 세상이 구원을 받게 하려 하심이다(요3:17). "하나님이 이 세상을 이처럼 사랑하사 독생자를 주셨으니 이는 저를 믿는 자마다 멸망치 않고 영생을 얻게 하려 하심이니라"(요3:16). 주님은 지금도 당신을 기다리며 생명수, 영생을 주고자 하신다. 아주 기쁨으로.

## 27. 백수, 천수, 만수, 영수

일본 중의원 해산 선언 직후 총리를 비롯한 의원들 전원이 만세 삼창을 했다. 해산은 바로 의원직을 상실한다는 것인데 왜 만세를 부를까 이상하지 않을 수 없다. 일본 중의원의 만세 관행은 1897년에 시작되었다고 한다. 일본의 6대 총리 마쓰카다 마사요시 내각 시절 의회를 해산했다. 개원식 다음날 반대파가 내각불신임안을 제출하자 표결을 막기 위해 바로 해산해 버린 것이다. 내각의 진퇴는 천황의 의사에 따른 것이어야지 의회의 의결에 좌우되어서는 안 된다는 것이 총리의 생각이었다. 의원내각제인데도 총리가 의회정치를 부인한 것이다. 그런데 해산 국회 속기록에 '기립 후 만세를 부르는 사람 있음'이라 기록되어 있었다. 이런 배경에 따라 그 다음부터 일왕에 대한 경의를 표하기 위해 만세를 부르기 시작했다는 것이다.

원래 만세란 임금의 만수(萬壽)를 축원할 때만 사용하게 되어 있고, 그 밖의 사람이나 사물에게는 만수대신 하늘이 각자에게 부여한 천수(天壽)를 불러야 했다.

을사보호조약을 맺을 당시 궁내부 대신이었던 친일파 이재극이 일본 명치천황 생일날인 천장절에 일본공사관에 초대되어 "천황폐하만세"를 삼창한 사건이 일어났다. 이재극은 만세삼창 건으로 임금에게 불려가 꾸지람을 받게 되었다. 이재극은 변명할 궁리를 찾다가 이렇게 말했다. "신은 그 연회에서 만세라 부르지 않고 일본식으로 반자이라 불렀아옵고 반자이라 했을 때 관을 쓰지 않았으므로 임금님의 염려하심에 누가 되지 아니할까 하옵니다." 그는 겨우 위기를 모면했다.

성경을 보면 왕에 대해 만세수를 기원하는 말이 나온다. "밧세바가 얼굴을 땅에 대고 절하며 내 주 다윗 왕은 만세수를 하옵소서 하니라"(왕상1:31). "다니엘이 왕에게 고하되 왕이여 원컨대 왕은 만세수를 하옵소서"(단6:21). 만수는 왕에 대한 극진한 예우의 표현임을 알 수 있다.

만수는 인간의 수명은 아니다. 당시 나이로 볼 때 백수(白壽)라 해도 오히려 큰 수다. 백(百)에서 하나(一)를 뺀 수 99세를 가리키기 때문이다. 그러나 백수나 만수보다 더 큰 영원한 수(永壽)를 주님은 우리에게 약속하셨다. 주님이 주신 그것은 영생(eternal life)이기 때문이다. 영원한 생명의 삶, 그것은 영원한 천국의 삶이다. 예수님을 구주로 고백하는 순간 우리 안에 그 생명의 삶이 시작된다. 주님과 함께.

주님이 주신 영원한 삶은 우리가 죽지 않고 승천하는 것을 말하는 것이 아니다. 성경을 보면 에녹과 엘리야에게 그러한 기회를 주셨지만 그 기회는 우리 모두에게 허락되는 것은 아니다. 원죄로 인해 육신은 죽음을 맛보게 된다. 하지만 우리가 죽기 이전이라 할지라도 주님과의 관계를 통해 그 영원한 생명 속으로 들어갈 수 있다. 나우웬이 죽음을 가리켜 단지 영원한 과정으로 가는 것이라 한 것도 이 때문이다.

신앙은 영적 쾌거를 경험하는 것이다. 무승부가 아니다. 그 쾌거는 영생을 소유하면서 더 확실하게 느껴진다. 오죽하면 부자청년도 주님 앞에 나와 "내가 어떻게 하여야 영생을 얻으리이까" 물었을까.

예수님을 구주로 고백하는 일은 결코 쉬운 일이 아니다. 성령님이 우리 마음을 움직이지 않고서는 고백되는 것이 아니기 때문이다. 다시 말하면 성령의 사람이 되어야 예수를 영접할 수 있다. 내 안에 성령님이 계시고, 오늘도 성령에 따라 살면 주님과 아름답게 동행할 수 있다. 영생은 그저 오래 사는 것이 아니다. 주님과 함께, 주님을 위해, 그리고 주님에 의해 사는 삶이다. 그 삶에서 우리는 진정한 샬롬, 곧 하나님 나라의 평안을 얻을 수 있다. 우리는 백수나 만수에 연연하는 사람이 아니다. 오늘도 주님과 함께 영수를 사는 그리스도인이다. 그 나라가 영원하듯 그 나라 백성도 영원하다.

## 28. 총장이 목소리를 높인 이유

연변과기대 채플은 이곳의 삶에서 언제나 기다려지고 감동이 있다. 한국에서나 미국에서 예배를 드릴 때는 긴장이 없지만 이곳에서는 상당한 긴장이 있다. 학교 안에서 예배를 드릴 수 없게 되자 벤처단지용으로 구입하였던 화장터에다 채플을 세웠다. 그러나 종교국에서는 예배를 허락하면서 십자가를 세우는 것을 허락하지 않았고, 정해진 예배 시간 외의 건물 사용을 제한하였다. 그래서 주일 예배 외에는 접근이 어렵다. 그래서 주일 한번 들어가는 채플이 귀하지 않을 수 없다.

요즘 세계경제가 좋지 않아서인지 과기대를 방문하는 목사님들의 수가 눈에 띠게 줄었다. 많을 때는 채플 때마다 방문하는 목사님으로부터 귀한 설교를 들을 수 있었다. 평소 만나기 어려운 분들을 볼 때 감사함이 넘쳤다.

그렇다고 이곳에 목사님이 없는 것은 아니다. 교직원가운데 상당수가 목사다. 목사뿐 아니라 교수들 중에서도 설교에 뛰어난 분들이 많아서 그분들이 돌아가면서 설교도 한다. 그래서 이곳 채플에서는 다양한 설교를 접한다. 감사하지 않을 수 없다.

예배가 마친 뒤 총장이 나와 광고를 한다. 방문객을 소개한다든지 광고할 사항을 전한다. 그러나 오늘은 목소리가 높았다. 엄중히 경고한다며 예배에서 이것만큼은 고쳐야 한다고 했다. 모두들 긴장했다. 우리 예배에 무엇이 잘못된 것일까.

우선 예배의 다양성에 대해 언급하였다. 영국 처치 오브 잉글랜드의 경우 매우 경건하다. 예배자의 모습도 그렇고, 찬양도 우리가 드리는 찬송이 아니다. 한국의 어떤 뜨거운 교회는 조금만 말해도 아멘으로 응답하고, 할렐루야는 보통이다. 미국이나 캐나다 등에서 열리는 코스타의 경우도 예외는 아니다. 그는 예배의 다양성에 대해 인정한다고 하였다. 초대교회의 예배가 중세교회와 다르고, 중세교회는 현대교회와 다르지 않겠는가. 시대에 따라 나라에 따라 예배는 달라질 수 있다.

그는 찬송할 때 우리가 조심해야 할 부분을 지적하였다. 특히 복음 송을 할 때 주님께 영광을 돌리는 자세라기보다 자기도취나 자기를 기쁘게 하는 예배가 되어서는 안 된다고 했다. 유희 동작을 유도하는 것, 엔터테인 성격의 활동 등. 예배는 우리의 엔터테인을 위한 것이 아니라는 것이다.

그는 설교 중에 아멘이라 반응을 유도하는 목사님도 계시지만 자신은 그런 반응을 보일 경우 깜짝 놀라 설교의 흐름을 막는다고 했다. 그렇다고 아멘을 하지 말라고는 하지 않았다. 그러나 그는 한 가지를 강하게 주문했다. 찬송, 특히 복음 송을 할 때 가사에 신경을 써주었으면 한다는 것이다.

그 중에 하나가 어린양이라는 단어라 했다. 구원하심이 어린양에게 있다 고백하고, 어린양을 경배하는 것은 처음 교회를 방문하는 사람들에게 오해를 불러일으킬 수 있기 때문이다. 그들은 이상하게 생각할 것이다. 어린양이 어떻게 우리를 구원한다는 말인가. 양은 힘없는 짐승이고, 특히 중국인에게 양은 꿰 요리의 주재료 아닌가.

그렇다고 어린양의 상징적인 의미를 무시하는 것은 아니다. 어린양은 구약의 제물이 아니었는가. 그 양은 오실 메시야에 대한 상징이었다. 우리를 대속해 제물이 되었기 때문이다. 총장은 어린양은 그림자라고 강조한다. 그림자는 실제가 오면 더 이상 의미가 없다. 예수님이 오셨기 때문이다. 그러므로 우리는 그림자에 불과한 어린양이라는 단어를 찬양 가사로 사용해서는 안 된다는 것이다. 어린양이 우리를 구원했다고? 예수님이 우리를 구원하셨기 때문에 그림자인 어린양이 아니라 예수님이 우리를 구원하셨다고 고백하고 찬양해야 한다는 것이다. 그래서 강력히 주문했다. "앞으로 채플에서는 어린양이라는 단어 사용을 금지한다! 어린양을 예수님으로 바꿔라."

총장의 준엄한 경고가 반영될 것이다. 그는 이 경고가 두 번째라 하였다. 지금까지 지켜지지 않는 것에 대한 불쾌감도 나타냈다. 반응은 각각이었다. 이 말에 수긍하는 사람도 있고, 지나치다는 사람도 있었다.

사실 복음송가를 부른 사람들의 잘못은 없다. 복음 송가 가사가 그렇게 되었기 때문이다. 그렇다고 복음 송가 가사를 지은 사람들의 잘못도 아니다. 가사의 대부분은 성경에서 따왔기 때문이다. 특히 요한계시록에서 자주 언급되고 있다. 천사들은 죽임을 당하신 어린양이 영광과 찬송을 받으시기에 합당하다고(계5:12, 13) 큰 소리로 말한다. 이방인 중에서 구원 받은 셀 수 없이 많은 자들이 큰 소리로 외친다. "구원하심이 보좌에 앉으신 우리 하나님과 어린양에게 있도다"(계7:10). 이것은 우리가 하늘나라에서 그렇게 찬양할 수 있음을 보여준다. 그러니 그렇게 찬송한 누구에게나 잘못은 없다. 그러면 총장이 잘못되었는가? 그렇지도 않다. 어린양의 의미를 모르는 사람이 혹 기독교를 의심하지 않을지 배려한 말이기 때문이다. 전도를 하거나 찬양할 때 조심해야 할 부분이 있다는 것을 깨닫는 시간이었다.

## 29. 고라와 고라 자손

민수기 16장을 보면 모세와 아론이 리더십에 위기를 맞는다. 레위 자손 중 고라 당, 곧 고라 일파가 세력을 규합하여 그들에게 도전을 해왔기 때문이다. 그들은 당시 유명한 족장 250명까지 자기 세력 안으로 끌어들였다. 고라는 레위의 증손 고핫의 손자 이스할의 아들이다. 그가 바로 주동자다.

고라 일당은 모세와 아론을 찾아가 "회중이 다 각각 거룩하고 여호와께서도 그들 중에 계시거늘 너희가 어찌하여 여호와의 총회 위에 스스로 높이느뇨" 따졌다. 모세는 정치적 리더로서 전권을 행사하고, 그 형 아론은 제사장으로서 종교적 리더십을 행사하니 한 집안이 정치와 종교 양대 권력을 차지한 것으로 생각할 수 있다.

그들의 싸움은 논쟁으로 이어진다. 논쟁의 초점은 이른바 '작은 일'에 있다.

모세가 공격한다. "하나님이 이스라엘 회중에서 너희를 구별하여 자기에게 가까이 하게 하사 여호와의 성막에서 봉사하게 하시며 회중 앞에 서서 그들을 대신하여 섬기게 하심이 너희에게 작은 일이겠느냐"(9절). "네 모든 형제 레위 자손으로 너와 함께 가까이 오게 하신 것이 작은 일이 아니어늘 너희가 오히려 제사장의 직분을 구하느냐"(10절).

고라 일파도 만만치 않다. "네가 우리를 젖과 꿀이 흐르는 땅에서 이끌어 내어 광야에서 죽이려 함이 어찌 작은 일이기에 오히려 스스로 우리 위에 왕이 되려는가"(13절). 그리고 선언한다. 자기들을 젖과 꿀이 흐르는 땅으로 인도하지 않고 기업도 주지 않으니 자기들은 더 이상 올라가지 않겠노라. 이쯤 되면 갈 데까지 가지 않았나 하는 생각이 든다.

결국 그 싸움의 승패를 하나님께 맡기기로 했다. 고라 일파의 250개 향로와 모세와 아론의 두 개 향로에 불을 담아 하나님의 판단을 기다렸다. 여호와로부터 나온 불이 분향하는 250인을 태워버렸다. 그리고 땅이 갈라지며 고라 일당을 삼켜버렸다. 제사장 엘르아살은 불 탄자들이 드렸던 놋 향로를 가져다 쳐서 제단을 싸는 기념물로 만들고 말했다. 이것은 고라와 그 무리와 같이 되지 않게 하기 위함이다. 여기서 고라의 반역 이야기는 일단 마무리 된다.

그 뒤 고라 자손은 성경에서 사라졌을까. 그렇지 않다. 그들 속에서도 남은 자가 있었다. 역대상하를 보면 고라자손들이 성전 문지기 역할도 하고 전병을 만들기도 하며 찬양하는 모습으로 나타난다.

"고라와 므라리 자손의 문지기 직책은 이러하였더라"(역상26:19). "고라자손이 수종 드는 일을 맡아 성막 문들을 지켰으니 그의 조상들도 여호와의 진영을 맡고 출입문을 지켰으며"(역상9:19). "고라자손 살룸의 아들 맛디댜라는 레위인은 전병을 굽는 일을 맡았으며"(역상9:31). "그핫 자손과 고라자손에게 속한 레위인들은 서서 심히 큰 소리로 이스라엘 하나님 여호와를 찬송 하니라"(역하20:19).

시편을 보면 고라자손의 시가 나온다. 조상은 죄를 지었어도 후손들은 믿음의 좋은 작품을 많이 남긴 것이다. 이것은 후손이 하나님 앞에 어떤 삶을 살아야 하는가를 보여준다.

시편 84편과 85편은 고라자손의 시다. 그들은 여호와의 전을 사모하고 갈망한다. 주님을 목말라하고 배고파한다. 주의 전에서 한 날이 다른 곳에서 천 날보다 낫다 말한다. 그리고 고백한다. "악인의 장막에 거함보다 내 하나님 문지기로 있는 것이 좋사오니"(시84:10). 과거에는 작은 일로 쳤던 그 일을 크고 귀하게 보고 있는 것이다. 문지기로 있다는 것은 문지방에 있다는 말로 미천한 데 거하는 것을 의미한다. 그러나 문지방도 문지방 나름이다. 그것이 주의 전이니 다른 곳이 전혀 부럽지 않다.

시편 85편은 민족의 해방을 감사하며 쓴 시다. 그런데 그 시 가운데 이런 표현이 있다. "내가 하나님 여호와의 하실 말씀을 들으리니 대저 그 백성, 그 성도에게 화평을 말씀하실 것이라 저희는 다시 망령된 데로 돌아가지 말지로다"(8절). 이 말은 이스라엘 민족을 향한 것이다. 그러나 과거 고라 당의 일을 생각할 때 다시는 그런 전철을 밟지 않겠다는 선언처럼 들린다.

고라자손들은 하나님을 전적으로 의지하며 살았다. 그리고 고백한다. "우리를 다시 살리사 주의 백성으로 주를 기뻐하게 아니하시겠나이까"(시85:6). "여호와 하나님은 해요 방패시라 여호와께서 은혜와 영화를 주시며 정직히 행하는 자에게 좋은 것을 아끼지 아니하실 것임이니이다"(시84:11). "만군의 여호와여 주께 의지하는 자는 복이 있나이다"(시84:12). "여호와께서 좋은 것을 주시리니 우리 땅이 그 산물을 내리로다"(시85:12).

선조가 하나님을 거역하는 자리에 있었다면 그 후손은 달라야 한다. 과거에 범죄한 자리에 있었다면 이젠 달라야 한다. 하나님은 달라진 우리의 모습을 기뻐하신다. 고라자손은 그 문제에 관한 한 가장 표본이 된다.

##  30. 나를 의뢰하는 자는 땅을 차지하겠고

우상이 우리를 구원해주는 것이 아니고 하나님만이 우리를 구원하신다. 이 당연한 말을 하는 것은 아직 우리가 당연한 삶을 살지 않고 있기 때문이다. 이사야 선지자는 이사야 57장 7절에서 13절의 말씀을 통해 오직 하나님을 의뢰하라 한다. 우리 모두가 하나님께로 돌아가야 한다는 것이다.

"네가 높고 높은 산 위에 네 침상을 베풀었고 네가 또 거기에 올라가서 제사를 드렸으며 네가 또 네 기념표를 문과 문설주 뒤에 두었으며 네가 나를 떠나 벗고 올라가서 네 침상을 넓히고 그들과 언약하며 또 네가 그들의 침상을 사랑하여 그 벌거벗은 것을 보았으며 네가 기름을 가지고 몰렉에게 나아가되 향품을 더하였으며"(7-9절).

7절에서 9절 상반절의 말씀을 통해 하나님은 우리가 우상을 신뢰한 죄가 있다고 하신다. 우리 안에는 여러 우상이 있다. 그것이 금전일 수 있고 명예일 수 있고 자식일 수도 있다. 하나님보다 그것을 더 중히 여기고, 그것에 인생의 모든 것을 걸며, 그것이라면 하나님을 버릴 수 있고, 그것 때문에 하나님이 오히려 걸림돌이 된다고 생각한다면 그것은 바로 우상이다.

이스라엘 사람들은 우상이 있는 높은 산에 올라가 제사를 드림으로써 하나님을 배반했다. 그들은 그 제사를 통하여 위험이 사라지고 평안하리라 생각했다. 우리도 혹시 우리가 신뢰하는 우상이 우리를 위험에서 지켜주고 노후를 평안케 해 주리라 착각하고 있지 않는가. 우리는 그동안 많은 우상을 숭배하며 살아왔다. 우상숭배는 하나님을 배반하는 죄이다. 우리 삶 속에서 그것들을 모두 제거해야 한다.

"네가 또 사신을 먼 곳에 보내고 스올에까지 내려가게 하였으며 네가 길이 멀어서 피곤할지라도 헛되다 말하지 아니함은 네 힘이 살아났으므로 쇠약하여지지 아니함이라"(9-10절). 9절 하반절과 10절의 말씀을 통해 하나님은 우리가 남을 의뢰한 죄가 있다고 하신다. 우리는 어려움을 당할 때 남을 의뢰할 때가 많다. 그것은 나라의 경우에 있어서도 마찬가지다. 남 유다는 다른 나라에 사신을 보내어 도움을 청하였다. 음부에까지 스스로 낮추었다 함은 얼마나 저자세 외교를 했는가를 보여준다. 멀리 가는 사신도 그 일을 자랑스럽게 생각하여 피곤한 줄 몰랐다.

하나님은 성도가 하나님 이외에 어느 누구를 의뢰하는 것을 기뻐하지 않으신다. 어려움을 당할 때 먼저 주님께 나아가 간구하는 것을 기뻐하신다. 왜냐하면 오직 주님만이 우리의 구원자가 되시기 때문이다.

"네가 누구를 두려워하며 누구로 말미암아 놀랐기에 거짓을 말하며 나를 생각하지 아니하며 이를 마음에 두지 아니하였느냐 네가 나를 경외하지 아니함은 내가 오랫동안 잠잠했기 때문이 아니냐 네 공의를 내가 보이리라 네가 행한 일이 네게 무익하니라 네가 부르짖을 때에 네가 모은 우상들에게 너를 구원하게 하라 그것들은 다 바람에 날려 가겠고 기운에 불려갈 것이로되 나를 의뢰하는 자는 땅을 차지하겠고 나의 거룩한 산을 기업으로 얻으리라"(11-13절). 이 말씀을 통해 하나님은 우리가 하나님을 두려워하지 않는 죄를 범하고 있다고 지적하신다. 하나님은 너희가 도대체 누구를 두려워하느냐고 물으신다. 우리가 두려워해야 할 분은 오직 하나님 한 분이신데 왜 다른 사람들을 보고 놀라며 하나님을 마음에 두기 않느냐 책망하신다. 하나님께서 오래 참고 계심을 우리는 오히려 악용하고 있지 않는가. 우리들이 이 세상을 살면서 의뢰하는 것은 모두 쓸 데 없어 다 바람에 날려갈 것이다. 하지만 오직 하나님을 의뢰하는 자는 하나님께서 약속하신 기업을 얻는다. "나를 의뢰하는 자는 땅을 차지하겠고 나의 거룩한 산을 기업으로 얻으리라." 얼마나 확고한 보장이며 확신에 찬 약속인가.

인간은 불안한 존재다. 하나님을 믿으면서도 불안하다. 우린 평안을 얻기 위해 다른 것에 기댄다. 그것이 참 평안을 가져올까?

평화, 평안을 뜻하는 말로 '샬롬'이 있다. 샬롬의 반대는 '에인샬롬'이다. '에인'은 없다는 뜻이다. 샬롬의 동사는 '실롬'이다. 그런데 이 동사에는 '빚을 갚다'는 뜻이 있다. 하나님이 우리에게 주시고자 하는 것은 평안, 기쁨, 희락이다(렘29:11 이하). 하늘의 평안이다. 그동안 우리는 많은 것을 선물로 받았다. 개인적으로, 집단적으로. 개인적 샬롬, 집단적 샬롬, 공동체적 샬롬이다. 그 모두 하나님으로부터 받은 선물이다.

샬롬은 받기만 하는 것이 아니다. 그 빚을 갚아야 한다. 바로 사명의 샬롬이다. 이제 우리 가정이 받은 샬롬, 국가가 받은 샬롬을 하나님께 돌려드려야 할 때다. 그래야 하나님이 기뻐하신다. 어떻게 돌려드려야 할까. 이제 기도하며 나아가자. "더 이상 우상을 의뢰하지 않겠습니다. 사람도 의지하지 않겠습니다. 오직 주님만 신뢰하며 살겠습니다."

 **31. 곤고한 날에는 되돌아보라**

솔로몬은 인생의 허무를 전도서에서 논하고 있다. 그러나 전도서 가운데 상당부분은 삶의 허무를 극복하는 몇 가지 대안들을 제시하고 있다. 그 중에 하나가 전도서 7장 1절에서 14절의 말씀이다. 이 말씀을 보자. 그러면 삶을 다시 생각하게 된다.

좋은 이름이 좋은 기름보다 낫고
죽는 날이 출생하는 날보다 나으며
초상집에 가는 것이 잔칫집에 가는 것보다 나으니
모든 사람의 끝이 이와 같이 됨이라
산 자는 이것을 그의 마음에 둘지어다
슬픔이 웃음보다 나음은
얼굴에 근심하는 것이 마음에 유익하기 때문이니라
지혜자의 마음(the mind of the wise)은 초상집에 있으되
우매한 자의 마음(the mind of fools)은 혼인집에 있느니라

지혜로운 사람의 책망을 듣는 것이
우매한 자들의 노래를 듣는 것보다 나으니라
우매한 자들의 웃음소리는
솥 밑에서 가시나무가 타는 소리 같으니 이것도 헛되니라
탐욕이 지혜자를 우매하게 하고
뇌물(a bribe)이 사람의 명철을 망하게 하느니라

일의 끝이 시작보다 낫고
참는 마음(patience of spirit)이 교만한 마음보다 나으니
급한 마음으로 노를 발하지 말라
노(anger)는 우매한 자들의 품에 머무름이니라
옛날이 오늘보다 나은 것이 어찜이냐 하지 말라
이렇게 묻는 것은 지혜가 아니니라

지혜는 유산(inheritance) 같이 아름답고
햇빛을 보는 자에게 유익(advantage)이 되도다
지혜의 그늘 아래에 있음은
돈의 그늘 아래에 있음과 같으나,
지혜에 관한 지식이 더 유익함은
지혜가 그 지혜 있는 자를 살리기(preserves the lives) 때문이니라
하나님께서 행하시는 일을 보라
하나님께서 굽게 하신 것을 누가 능히 곧게 하겠느냐

형통한 날(the day of prosperity)에는 기뻐하고
곤고한 날(the day of adversity)에는 되돌아보아라
이 두 가지를 하나님이 병행하게 하사
사람이 그의 장래 일을 능히 헤아려
알지 못하게 하셨느니라

이 시는 전체적으로 지혜자와 우매자를 대조시킨다. 그리고 지혜자는 명예와 근심을 귀히 여기고 참는 마음이 있으며 모든 일을 분별 있게 처리한다고 말한다. 후손에게 아름다운 이름을 남겨주는 일은 이스라엘 사람뿐 아니라 모든 사람들의 바람이다. 초상집에서 인생의 허무를 깊이 인식하고 더욱 보람 있게 살 것을 다짐한다. 잘 될 때뿐 아니라 잘못될 때도 뒤돌아본다. 왜 그렇게 되었을까. 그러면서 나의 뜻보다 하나님의 뜻을 이루는 일에 나 자신이 어떠했는가를 살펴보게 된다. 주님은 말씀하지 않으셨는가. 먼저 그 나라와 그 의를 구하라. 그러면 모든 것을 더하시리라. 우리는 삶을 살아가는 존재다. 그리스도인의 삶은 나의 뜻이 아니라 하나님의 뜻을 이루는데 있다. 하나님 없는 인생은 허무할 뿐이다. 우리는 오늘 어떤 삶을 살아가고 있는가. 삶을 생각하라.

##  32. 오래 참음, 최고의 그리스도인이 되는 방법

가끔 인터넷을 하다 속도가 너무 느려 인내의 한계점에 도달할

때가 있다. 그 때 인터넷은 인(忍)터넷으로 바뀐다. 참을성이 있어야 하기 때문이다. 참나무는 '참아라'라는 말에서 나왔다고 한다. 그런데 최고의 나무라는 뜻도 가지고 있다고 한다. 우리의 삶은 인내를 필요로 한다. 참을 때 최고의 사람이 될 수 있기 때문이다.

브라질 상파울로에서 빈민을 대상으로 선교활동을 하는 한국 목사님이 계신다. 그곳 사람들은 그를 가리켜 '파스토르 리'라 부른다. 그가 걸인을 상대로 그들을 도우며 선교활동을 할 때 강도를 만났다. 강도는 이 목사에게 칼을 들이대며 돈을 강탈해 갔다. 강도가 간 후 목사님은 이런데도 선교를 해야 하는가를 생각하며 허탈해 있었다. 그런데 돌아갔던 강도가 다시 나타났다. 목사는 할 말을 잃었다. 다시 오다니. 그런데 강도는 잘못했다며 눈물을 흘렸다. 목사님은 그에게 있는 것 모두 내주며 가져가라고 했다. 그리곤 '교회 일을 도와 달라'고 부탁했다. 그 후 강도는 교회 일에 헌신적이었다. 사람들을 향해 "파스토르 리는 좋은 사람"이라며 교회에 열심히 나오도록 했다. 전과4범이 달라진 것이다. 하나님은 절망을 희망으로 바꾸어 놓으셨다. 이 목사는 선교에는 긴 인내가 필요하다고 말한다. 인내는 절망의 상황에서 사람을 변화시킨다.

나사로가 병들었다는 소식을 들었을 때 예수님은 의도적으로 이틀을 늦추어 갔다. 마르다와 마리아의 마음이 얼마나 조급했을까. 주님만 오시면 나을 수 있는데. 그렇게 기다렸지만 주님은 오시지 않았다. 주님이 오신 것은 나사로가 죽어 이미 장사지낸 뒤였다. 마르다와 마리아는 왜 더 일찍 오지 않았느냐고 불만을 했다. 자연스런 불만이다. 그런 때 무덤덤하다면 오히려 이상하다.

오신 예수님은 무덤 앞에서 서서 외치셨다. "나사로야 나오너라."

죽은 나사로가 무덤에서 걸어 나왔다. 우리는 왜 늦게 오셨느냐고 불만하지만 하나님에게는 결코 너무 늦으심이 없다(God is never too late). 오래 참음은 믿음의 형식(form)이요 증거(evidence)이다. 인내는 열매를 맺는다. 부활의 소망을 가졌다면 더 인내해야 한다.

예수님은 인내의 방법을 가르쳐 주신다. 간단하다. "네 오른편 뺨을 치거든 왼편도 돌려대며"(마5:39). 간단한데 무척 어려운 주문이다. 오른뺨을 치는 사람이 왼뺨을 치려면 손등으로 치게 된다. '뺨을 치거든'이라는 말은 손등으로 상대방의 얼굴을 때리는 것으로 인격 모독적인 행위를 지적하는 말이다. 그러므로 이 말씀은 사람들이 아무리 모욕하고 조롱하며 인격적으로 짓밟는다 해도 참으라는 것이다. 참음으로 사랑을 실천하는 것이다. 우리가 참음으로 아버지의 뜻이 이루어질 수 있다면 참으라. 인간적으로 참을 수 없다 해도 하나님의 마음으로 바라볼 수 있다면 참을 수 있다. 이것이 그리스도인의 인내다. 예수님은 그 인내를 십자가 사건에서 유감없이 보여주셨다. 주님의 오래 참으심으로 인류를 구원의 길로 이도하셨다.

하나님은 지금도 참으신다. 하나님의 오래 참으심으로 많은 사람들이 구원을 얻는다. 그리스도인의 인내도 더 많은 구원을 위해 작동되어야 한다. 야고보는 농부의 인내, 선지자의 인내, 그리고 욥의 인내에 대해 말한다. 인내하라는 것이다.

"그러므로 형제들아 주의 강림하시기까지 길이 참으라 보라 농부가 땅에서 나는 귀한 열매를 바라고 길이 참아 이른 비와 늦은 비를 기다리나니 너희도 길이 참고 마음을 굳게 하라 주의 강림이 가까우니라 [--] 형제들아 주의 이름으로 말한 선지자들로 고난과 오래 참음의 본을 삼으라 보라 인내하는 자를 우리가 복되다 하나니 너희가 욥의 인내를 들었고 주께서 주신 결말을 보았거니와 주는 가장 자비하시고 긍휼히 여기는 자시니라"(약5:7-8, 10-11).

욥의 아내는 욥을 비난하며 "하나님을 원만하고 죽으라."하였다. 하나님은 욥이 가장 좋은 것을 빼앗아가고, 욥이 가장 싫어하는 것을 남겨 두셨다. 어느 때 인내해야 하는가? 내가 당하고 있는 고난을 설명(이해)할 수 없을 때 인내해야 한다. 주님을 위해서라면 참을 수 없는 것을 참는 것, 이것이 우리를 최고의 그리스도인으로 만든다. 그 한계상황에서 우리는 주님을 본다.

## 33. 천하만사가 다 때가 있나니

평양과기대 개교를 기다려온 지 몇 해가 지났다. 2006년부터 본격적으로 학사회의에 참여하면서 이제나저제나 개교 때를 기다려왔다. 북한이 핵실험을 한 이후 지금은 모든 것이 불확실하게 되었다. 국제환경은 더 악화되고 있다. 급격한 상황 변화가 없는 한 예측이 불가능하다. 그래서 연변과기대에선 오직 하나님의 때를 기다리며 기도하고 있다. 우리가 영적으로 더 준비되지 못한 것이 아닌가 하며.

이런 가운데서 전도서 3장을 읽는다. 다음은 1절에서 8절까지의 말씀이다.

범사에 기한이 있고 천하만사가 다 때가 있나니
날 때가 있고 죽을 때가 있으며
심을 때가 있고 심은 것을 뽑을 때가 있으며
죽일 때가 있고 치료할 때가 있으며
헐 때가 있고 세울 때가 있으며
울 때가 있고 웃을 때가 있으며
슬퍼할 때가 있고 춤출 때가 있으며
돌을 던져 버릴 때가 있고 돌을 거둘 때가 있으며
안을 때가 있고 안는 일을 멀리 할 때가 있으며
찾을 때가 있고 잃을 때가 있으며
지킬 때가 있고 버릴 때가 있으며
찢을 때가 있고 꿰맬 때가 있으며
잠잠할 때가 있고 말할 때가 있으며
사랑할 때가 있고 미워할 때가 있으며
전쟁할 때가 있고 평화할 때가 있느니라

"범사에(for everything) 기한(an appointed time)이 있고 천하만사 (every event under heaven)가 다 때(a time)가 있나니." 이 말씀을 개역한글판으로 읽으면 "천하에 범사가 기한이 있고 모든 목적이 이룰 때가 있나니"이다. 같은 말씀인데도 만사에 다 때가 있고, 모든 목적이 이룰 때가 있음을 더 실감케 한다. 그래서 우리는 하나님의 때를 사모하며 기다린다.

솔로몬이 지은 이 시는 하나님께서 생의 사건에 개입하신다는 사실, 다시 말하면 인간의 모든 사건들은 그분의 주권아래 있음을 강조하고 있다. 이와 같이 하나님의 뜻과 계획에 따라 모든 것이 때를 따라 발생하게 됨을 본다. 하나님이 허락지 않으시면 참새도 떨어지지 않는다 하지 않으셨는가. 참새가 떨어질 때도 그분의 주권이 작용한다.

우주 그리고 인간의 모든 사건들이 하나님에 의해서 전적으로 지배된다는 사실은 그의 섭리에 순복하는 그리스도인에게는 위로가 된다. 생명도 하나님의 절대적인 주권아래 있다. 돌을 던진다는 것은 작물재배나 건축을 위해 땅을 정리하는 행위를 말한다. 옷을 찢는다는 것은 슬픔을 상징한다.

우리 모두는 뭔가를 기다린다. 그것이 통일의 문제일 수 있고, 개인의 문제일 수 있다. 인간은 하나님의 하시는 일의 시종을 측량할 수 없기에 우리는 전적으로 그분에게 의존해야 한다. 그 나라와 그 의를 사모하면서.

"하나님이 모든 것을 지으시되 때를 따라 아름답게 하셨고 또 사람들에게는 영원을 사모하는 마음을 주셨느니라 그러나 하나님이 하시는 일의 시종을 사람으로 측량할 수 없게 하셨도다"(전3:11). 때를 따라 아름답게 하시는 주님이시기에 오늘도 그 주님을 바라보며 기쁨으로 때를 기다린다.

 ## 34. 너희가 사랑 가운데서 뿌리가 박히고

노마 니콜스 선교사가 평양과기대를 위한 아침 기도모임에 간단히 말씀을 전했다. 본문 말씀은 에베소서 3장14절에서 19절, 그리고 4장 1절에서 3절까지. 현재의 국제정세로 보아 평양과기대 개교는 안개 속이다. 그래서 우리 모두 하나님의 때를 조용히 기다리며 기도할 수밖에 없다. 어느 상황이든 하나님의 말씀은 우리에게 위안이 되고, 앞으로 우리가 어떻게 해야 하는가를 가르쳐 준다.

노마는 이럴수록 우리가 주안에서 하나 되는 것이 중요하다는 것을 강조하였다. 그러기 위해서는 그리스도의 사랑에 깊이 뿌리를 내리는 것이 중요하다. 어떤 환경에서든 흔들림 없기 위해서다.

15절을 보자. "아버지 앞에 무릎을 꿇고 비노니." 어려움이 닥칠수록 우리는 주님 앞에 나가야 한다. 우리의 연약함을 고백하고 전적으로 그 앞에 무릎을 꿇는다.

16절은 우리를 성령의 능력으로 속사람을 강건하게 해 달라고 기도한다. "그 영광의 풍성을 따라 그의 성령으로 말미암아 너희 속사람을 능력으로 강건하게 하옵시며." 성령님께서 우리의 마음을 강하게 붙들어 달라는 것이다.

17절은 믿음과 사랑을 강조한다. "믿음으로 말미암아 그리스도께서 너희 마음에 계시게 하옵시고 너희가 사랑가운데서 뿌리가 박히고 터가 굳어져서." 믿음으로 인해 주님이 우리 마음에 계시고, 사랑 가운데 뿌리가 굳게 내리며 그 터가 확고하도록 기도한다.

노마는 이 말씀가운데 "너희가 사랑가운데서 뿌리가 박히고"라는 말씀에 주목했다. 그리고 미국에 있을 때의 경험을 얘기했다. 자기 집 근처에 소나무들, 그리고 떡갈나무나 참나무와 같은 오크(oak)가 많았다. 한번은 비가 많이 오고 허리케인이 몰아쳐 나무들이 시련을 겪게 되었다. 그런데 뿌리가 깊지 못한 나무들은 쉽게 쓰러지고 뿌리 채 뽑혀 여기 저기 나뒹굴었다. 오크도 예외가 아니었다. 하지만 소나무는 달랐다. 소나무의 경우 여러 뿌리 중 주근(tap root)이라 하는 기둥뿌리는 땅 속 깊게 박혀 있어 어떤 시련에도 소나무가 넘어지지 않도록 단단히 지켜준다. 소나무 중 윗부분은 태풍의 영향으로 가지 일부가 부러지기도 한다. 하지만 소나무 전체는 굳건히 서있다. 뿌리가 깊은 것이 얼마나 중요한가를 보여준다. 우리가 이처럼 쓰러지지 않으려면 그리스도를 향한 믿음과 사랑 안에 굳게 뿌리를 내려야 한다.

그 사랑 안에 깊이 뿌리를 내리려면 어떻게 해야 하는가? 18절과 19절로 가보자. "능히 모든 성도와 함께 지식에 넘치는 그리스도의 사랑을 알아 그 넓이와 길이와 높이와 깊이가 어떠함을 깨달아 하나님의 모든 충만하신 것으로 너희에게 충만하게 하시기를 구하노라." 예수 그리스도의 사랑이 얼마나 넓고 길고 높고 깊은가를 깨닫는 것이다. 이 사랑을 알면 하나님의 사랑이 우리 모두 속에 충만히, 그리고 깊이 거하신다는 것을 알게 된다. 그 사랑 안에 뿌리를 내리면 어떤 풍파도 극복할 수 있다.

나아가 그 사랑이 어떤가를 알면 우리는 그 사랑 안에서 하나 될 수밖에 없다. "그러므로 주 안에서 갇힌 내가 너희를 권하노니 너희가 부르심을 입은 부름에 합당하게 행하여 모든 겸손과 온유로 하고 오래 참음으로 사랑가운데서 서로 용납하고 평안의 매는 줄로 성령의 하나 되게 하신 것을 힘써 지키라"(엡4:1-3). 성령 안에서 하나 되는 것이다.

이 말씀을 들은 뒤 우리는 여러 기도 조목을 열거하며 함께 기도했다. 그리스도인들의 기도조목이 어디 하나뿐인가. 우리 모두 각자에 처한 상황에서 하나님의 역사가 능력 있게 나타나기를 소망한다. 바울도 에베소 교인들을 향해 이런 소망을 감추지 않았다. "우리 가운데 역사하시는 능력대로 우리의 온갖 구하는 것이나 생각하는 것에 더 넘치도록 능히 하실 이에게 교회 안에서와 그리스도 예수 안에서 영광이 대대로 영원무궁하기를 원하노라 아멘"(엡3:20-21).

우리는 오늘도 거친 파도와 부딪히며 산다. 때로는 태풍이 우리를 넘어뜨리고자 한다. 살면서 어디 그런 일이 한두 번인가. 그것이 한꺼번에 밀려 올 때는 정신 차릴 시간조차 없다. 그 때마다 우리가 나아갈 곳은 하나다. 주님이 계시는 곳이다. 그 앞에 나아가면 기뻐하신다.

고난이 그리스도인을 결코 피해가지 않는다. 오히려 더 강하게 밀려올 수 있다. 그럴수록 조용히 그 앞에 나아가라. 우리 속사람을 강하게 해달라고 기도하라. 그리고 그 사랑 안에 깊이 뿌리 내리도록 기도하라. 그 풍랑과 그 태풍으로 인해 우리는 더 강해질 수 있다. 우리는 결코 좌절하거나 넘어지지 않는다. 주님이 있기 때문이다. 주님의 선하심이 우리를 인도하신다. 아니 승리케 하신다. 예수 안에서, 그 영광은 언제나 영원하다.

 **35. 백발이 되기까지 너희를 품을 것이라**


독일의 문호 괴테는 80세 넘어 병석에 누워 있을 때까지 창고열쇠를 자리 밑에 깔고 가족이 필요로 한 빵을 손수 저울로 달아 주곤 했다. 70-80대인 아버지가 40-50대의 자식에게 가산을 상속하지 않고 예속시키는 문화는 게르만 문화의 특징이다. 기득권을 죽을 때까지 보유하고자 한다.

역사적으로 보면 이 문화는 노부모를 경시한 반동에서 비롯된 것이다. 고대 로마에서는 부양에 힘든 부모를 다리 위에서 떼밀어 익사시키는 '떼뽄따니(depontani)'가 있었다. 떼뽄따니는 '다리에서 떼민다'는 뜻이다. 남태평양의 일부 섬에서는 부양에 힘든 부모가 생기면 야자나무에 올려놓고 자식들이 흔들어 추락사시키는 관습이 있었고, 흉노족은 노부모를 자루 속에 담아 나무에 걸어 놓고 자식들이 활을 쏘는데 단발로 사살하는 것이 지상의 효도로 간주되었다.

북방이동민족 문화의 경우 늙으면 흙구덩이에 가두어 죽게 하거나 병들면 병막에 버려 죽어가게 하는 관습이 있었다. 고려장(高麗葬)도 이 문화와 무관하지 않다. 고려장이 존재하는가에 대해서는 논란이 있다. 그러나 여러 문헌에 따르면 이것의 존재에 대해 자주 언급한다. 다산 정약용의 여유당전집에 따르면 무덤에 돌병풍을 세워 공간을 두고 음식을 넣어주는 구멍을 뚫어두었다. 고려장이 조선말에도 있었다는 증거다. 세종 10년 왕은 이런 교지를 내린다. "고려 때부터 무지몽매한 백성이 부모가 집에서 죽으면 집을 부수고, 미처 숨이 끊어지기도 전에 집밖에 가두어 죽게 하니 이 폐습을 두어둘 수 없다." 조선조에도 고려장은 고려이래 면면히 내려온 풍습이었음을 보여준다.

고려장이 왜 있었을까. 여러 이유가운데 하나는 원시적인 피병(避病)사상 때문이다. 앓는 사람이 집안에서 죽으면 그 병마가 집안사람에게 옮겨 붙는 것으로 생각하여 마을 밖 피막(避幕)에 옮겨

숨을 거두게 한 것이다. 이것이 고려장이다. 심지어 노부모가 앓거나 망령이 들어 숨지면 그 병마가 두려워 집을 부숴야 했고, 그 경제적 부담을 감당하느니 고려장을 선택한 것이라는 주장이다. 병에 대한 잘못된 인식, 경제적 부담 등 여러 요인들이 작용한 것을 알수 있다. 형편이 어렵다 보니 그런 일이 생겼을 것이다.

그렇다면 보다 형편이 나아진 현대는 어떨까. 과거 형태의 고려장은 없을지 모른다. 그러나 자주 언급되는 어르신에 대한 존속학대사건, 해외나 여러 시설 등에 내팽개쳐진 분들에 대한 뉴스를 들을 때마다 고려장 생각이 난다. 현대판 고려장이다. 정치인이 노인을 폄하하다 호된 질타를 받기도 했지만 요즘 인터넷 글을 보면 노인은 존중받지 못하고 있음을 느낀다.

그럼에도 불구하고 노인인구가 늘어가고 있다. 우리 사회도 점점 고령화 되고 있다. 앞으로 노인에 대한 연구도 활발해질 것이다. 노인과 함께 살아가는 지혜를 찾아야 한다. 이런 노력도 중요하지만 노인에 대한 존경심이 퇴색되지 않도록 하는 것이 매우 중요하다. 모든 세대가 서로 신뢰하고 존중하며 사는 것이다.

생명은 주님께 속해있다. 우리는 주님의 보호아래 있다. 산정현교회 김관석 목사가 와병 중에 86세를 맞은 장모를 위해 이사야 46장 3-4절을 소개하고 권면했다. "야곱 집이여 이스라엘 집의 남은 모든 자여 나를 들을지어다 배에서 남으로부터 내게 안겼고 태에서 남으로부터 내게 품기운 너희여 너희가 노년에 이르기까지 내가 그리하겠고 백발이 되기까지 내가 너희를 품을 것이라 내가 지었은즉 안을 것이요 품을 것이요 구하여 내리라." 얼마 살지 알지 못하는 가운데 드리는 생신축하예배라 숙연했다. 하나님은 자기 백성을 품에 안으시고 돌보신다는 것을 확신하며 감사했다.

나의 동생은 미국에서 87세의 어머니를 돌보고 있다. 아버님이 암으로 소천하고, 동생 댁 또한 암으로 갔을 때 헌신적으로 돌봐왔는데 넘어져 골반 뼈 이식 수술을 하신 어머님을 돌보고 있다. 주변의 여러 동생들도 힘을 더한다. 또한 서울에 있는 나의 아내는 쓰러지셔서 거동하지 못하는 장모를 돌보느라 남편따라 연변과기대도 가지 못하고 있다. 두 분 어르신들이 신체적으로 어려운 처지에 있지만 자식들은 부모의 사랑을 기억하며 돌본다. 나는 선교랍시고 멀리 떨어져 있어 마음만 아프다.

세상이 아무리 각박하다 하지만 어르신들이 힘들 때 초인적인 능력으로 그들을 돌보는 얘기를 들을 때마다 하나님은 우리 삶속에서 역사하신다는 것을 느낀다. 그래서 나는 이 시간 육체적으로 힘든 부모나 어르신들을 돌보는 이 시대의 일꾼들에게 박수를 보내고 싶다. 우리 모두가 감당해야 할 몫을 더 감당하고 있기 때문이다. 그들에게 따뜻한 메시지를 보내고 격려하는 일도 중요하다. 지치지 않기 위해서다.

이따금 아내는 말한다. "우리 세대는 부모를 기억하며 봉양하지만 정작 우리가 늙고 아플 때 과연 이런 대접을 받을 수 있을까?" 의문은 항상 남는다. 그런 대접을 받지 못할 수도 있다. 하지만 한 가지 확실한 것은 있다. 주님은 주님의 방법대로 우리를 안고 돌보실 것이다. 모든 것을 주님께 맡겨라. 그리고 현재에 최선을 다하라. 이것이 우리가 해야 할 일이다.

## 36. 지혜의 기원

　그리스도인은 지혜를 추구한다. 그러나 우리가 찾고 갈급해 하는 지혜는 세상의 지혜와는 다르다. 이 지혜에는 하나님의 뜻이 담겨 있고, 하나님의 능력이 담겨 있고, 늘 하나님과 역사한다. 그 지혜는 창조 때에도 역사하고, 지금도 우리 가운데 역사한다. 그러므로 우리는 지혜와 함께 한다 말할 수 있다. 아래 잠언은 지혜가 어떤 역할을 하는지 잘 보여주고 있다.

> "여호와께서 그 조화(His way)의 시작
> 곧 태초에 일하시기 전에 나를 가지셨으며
> 만세 전부터, 태초부터, 땅이 생기기 전부터
> 내가 세움을 받았나니(established)
> 아직 바다가 생기지 아니하였고
> 큰 샘들이 있기 전에 내가 이미 났으며
> 산이 세워지기 전에, 언덕이 생기기 전에
> 내가 이미 났으니
> 하나님이 아직 땅도, 들도,
> 세상 진토의 근원(the first dust of the world)도
> 짓지 아니하셨을 때에라
> 그가 하늘을 지으시며 궁창을 해면에 두르실(inscribed a circle) 때에
> 내가 거기 있었고
> 그가 위로 구름 하늘을 견고하게 하시며
> 바다의 샘들을 힘 있게 하시며
> 바다의 한계를 정하여
> 물이 명령을 거스르지 못하게 하시며
> 또 땅의 기초를 정하실 때에

내가 그 곁에 있어서(beside Him)
창조자가 되어(as a master workman)
날마다 그의 기뻐하신 바(His delight)가 되었으며
항상 그 앞에서 즐거워하였으며
사람이 거처할 땅에서 즐거워하며
인자들(the sons of men)을 기뻐하였느니라"(잠8:22-31).

시적 형태를 가진 이 잠언의 말씀은 지혜의 기원(the origin of wisdom)이 어디에 있는가, 즉 지혜가 창조 이전부터 있었고 창조에 참여했으며 그 일을 기뻐했음을 보여주고 있다.

시편기자는 하나님이 지혜로 하늘을 지으셨음(시136:5)을 노래했다. 성경은 여러 곳에서 지혜의 근원은 하나님의 신(출31:3), 여호와(잠3:19), 그리스도(고전1:24;골2:3), 하나님의 율법(신4:6), 여호와 경외(욥28:28), 의로움(잠10:31)에 있음을 보여주고 있다. 하나님은 지금도 지혜로 세상을 다스리신다.

이 잠언은 또한 그리스도의 신성을 나타내는 것으로 자주 인용되고 있다. 이 구절에서 그리스도와 연결되는 직접적인 문구는 없다. 그러나 그리스도께서 만물을 창조하셨음을 요한복음 1장 3절, 그리고 골로새서 1장 16절과 17절이 보여주고 있어 간접적으로 연결되고 있음을 알 수 있다.

잠언 기자는 지혜를 얻는 것이 금을 얻는 것보다 낫다(잠16:16) 하였다. 금보다 더 사모해야 할 것이 바로 지혜임을 가르쳐준다. 지혜중의 지혜, 곧 가장 고상한 지혜는 하나님을 참으로 아는 것(엡1:17)이다. 그 지혜는 우리의 소망이 무엇임을 알게 한다(엡1:18). 인생이 영생을 얻고 천국백성으로 살 줄 아는 것이 지혜다

(요17:2). 그러므로 우리가 그리스도인으로서 주안에 산다는 것이 얼마나 지혜로운 일인가를 알 수 있다.

나아가 예수 그리스도께서 우리의 지혜가 되신다(고전1:30). 예수는 참 생명나무다. 지혜이신 그리스도를 구주로 모시고 사는 자는 자기 안에 영원한 생명나무가 살아있음을 본다(잠3:18). 지혜를 얻은 자는 한 마디로 복 있는 자다. 지혜 속에 살고, 지혜를 따라 행하라. 당신의 언어를 지혜의 언어(language of wisdom)로 바꾸라. 지혜가 부족하거든 하나님께 구하라 그러면 후히 주시리라(약1:5).

 **37. 지식에서 지혜로**

예수님의 비유가운데 열 처녀 비유가 있다. 다섯은 슬기 있고, 다섯은 미련하다(마25:2). 지혜로운 다섯 처녀와 지혜롭지 못한 다섯 처녀들에 대한 얘기다. 가르침의 초점은 지혜로운 자들은 기름을 준비했고, 지혜롭지 못한 자들은 기름을 준비하지 못했다. 그런데 지혜롭다 하는 것은 무엇일까. 그것은 신랑을 맞아야 할 신부들로서 평소에 믿음 준비 잘하고 부지런하며 기름준비 잘한 것이다. 학자에 따라서는 기름을 성령의 기름 부으심으로 해석한다. 평소 성령이 충만한 삶을 살면 당황하지 않고 주님을 맞게 된다는 것이다.

열 처녀 비유에서 처녀들은 모두 신랑을 기다리고 있다는 점에서 성도들의 모습을 대변한다. 그렇다면 우리도 슬기로운 처녀, 곧 지혜로운 처녀가 되어야할 것이다. 지혜. 그렇다 지혜다.

이 지혜를 우리 삶에서도 얼마든지 발휘하며 살 수 있다. 슬기를 발휘하면 할수록 삶이 윤택해진다. 현대는 지식사회다. 그러나 지식만으로는 삶이 여유롭고 풍요로워질 수 없다. 지혜로 나가야 한다. 지식이 충만한 사람과 지혜가 충만한 사람은 다르기 때문이다.

예를 들어보자. 우리는 신문과 방송을 통해 여러 지식을 얻는다. 무엇을 먹으면 건강에 좋고, 무엇은 건강에 해롭다는 등. 예를 들어 시금치에 항암효과가 높은 성분이 있다 할 때 그것은 지식이다. 그래서 아내는 식구의 건강을 위해 시금치를 이런저런 방법으로 상에 올린다. 오늘도 시금치, 내일도 시금치. 며칠 먹다 보면 질리게 된다. 질린다며 먹기를 거부할 때 아내인 당신은 어떻게 할 것인가. 우선 화를 낼 수 있다. "나의 성의를 무시하다니." 하지만 비인격적 대화는 좋지 못한 결과를 가져올 수 있다.

당신이 슬기롭다면 지식을 지혜로 바꾼다. "자꾸 먹으니까 질리지요? 그건 그 성분이 그만하면 충족되었다는 신호예요. 대신 뭘 드시고 싶어요? 오늘은 그것으로 준비해 드릴게요." 성령이 충만한 사람은 말이 다르다. 인격이 묻어난다.

대화에서 너 전달법(you message)과 나 전달법(I message)은 차이가 있다. 너 전달법엔 당신이라는 말이 나온다. "당신 또 늦게 들어왔네. 당신 나 죽는 것 보고 싶어서 그래?" 윽박지르기다. 이에 반해 나 전달법은 인격적이고 슬기가 있다. "당신이 늦게 들어오면 제 마음이 얼마나 아픈지 몰라요." 호소력이 있다.

아이가 인터넷에 빠져 있다면 어떻게 말하는 것이 좋을까. 엄마는 대부분 너 전달법을 사용한다. "너 때문에 못살아. 맨 날 인터넷만

하고. 너 커서 뭐가 될래. 숙제는 했냐. 아이구 내가 미친다." 아이가 인터넷 그만 두고 공부할까? 나 전달법을 보자. "얘야, 네가 세 시간 넘게 인터넷 게임하는 것 보니 엄마가 걱정된다. 숙제는 다 했는지 궁금하네." 이쯤 되면 곧 공부하려는 마음가짐을 가지지 않을까. "세 시간이나 했단 말인가, 우리 엄만 달라" 하며. 지식은 지식을 전하지만 지혜는 마음을 변화시킨다. 말이 다르고, 삶이 달라진다.

　인내도 마찬가지다. 조금만 생각을 바꾸면 지혜가 보인다. 내 생각만 주장하면 참을 수 없다. 나의 생각과 주장을 다른 사람의 관점에서 볼 수 있도록 훈련하면 점차 참을성이 생긴다. 상대를 이해할 수 있기 때문이다. 잠언기자는 "노하기를 더디 하는 것이 사람의 슬기요"(잠 19:11)라고 말한다. 슬기는 지혜이다. 이것은 우리가 지혜로워야 한다는 것을 말한다. 슬기롭기 위해서 가장 필요한 것은 새로운 안목을 갖는 것이다. 하나님의 관점에서 볼 때 지혜는 더 잘 보인다. 이를 위해 다음과 같은 생각을 하면 도움이 될 것이다.

- 나는 사람일뿐이다. 하나님이 아니다. 하나님은 우리로 하여금 그것을 인정하도록 바라신다.
- 완전한 인간은 없다. 사람들이 실수를 하거나 나를 실망시킨다 해도 놀라거나 화를 내서는 안 된다.
- 나는 사람일뿐이고 완전하지 않다 하더라도 하나님은 우리의 상황과 문제를 그분의 목적에 사용하시기를 원하신다.

　"사람의 걸음은 여호와께로서 말미암나니"(잠20:24). 주님은 지금도 우리의 걸음을 인도하신다. 우리는 주님의 장중에 있고, 주님은 우리가 그분의 뜻 가운데 살기를 원하신다. 우리는 노하기를 더디 하시는 하나님을 닮는 생활을 해야 한다. 말도 달라야 한다.

지혜의 중요성을 안다면 당신은 지식에서 지혜로 이동하게 될 것이다. 성경도 지식으로만 가지고 있다면 쓸모가 없다. 그것을 지혜로 이동시켜야 한다. 그 이동에 꼭 필요한 것이 성령의 기름 부으심이다. 성령이 우리 안에 충만하면 깨닫게 하시고, 우리의 마음과 입술을 주장하신다. 오래 참게 하고, 지혜로운 말을 채워주신다. 이것이 바로 그리스도인이 이 땅에서 살면서 느낄 수 있는 묘미다. 세상이 줄 수 없는 기쁨. 성령의 내주를 내 영이 기뻐한다.

## 38. 썩을 것으로 심고 썩지 아니할 것으로 다시 살며

일본에서 선교하는 한 선교사가 있었다. 그는 일본 영토였던 류큐군도 내의 아마쥬사라는 섬에서 거대한 무덤을 발견했다. 동굴 앞 둥근 돌 위에는 아주 놀라운 글이 쓰여 있었다. "여기 11,111명의 그리스도인의 머리가 안치되어 있다." 조사를 해보니 일본군들이 그곳에 살던 기독교인들을 미국의 스파이로 몰아 몰살한 것이다. 일본군은 이 끔직한 살인사건을 자행하면서도 죽은 사람들이 언제 다시 살아날지 모른다는 생각에서 몸과 머리를 분리해 다른 장소에 묻었다는 것이다. 기독교의 부활신앙을 그들도 알았다는 것을 보여준다.

기독교는 부활의 종교다. 부활은 신비다. 그래서 때론 의심하기도 한다. 그러나 바울은 고린도전서 15장을 통해 단호하게 말한다. 부활에 대한 그의 변증은 크게 세 부분으로 구분된다.

첫째, 부활이 없다면 우리는 불쌍한 자가 된다는 것이다.

"그리스도께서 죽은 자 가운데서 다시 살아나셨다 전파되었거늘 너희 중에서 어떤 이들은 어찌하여 죽은 자 가운데서 부활이 없다 하느냐 만일 죽은 자의 부활이 없으면 그리스도도 다시 살지 못하셨으리라 그리스도께서 만일 다시 살지 못하셨으면 우리의 전파하는 것도 헛것이요 또 너희 믿음도 헛것이며 또 우리가 하나님의 거짓 증인으로 발견되리니 우리가 하나님이 그리스도를 다시 살리셨다고 증거하였음이라[—] 그리스도께서 다시 사신 것이 없으면 너희의 믿음도 헛되고 너희가 여전히 죄 가운데 있을 것이요 또한 그리스도 안에서 잠자는 자도 망하였으리니 만을 그리스도 안에서 우리의 바라는 것이 다만 이생뿐이면 모든 사람 가운에 우리가 더욱 불쌍한 자리라"(고전15:12-15, 17-19).

둘째, 부활은 썩을 것으로 심고 썩지 아니할 것으로 다시 사는 것이다.

"또 누가 묻기를 죽은 자들이 어떻게 다시 살며 어떠한 몸으로 오느냐 하리니 어리석은 자여 너희 뿌리는 씨가 죽지 않으면 살아나지 못하겠고 또 너의 뿌리는 것은 장래 형체를 뿌리는 것이 아니요 다만 밀이나 다른 것의 알갱이 뿐이로되 하나님이 그 뜻대로 저에게 형체를 주시되 각 종자에게 그 형체를 주시느니라 육체는 다 같은 육체가 아니니 [—] 하늘에 속한 형체도 있고 땅에 속한 형체도 있으나 하늘에 속한 자의 영광이 따로 있고 땅에 속한 자의 영광이 따로 있으니 해의 영광도 다르며 [—] 별과 별의 영광이 다르도다 죽은 자의 부활도 이와 같으니 썩을 것으로 심고 썩지 아니할 것으로 다시 살며 욕된 것으로 심고 영광스러운 것으로 다시 살며 약한 것으로 심고 강한 것으로 다시 살며 육의 몸으로 심고 신령한 몸으로 다시 사나니 육의 몸이 있은 즉 또 신령한 몸이 있느니라"(고전15:35-39, 40-44).

셋째, 부활은 신비로운 비밀로 우리가 썩지 아니할 것을 입을 때 사망이 이김의 삼킨바 되리라 하신 말씀이 이루어지는 것을 보게 된다는 것이다.

> "보라 내가 너희에게 비밀을 말하노니 우리가 다 잠잘 것이 아니요 마지막 나팔에 순식간에 홀연히 다 변화하리니 나팔소리가 나매 죽은 자들이 썩지 아니할 것으로 다시 살고 우리도 변화하리라 이 썩을 것이 불가불 썩지 아니할 것을 입겠고 이 죽을 것이 죽지 아니함을 입으리로다 이 썩을 것이 썩지 아니함을 입고 이 죽을 것이 죽지 아니함을 입을 때에는 사망이 이김의 삼킨바 되리라고 기록된 말씀이 응하리라 [──] 우리 주 예수 그리스도로 말미암아 우리에게 이김을 주시는 하나님께 감사하노니 그러므로 내 사랑하는 형제들아 견고하며 흔들리지 말며 항상 주의 일에 더욱 힘쓰는 자들이 되라 이는 너희 수고가 주 안에서 헛되지 않은 줄을 앎이니라"(고전 15:51-54, 57-58).

바울은 부활에도 순서가 있다 말한다. 먼저는 부활의 첫 열매이신 예수 그리스도다. "아담 안에서 모든 사람이 죽은 것 같이 그리스도 안에서 모든 사람이 삶을 얻으리라 그러나 각각 자기 차례대로 되리니 먼저는 첫 열매인 그리스도요"(고전15:22, 23). "그리스도께서 죽은 자 가운데서 살아 잠자는 자들의 첫 열매가 되셨도다."(고전15:20). 다음에는 그리스도 강림하실 때 그에게 붙은 자이다(고전15:23). 그에게 붙은 자는 주님을 꽉 붙잡고 살아온 그리스도인들이다. 주님이 부활의 첫 열매가 되신 것은 그와 연합하여 한 몸을 이룬 모든 성도들도 장차 죽음의 권세를 깨뜨리고 부활하게 될 예표이다.

호세아서에 이렇게 기록되어 있다. "내가 저희를 음부의 권세에서 속량하여 사망에서 구속하리니 사망아 네 재앙이 어디 있느냐 음부야 네 멸망이 어디 있느냐 뉘우침이 네 목전에 숨으리라"(호 13:14). 바울은 이 말씀을 인용하여 말한다. "사망이 너희 이기는 것이 어디 있느냐 사망이 너의 쏘는 것이 어디 있느냐"(고전15:55). 사망을 이기신 주님, 우리로 사망을 이기게 하신 주님께 감사를.

바울은 이렇게 고백한다. "주 예수를 다시 살리신 이가 예수와 함께 우리도 다시 살리사 너희와 함께 그 앞에 서게 하실 줄을 아노니"(고후4:14). 이 확신이 우리의 확신이 되어야 하리라.

## 39. 소망의 인내

이태백이 절간에서 정진하고 있었다. 그러나 시간이 지날수록 지루하고 따분하고 이렇게 해서 무엇이 되겠느냐는 생각이 들었다. 결국 짐을 싸들고 절을 나서게 되었다. 한참 산길을 내려오는데 한 할머니가 절구 공을 바위 돌에 갈고 있었다. 신기하기도 하고, 이상하기도 해서 "왜 그러시느냐?"고 물었다. 그러자 할머니는 "이렇게 갈면 언젠가 절구 공이 바늘이 될 날이 있겠지." 하는 것이었다. 이태백은 속으로 언제 그렇게 되겠느냐며 길을 재촉했다.

한참 내려오는 도중 할머니의 말이 맞겠다는 생각이 들어 할머니를 만나기 위해 부리 나게 오던 길을 되돌아갔다. 그러나 할머니는 없었다. 그는 더욱 참고 정진하라는 의미로 받아들이고 도시 절간으로 돌아가 시에 정진했다. 그리고 이름난 문장가가 되었다. 인내에는 고통이 따른다. 그러나 그 인내는 열매가 있다.

야고보서 5장을 보면 농부의 인내가 소개된다. 농부는 귀한 열매를 바라고 길이 참아 이른 비와 늦은 비를 기다린다(약5:7). 이른 비는 땅을 부드럽게 해 심기 쉽게 한다. 그리고 늦은 비는 자라게 한다. 그리고 결국 열매를 얻게 된다. 기다린 보람이 있다. 땀 흘려 씨 뿌린 보람이 있다.

그리스도인은 이 땅에서 왜 인내해야 하는가? 거기에는 여러 이유가 있다. 하나님이 모든 것을 주관하시기 때문이요 주님의 재림이 가깝기 때문이요 하나님은 인내하는 사람을 축복하시기 때문이다. 인내하는 자는 복되다 하시지 않았는가. 하나님은 인내하는 사람을 위해 아름다운 미래를 준비하신다. 그 미래는 주께서 주신 결말이다. 하나님께서 지체하신다고 생각하는가. 앤드류 머레이에 따르면 하나님이 우리에게 갑절의 축복을 준비하고 계신다. 욥이 고난을 당하는 동안 하나님은 그의 미래를 준비하고 계셨다.

그렇다면 우리는 인내하는 방법을 배울 필요가 있다. 특히 농부로부터. 무엇보다 기대 속에서 기다린다. 농부가 이른 비와 늦은 비를 기다리는 것은 추수를 기대하기 때문이다. 인내를 통해 언젠가 열매를 맺으리라는 기대다. 이런 의미에서 그리스도인의 기다림은 수동적인 기다림이 아니라 능동적인 기다림이다.

갈렙은 80 나이에도 꿈을 접지 않고 인내하며 광야를 걸었다. 그것도 40년이다. 오늘을 사는 그리스도인도 기다린다. 영광스러운 재림과 함께 펼쳐질 그 나라에 대한 꿈, 그 거룩한 상상을 가지고 기다린다. 그를 기다리는 자가 복되다 하지 않았는가.

- "기다리는 자들에게나 구하는 영혼들에게 여호와는 선하시도 다"(렘3:25).
- "누구든지 내게 들으며 날마다 내 문 곁에서 기다리며 문설 주 옆에서 기다리는 자는 복이 있나니"(잠8:34).

잠잠히 기다린다. 기다림은 우리의 인내를 시험하게 만든다. 우리는 잠잠한 성격이 아니다. 하루에도 가슴 속에서 몇 번이고 분노가 일어난다. 말이라도 해야 살 것 같아 하지 않아야 할 말도 한다. 악한 자가 잘 되면 불평이 나온다. 하박국도 그랬다. 시편의 저자들도 그랬다. 그러나 하나님은 원망하지 말라 하신다. 이스라엘은 원망하다 40년 동안 광야 길을 헤맸다. 여호수아와 갈렙 외에는 가나안에 들어가지 못했다. 기다림이 길더라도, 그 과정이 험하더라도 원망하지 말고 잠잠히 하나님만 바라라. 그것이 그리스도인의 기다림이다. 우리의 기다림은 하나님이 일하도록 하는 것이지 사람에게 불평하기 위한 것이 아니다.

확신 속에서 기다린다. 하나님은 은혜를 베푸신다는 것을 확신한다. 사람은 믿고 의지할 대상이 아니라 사랑해야 할 대상이다. 믿고 의지할 대상은 오직 하나님이시다. 하나님은 우리의 축복된 미래를 준비하신다. 하나님의 생각은 재앙이 아니라 축복이다. 하나님을 피하면 더 나쁜 것이 기다린다. 마치 곰을 피하면 호랑이를 만나듯.

나는 급하다. 그런데 하나님은 너무 지체하신다. 느긋하시다. 왜 그러실까. 때를 아시기 때문이다. 우리가 아무리 조급해도 가장 적기에 이루신다. 하나님의 때다. 그 때는 이루기에 너무 빠르지도 않고 너무 늦지도 않다. 주님은 그 때를 아신다. 그래서 우리는 주님의 때를 기다려야 한다.

인내는 소망을 이룬다. "인내는 연단을, 연단은 소망을 이루는 줄 앎이로다"(롬5:4). "너희의 믿음의 역사와 사랑의 수고와 우리 주 예수 그리스도에 대한 소망의 인내를 우리 하나님 아버지 앞에서 끊임없이 기억함이니"(살전1:3). "무엇이든지 전에 기록된 바는 우리의 교훈을 위하여 기록된 것이니 우리로 하여금 인내로 또는 성경의 위로로 소망을 가지게 함이니라"(롬15:4).

우리는 때로 사망의 음침한 골짜기를 지난다. 하나님은 그곳이 우리가 견딜 수 없는 골짜기임을 아신다. 하나님은 우리로 그곳에 머물게 하지 않고 통과하게 하신다. 이 때 필요한 것이 인내다. 심지어 사랑할 때도 인내가 필요하다. "사랑은 오래 참고"(고전13:4). 사랑하고자 한다면 오래 참을 수 있어야 한다. 오래 참는다면 그는 사랑하는 사람이다. "모든 겸손과 온유로 하고 오래 참음으로 사랑 가운데서 서로 용납하고"(엡4:2). 겸손으로 옷 입자.

인내는 결코 쉽지 않다. 사도의 표된 것은 오래 참음이라 했다(고후12:12). 참음이 어찌 사도에만 해당될까. 우리 모두 인내할 줄 알아야 한다. 그래야 오실 주님을 맞을 수 있다. 하나님을 더욱 신뢰하고 사랑하라. 그러면 오래 참을 수 있다. 하나님을 소망하라. 그러면 오래 참을 수 있다.

# 40. 크리스토퍼 콜럼버스와 산살바도르

연변과기대 수요일 아침 7시 반. 교직원숙사 5층 기도실에선 평양과기대 개교를 위해 한 시간씩 기도하는 모임을 갖는다. 남북관계의 끝이 안 보이는 요즘 우리가 할 일은 그저 주님께 매달리는 것뿐이다. 열대여섯 분들이 의자를 둥그렇게 둘러앉아 먼저 한 주간 일어났던 일에 대해 소식을 나눈다. 김진경 총장이 평양에 들어가셨는데 이번에는 좋은 소식이 있을 것 같다는 이야기가 오늘의 큰 소식이었다. 이번에는 북측에서 6월 준공식과 총장임명식 기회를 허락했다 한다. 준비관계로 총장이 오히려 7월이 좋겠다 역제의를 했다는 말도 있다. 된다면 물꼬가 트이는 셈이다. 한국정부의 승낙도 있어야 하니 결코 쉽지 않은 일이다.

기도에 앞서 서양학부 다나 에스트렘(Dana Estrem) 교수가 말씀을 전했다. 성경은 마태복음 6장 33절 말씀, "그런즉 너희는 먼저 그의 나라와 그의 의를 구하라 그리하면 이 모든 것을 너희에게 더하시리라." 평양과기대 프로젝트를 수행함에 있어서 때로 예측할 수 없는 일로 인해 좌절할 때가 한 두 번이 아니다. 그럴수록 그 상황, 주변의 정치적 상황을 보지 말고 오직 그 나라와 그 의를 구하는 일에 매진하자는 것이다. 그러면 주님께서 주님의 방법으로 풀어주실 것이라는 말씀이다.

이 어려운 상황을 그는 크리스토퍼 콜럼버스가 당한 어려움에 빗대었다. 콜럼버스는 신대륙을 발견한 위대한 인물로 추앙을 받고 있다. 하지만 그에 대한 비판도 만만치 않다. 최근에는 인종차별주의자, 인디언 학살자 등으로 악평하는 학자도 있다. 신대륙 발견 이후 일부 유럽인들의 침략적인 행위로 원주민들이 노예로 잡혀가는 등의 부정적인 결과를 낳았기 때문이다. 그러나 설교자는 콜럼버스의 신앙에 초점을 맞추었다.

콜럼부스의 신앙의 면모를 엿볼 수 있는 것은 그의 일기(diary)다. 항해 중에 쓴 것으로 보이는 그의 일기엔 하나님을 의지하고, 특히 그 나라와 그 의를 구하게 해달라는 간구의 기도가 엿보인다.

당시 그는 인도로 가는 항로를 개척하기 위한 열정에 가득 찼다. 그러나 그의 목적은 단지 항로개척에만 머물지 않았다. 그가 가는 이방 땅에도 그리스도의 복음이 전해지기를 바랐다. 이사벨라 여왕과 교황의 허락을 얻는데 성공했다. 그 허락을 얻는 것 자체도 어려운 일인데 성취된 것이다.

나아가 당시 상황으로 항해를 한다는 것은 결코 쉽지 않았다. 당시에는 세상은 평평해서 바다 끝에 닿으면 낭떠러지가 있어 다시는 돌아올 수 없다고 믿었다. 죽음의 항로가 되리라는 것이다. 그도 이러한 편견을 깰 도리가 없었다.

1492년 8월 인도를 향한 그의 항해가 결국 시작되었다. 항구를 떠난 지 2개월이 되었는데도 육지가 보이지 않았다. 대서양을 건넌 것이다. 선원들이 동요하기 시작했다. 이제 그 낭떠러지가 나오면 모두 몰살인데 그만 돌아가자는 것이었다. 콜럼버스는 그들을 설득하기 시작했다. 하지만 더 이상 선원들을 설득할 다른 방도가 없었다. 그는 선원들을 향해 이틀을 요구했다. 이틀 더 항해한 후 그래도 육지가 보이지 않으면 회항지시를 내리겠다는 것이다. 선원들은 그 요구를 들어주었다. 이제 이틀밖에 남지 않았다. 육지가 발견되지 않으면 그는 돌아와야 한다. 그러면 그는 결국 실패자로 낙인찍히고 온갖 수모를 당해야 한다.

하루가 가고 이제 이틀이 되었다. 육지가 나타날 것인가. 이틀의 중간이 가도 육지는 보이지 않았다. 희망은 절망으로 바뀌는 것인가.

그런데 이틀의 끝자락에 달했을 때 한 선원이 소리치기 시작했다. "육지다! 육지. 육지가 보인다." 얼마나 기다렸던 말인가. 그들이 발견한 곳은 오늘의 바하마 제도에 있는 산살바도르 섬이었다. 그 날이 10월 12일. 산살바도르란 거룩한 구세주라는 뜻이다. 하나님께서 도우셨다는 말이다. 얼마나 기뻤으면 그 섬 이름을 그렇게 불렀을까.

신대륙 발견은 획기적인 일이다. 콜럼부스의 모험과 도전정신이 아니라면 불가능한 일이다. 남북관계에서 볼 때 평양과기대 설립은 기적이다. 상상할 수 없는 일이다. 하나님의 도우심이 아니고서는 생각할 수도 없다. 평양과기대는 지금 이런 가운데서 세워지고 있다. 하나님이 그 일의 주인이시니 그 일꾼인 우리는 그 나라와 그의를 구하면 된다. 주님께서 아무것도 염려하지 말라 하지 않으셨는가. 중요한 것은 우리가 주님 앞에 바로 서고, 지금 주님의 일을 하고 있는가 하는 것이다. 그렇다면 더 이상 염려할 것 없다. 나머지는 주님이 하신다. 우리 민족사에서 평양과기대가 산살바도르가 되기를 바란다.

## 제2부 내 안에 정직한 영을 새롭게 하소서

##  1. 종교, 다시 선택하는 삶

　종교는 일반적으로 신이나 초자연적인 절대자 또는 힘에 대한 믿음을 통하여 인간 생활의 고뇌를 해결하고 삶의 궁극적인 의미를 추구하는 문화 체계로 본다. 그 대상이나 교리, 그리고 행사의 차이에 따라 그 형태도 달라진다. 초기에는 애니미즘, 토테미즘, 물신숭배, 샤머니즘 같은 형태들이 있었다. 현재는 원시적이고 비제도적인 종교보다는 불교 · 기독교 · 이슬람교과 같은 제도적인 종교가 종교로서 그 위치를 확고히 하고 있다.

　어거스틴은 종교를 're-eligere,' 곧 '다시 선택하다, 선발하다'라 하였다. 왜 다시 선택한다 하였을까 궁금하다. 그는 초기에 마니교에 심취해 있었다. 그런 그가 기독교로 개종하면서 종교를 다시 선택한 바 있다. 그의 삶을 통해 바른 종교의 선택이 얼마나 중요한가를 보여준다.

종교에 대한 정의는 다양하다. 라틴어에서 religion은 신성하다는 뜻을 가지고 있고, re(다시) ligere(묶는다)에서 나왔다는 주장도 있다. 불안하게 떠도는 배를 다시 묶어 정박시키는 의미도 되고, 혼돈을 헤매는 인생들에게 올바르게 다시 길을 선택하는 의미도 된다. 그 모습들이 거룩하기에 종교라 부른 것이다.

종교는 무엇보다 하나님과 인간의 관계를 재설정하는 작업이다. 인간은 하나님에 대한 두려움과 경배에 필요한 의식을 엄숙하게 지키고자 한다. 락탄티우스(Lactantius)는 종교를 참 하나님을 알고 섬기는 바른 생각이라 하였다. 그것이 외부적으로는 예배의식으로 나타나고 내부적으로는 공경으로 나타난다. 예배는 가치 있는 것(worth)에 대한 존경의 표시다. 가장 가치 있는 것이 무엇일까. 그것은 곧 하나님이다. 그분만이 존경과 영광을, 우리의 찬양을 받으시기에 합당하기 때문이다.

토마스 아퀴나스는 하나님과 관련된 도덕적 의무를 강조한다. 그는 도덕을 지성적 도덕, 윤리적 도덕, 그리고 신학적 도덕으로 구분했다. 지성적 도덕에는 지혜와 통찰이 있고, 윤리적 도덕에는 신중함과 절제와 공의가 있으며, 신학적 도덕에는 믿음과 소망과 사랑이 있다.

쯔빙글리나 칼빈은 경건을 종교의 기본원리로, 예배의식을 종교 행동으로 보았다. 믿음과 소망과 사랑을 신학적 도덕으로 보지 않고 종교 자체 안에 넣어 중요한 종교적 행위로 간주했다. 나아가 칼빈은 하나님과 그의 선한 덕에 관한 지식의 추구, 경건의 스승이신 주님을 아는 것, 그리고 이 경건으로부터 참된 종교적 경배가 나온다고 주장했다.

종교를 말할 때 종교의 주관성과 객관성을 함께 논의할 필요가 있다. 비교종교학은 객관적이고 귀납적인 방법의 적용, 그 결과에 대한 연역, 그리고 철학적, 형이상학적 방법의 적용을 중시한다. 객관적 종교의 본질적 요소는 실증주의 및 자연과학적 방법이다. 이런 경우 신앙의 무차별론에 빠지게 된다. 이런 형태도 좋고 저런 형태 좋다. 종교를 사회적 현상으로 보고 그것을 객관화해 보기 때문이다.

성경학자들도 객관과 주관을 말한다. 객관은 하나님이 직접 계시한 계명과 율례이다. 기독교는 계시종교이다. 기독교는 인간이 만들어 발전한 종교가 아니다. 하나님은 계시를 통해 하나님 나라의 삶의 모습, 곧 세상과는 전혀 다른 삶의 모습을 보여주고 그것을 이 땅에서 구현하도록 하신다. 주관은 그분의 말씀으로 인해 그분을 두려워하는 우리의 마음이다. 그 마음에는 하나님을 신뢰하고 의지하며 사랑하는 마음까지 포함되어 있다. 객관과 주관이 있어야 한다는 것은 이를 두고 한 말이다. 다 필요하기 때문이다.

신앙에는 두 가지 요소가 필요하다. 하나는 하나님과 그 계시를 전적으로 수용하고 그를 전적으로 의지하는 것이다. 그리고 다른 하나는 그 의존으로 죄사함, 자녀됨, 그리고 축복을 은혜로 얻게 되는 것이다. 하이델베르크 학습교리 94문의 답을 보면 우상이나 피조물 등에 호소하는 것을 피하고 하나님만 의지하고, 겸손과 인내로 오직 그에게만 복종하도록 한다. 참된 종교는 하나님께 전적으로 의지하는 것이요 계시된 계명의 말씀을 정직한 마음으로 지키는 데 있다. 종교는 바로 하나님을 향해 나아가는 데 그 목적이 있다.

우리는 하나님의 말씀을 듣고 행한다. 하나님의 말씀, 곧 계시가 자리 잡는 보금자리는 우리의 인격 전체이다. 그것이 종교의 좌소다.

그 말씀이 우리의 마음과 심령에 풍성히 임할 때 그분에 대한 우리는 달라진다. 지성주의를 강조하는 그노시스파는 그 말씀이 우리의 지식과 지성에 온다고 본다. 윤리주의 입장에 선 칸트는 도덕에 임한다고 본다. 그리고 신비주의나 경건주의자들은 우리의 감정에 임한다고 본다. 하나님의 말씀이 이성이든 도덕이든 감성이든 어느 하나에만 임한다는 것은 좁은 생각이다. 그 말씀은 어느 한 기능에만 국한되는 것이 아니다. 우리의 전 인격과 삶에 부어져 우리를 변화시키고 거룩하게 만든다. 이 험한 세상에서 보다 거룩하게 살 수 있다는 것은 하나님이 우리에게 내리신 축복 중의 축복이 아닐 수 없다.

오늘 당신이 그리스도인이 되었다는 것에 감사하라. 아니 당신의 마음이 다른 것에 빼앗겨 있다면 다시 선택하라. 주 예수 그리스도를. 그러면 하늘의 위로와 은총이 당신의 삶에 넘칠 것이다.

## 2. 고백의 기도

느헤미야 9장 5절에서 38절의 말씀에는 '고백의 기도(the prayer of confession)'라는 제목이 붙어있다. 8장은 에스라의 율법 강해 집회, 그리고 초막절을 지킨 일을 상기시킨다. 그리고 9장에 들어와 백성들이 회개자복을 하는 것이다. 고백의 기도는 바로 회개의 기도이다. 한 낮에 여호와의 율법 책을 낭독하고, 그 다음 회개가 이어진다. 말씀을 들으며 회개하고 경배하는 모습을 상상해보라. 지금 이스라엘 백성들이 다 모였다. 금식하며 굵은 베를 입고 티끌을 무릅쓰며 하나님 앞에 섰다. 모든 이방사람과 절교하고 서서 자기의 죄와 열조의 죄를 자복한다. 우리 민족이 언제 이렇게 철저히 회개한 적이 있었던가. 우리에게 필요한 것이 바로 그 회개가 아닐까.

고백의 기도는 "너희 무리는 마땅히 일어나 영원부터 영원까지 계신 너희 하나님 여호와를 송축할지어다"로 시작된다. 이 기도는 이스라엘 백성들이 마음을 새로 가다듬어 하나님께 복종할 것을 다짐하는 기도이다. 이 고백을 하기 전에 백성들은 하나님 앞에 자기들의 죄를 자복했다.

"저희와 우리 열조가 교만히 하고 목을 곧게 하여 주의 명령을 듣지 아니하고 거역하며 주께서 저희가운데 행하신 기사를 생각지 아니하고 목을 굳게 하며 패역하여 스스로 한 두목을 세우고 종 되었던 땅으로 돌아가고자 하였사오나 오직 주는 사유하시는 하나님이시라 은혜로우시며 긍휼히 여기시며 더디 노하시며 인자가 풍부하시므로 저희를 버리지 아니하셨도다." 버림받아 마땅한 저희를 용서하셨다는 것이다. 목이 곧음은 패역, 불신앙, 패반, 거역, 고집, 그리고 완악함을 뜻한다. 그럼에도 불구하고 용서하신 하나님의 그 넓으신 사랑을 보라.

그들은 고백을 통해 하나님의 엄위하심을 송축하고 아브라함과 맺은 언약, 출애굽사건과 광야생활, 가나안의 정복, 사사시대, 이스라엘의 몰락과 그들이 당한 환난에 대해서 언급한다. 패역한 이스라엘을 향한 하나님의 용서, 그 용서에는 아브라함과 맺은 하나님의 언약이 있었음을 기억한다.

"옛적에 아브람을 택하시고 갈대아 우르에서 인도하여 내시고 아브라함이라는 이름을 주시고 그 마음이 주 앞에서 충성됨을 보시고 더불어 언약을 세우가 가나안 족속과 헷 족속과 아모리 족속과 브리스 족속과 여부스 족속과 기르가스 족속의 땅을 그 씨에게 주리라 하시더니 그 말씀대로 이루셨사오니 주는 의로우심이로소이다." 기르가스 족속은 가나안의 후손(창10:15)으로 여호수아에게 패했다(수24:11).

"주께서 우리 열조 앞에서 바다를 갈라지게 하시니 쫓아오는 자를 돌을 큰 물에 던짐같이 깊은 물에 던지시고 낮에는 구름기둥으로 인도하시고 밤에는 불기둥으로 그 행할 길을 비춰셨사오며 또 시내산에 강림하시고 하늘에서부터 저희와 말씀하사 정직한 규례와 진정한 율법과 선한 율례와 계명을 저희에게 주시고." 구름기둥과 불기둥은 이스라엘 백성을 광야에서 인도하고 보호한 하나님의 이적으로서 하나님의 영광과 임재를 나타낸다. 하나님이 임재하시고, 율법을 주셨다.

그럼에도 불구하고 그 법을 지키지 않음을 고백했다. "저희가 오히려 순종치 아니하고 주를 거역하며 주의 율법을 등 뒤에 두고 주께로 돌아오기를 권면하는 선지자들을 죽여 크게 설만하게 행하였나이다(committed great blasphemies) 그러므로 주께서 그 대적의 손에 붙이사 곤고를 당하게 하시매 저희가 환난을 당하여." 당한 환난도 당해 마땅하다는 것을 인정한다.

주의 율법은 무엇인가. "사람이 준행하면 그 가운데서 삶을 얻는 주의 계명"이 아니던가. 그런데 목을 굳게 하여 그 말씀을 듣지 아니했다. 그들은 결국 환난에 처하게 되었다.

그들은 아뢴다. "앗수르 열왕의 때로부터 오늘날까지 당한 바 환난을 이제 작게 여기지 마옵소서." 그러나 그 고난 받음에 대해 주님을 원망하지 않는다. "우리의 당한 모든 일에 주는 공의로우시니 우리는 악을 행하였사오나 주는 진실히 행하셨음이니이다."

끝으로, 그들은 자신들이 현재 처한 어려움을 다시 한 번 호소하며 하나님 말씀 순종을 천명한다. "우리의 곤란이 심하오며 우리가 이 모든 일을 인하여 이제 견고한 언약을 세워 기록하고 우리의 방백들과 레위사람들과 제사장들이 다 인을 치나이다." 그들은 여러 모로 자기와 열조의 죄를 자복하고 하나님의 율법과 규례를 지키겠다는 약속으로 끝을 맺고 있다. 이들은 이 기도를 문서화하고 서명했다.

이 고백에는 하나님이 누구신지, 그 하나님이 열조에게 얼마나 큰 은혜를 베풀어주셨는지를 말한다. 그럼에도 불구하고 그 하나님을 배반하고 순종하지 않았음을 고백한다. 선지자들을 보내 회개할 것을 말씀하셨음에도 불구하고 그 말씀에 등을 돌린 과거, 그리고 그로 인해 그들이 당한 현실을 뼈아프게 고백한다. 그리곤 겸허히 엎드려 간절히 기도한다. "주님, 이제 주의 말씀을 듣겠나이다." 지금 우리 민족에게 필요한 기도다.

 ## 3. 사단을 너희 발아래

바울은 로마 교인들에게 쓴 편지의 마지막 부분에서 이렇게 말한다. "평강의 하나님께서 속히 사단을 너희 발아래서 상하게 하시리라"(롬16:20). 공동번역에 따르면 이것은 평화를 주시는 하나님께서 사단을 여러분의 발아래 굴복시켜 주실 날이 멀지 않았다는 말이다. 평강의 하나님께서 빠른 시일 안에 사탄을 여러분의 발아래 짓밟히게 하실 것이라는 기대를 나타낸다.

하나님은 천지만물을 창조하시고 모든 만물을 그의 발아래 두셨다. "주의 손으로 만드신 것을 다스리게 하시고 만물을 그의 발아래 두셨으니"(시8:6). 사단도 예외일 수 없다.

그럼에도 불구하고 사단을 지금도 인간을 꾀며 하나님으로부터 멀어지게 한다. 하와는 그 꼬임에 넘어감으로써 인류를 죄 가운데 빠지게 했다. 하나님은 그 값을 뱀에게 물었다.

"여호와 하나님이 뱀에게 이르시되 네가 이렇게 하였으니 네가 모든 가축과 들의 모든 짐승보다 더욱 저주를 받아 배로 다니고 살아 있는 동안 흙을 먹을지니라 내가 너로 여자와 원수가 되게 하고 네 후손도 여자의 후손과 원수가 되게 하리니 여자의 후손은 네 머리를 상하게 할 것이요 너는 그의 발꿈치를 상하게 할 것이니라 하시고"(창3:14, 15).

네가 이런 일을 했기 때문에 너는 모든 가축과 모든 들짐승보다 더욱 저주를 받을 것이다. 너는 배로 기어 다니고, 평생토록 흙먼지를 먹고 살아야 할 것이다. 배로 기어 다니고 흙먼지를 먹게 된다는 것은 파멸과 수치를 당하게 될 것을 의미한다. 뱀은 흙을 먹지 않는다. 그럼에도 흙을 먹는다는 것은 '비천(humiliation)'을 뜻한다. 하나님의 권위 앞에 완전히 파탄 나는 것이다.

수치 당하는 것으로 끝나지 않는다. 내가 너와 여자를 서로 원수가 되게 하고, 네 자손과 여자의 자손도 원수가 되게 할 것이다. 여자의 자손이 네 머리를 부수고, 너는 그의 발꿈치를 물 것이다. 세 가지 원수 관계로 발전한다. 사단과 여자, 사단후손과 여자의 후손, 사단 자신과 그다.

먼저 사단과 여자의 원수관계다. 그 다음 사단의 후손과 여자의 후손의 대결 관계다. 사단은 아이를 갖지 못한다. 그러므로 사단후손은 사단의 씨를 의미한다. 네 후손, 곧 네 씨(your seed)는 사단의 후손이다. 뱀은 여자뿐 아니라 그 후손, 곧 그의 씨(her seed)와도 원수가 된다. 여자의 후손은 히브리어로 남성단수로 표시되어 있다. 여자의 몸에서 난 남성 한 분을 가리킨다. 그분은 바로 예수 그리스도시다.

예수님은 여자의 후손으로 오셨다. 이것은 남성으로부터 오지 않았음을 의미한다. 주의 사자가 요셉에게 분명히 말하지 않았는가. "저에게 잉태된 자는 성령으로 된 것이라"(마1:20). 그는 구원자로 오신다. "아들을 낳으리니 이름을 예수라 하라 이는 그가 자기 백성을 저희 죄에서 구원할 자이심이라"(마1:21).

"너는 그의 발꿈치를 상하게 할 것이니라." 사단은 예수에 대해서도 공격한다. 결국 십자가에 달리기까지 핍박을 가한다. 주님이 십자가에 달리셨을 때 사단은 미소를 지었을 것이다. 자기가 승리했다고.

그러나 하나님은 사단으로 하여금 결단코 미소 짓게 하지 않으신다. "여자의 후손은 네 머리를 상하게 할 것이요." 여자의 후손, 곧 우리의 구원자 예수는 부활의 주, 승천의 주가 되심으로 뱀의 머리에 철퇴를 가한다. 그리고 죄로부터 우리를 구하신다. 사단의 승리가 아니라 주님의 승리다.

끝으로 사단 자신과 그의 대결이다. 여기서 그를 70인경은 메시야로 보았고, 불가타는 'ipsa,' 곧 마리아로 보았다. 메시야로 보는 것이 적절하다. 사단과 예수 그리스도의 마지막 대결이 있다는 말이다. 그 대결은 계시록에서 두드러진다. 사단이 자기 세력을 이끌고 그리스도인들을 핍박하고 괴롭히지만 결국 어린 양 예수의 승리로 끝난다.

바울은 이 승리가 우리 모든 그리스도인에게도 주어질 것을 확신한다. 그 확신이 로마서 16장에 드러난다. "평강의 하나님께서 속히 사단을 너희 발아래서 상하게 하시리라." 사단은 지금도 그리스도인이 승리하지 못하도록 한다. 우리 힘으로 사단의 공격을 막아낼 자는 아무도 없다. 하와도, 아담도 넘어지지 않았는가. 그러나 우리는 우리 주님을 의지하여 그 높은 담을 뛰어넘는다. 우리가 주님을 의지할 때 힘을 주시고 능력을 주신다. 그 때 주님은 우리로 하여금 그 승리를 이 땅에서 맛보게 하신다. 세상이 줄 수 없는 맛이다.

하나님은 결코 패배하지 않으시는 분이다. 우리가 그 전능하신 하나님을 믿을진대 결코 삶에서 좌절해서는 안 된다. "평강의 하나님께서 속히 사단을 너희 발아래서 상하게 하시리라." 얼마나 위로를 주는 말인가. 주님은 오늘도 사단이 우리 발아래서 짓밟히도록 하실 것이다. 그 주님을 의지하라. 그리고 우리 안에 역사하시는 그 놀라운 능력을 기리며 찬양하라. 그 주님이 있어 기쁘고, 삶이 즐겁다.

 **4. 내 안에 정직한 영을 새롭게 하소서**

시편51편은 밧세바와 동침한 사건을 일깨우러 선지자 나단이 찾아온 것을 배경으로 한 다윗의 회개의 시이다. 스스로 얼마나 참담한 심정이었을까. 아마 하나님 앞에 파산한 자신의 모습을 보았으리라.

그는 무조건 엎드려 하나님의 자비를 구한다.

하나님이여
주의 인자(Thy lovingkindness)를 따라 내게 은혜를 베푸시며
주의 많은 긍휼을 따라 내 죄악을 지워 주소서(blot out)
나의 죄악을 말갛게 씻으시며
나의 죄를 깨끗이 제하소서

그는 먼저 하나님께 범죄 했음을 인정했다. 자기를 합리화하기 바쁜 우리와는 얼마나 다른가. 그는 나단을 하나님이 보내신 사자로 보았다. 주 앞에서 합리화는 통하지 않는다. 인정할 것은 깨끗이 인정한다. 누구 앞인가.

무릇 나는 내 죄과(my transgressions)를 아오니
내 죄가 항상 내 앞에 있나이다
내가 주께만 범죄하여 주의 목전에 악을 행하였사오니
주께서 말씀하실 때에 의로우시다 하고
주께서 심판하실 때에 순전하시다 하리이다
내가 죄악 중에서 출생하였음이여
어머니가 죄 중에서 나를 잉태하였나이다

죄 중에 나를 잉태하였다 함은 잉태의 순간부터 인간은 죄성을 가졌다는 것을 가리킨다. 자신도 어쩔 수 없는 인간이었다는 것이다.

보소서
주께서는 중심이 진실함을 원하시오니
내게 지혜를 은밀히 가르치시리이다
우슬초(hyssop)로 나를 정결하게 하소서 내가 정하리이다
나의 죄를 씻어 주소서 내가 눈보다 희리이다
내게 즐겁고 기쁜 소리를 들려 주시사
주께서 꺾으신 뼈들도 즐거워하게 하소서

주의 얼굴을 내 죄에서 돌이키시고
내 모든 죄악을 지워 주소서
하나님이여
내 속에 정한 마음(a clean heart)을 창조하시고
내 안에 정직한 영(a steadfast spirit)을 새롭게 하소서

그는 성결을 바라는 뜻에서 정결케 하는 우슬초를 언급했다. 다
시금 새로워지고 싶은 것이다. 우슬초로 나를 정하게 하소서. 그러
면 내가 눈보다 희리이다. 그는 흰 눈보다 더 희여지기를 간구했다.
우슬초는 정결의 상징이다. 하얀 꽃이 핀다. 우슬초에 피를 적셔
문설주에 바른다. 이른바 정결의식이다. 내 속에 정한 마음을 창조
하시고 내 안에 정직한 영을 새롭게 하소서. 그는 지금 하나님 앞
에 자신이 정결해지기를 원한다. 그러면 이미 죄로 인해 부러진 뼈
처럼 된 자신이지만 기쁨이 되살아날 것을 믿었다.

나를 주 앞에서 쫓아내지 마시며
주의 성령을 내게서 거두지 마소서
주의 구원의 즐거움을 내게 회복시켜 주시고
자원하는 심령(a willing spirit)을 주사 나를 붙드소서
그리하면 내가 범죄자에게 주의 도를 가르치리니
죄인들이 주께 돌아오리이다

'나를 주 앞에서 쫓아내지 마시고 주의 성령을 거두지 마옵소서.'
이것은 구약에서 가장 유명한 기도 가운데 하나이다. 성령은 신약
의 전유물이 아니다. 구약에서도 중심을 차지한다. '나를 주 앞에서
쫓아내지 마시며.' 그는 기름 부은 왕으로서의 직무로부터 제거되
지 않기를 바라는 뜻에서 주의 성령을 거두어가지 않기를 간구했

다. 구약시대 때 성령은 사울의 경우(삼상16:13-14)에서와 같이 봉사와 관련되었다. 성령이어 나를 붙드소서. 나를 회복시키시면 오히려 내가 죄를 범한 사람들에게 주의 도를 가르치겠나이다. 기꺼이 주의 도구가 되겠다는 것이다. 마지막 순간에서도 우리가 붙들어야 하는 것은 바로 성령님이다. 그는 성령님을 놓치지 않았다. 그 안에 내주하신 성령, 그와 함께 하시는 성령, 그래서 그는 이 회개의 시를 쓸 수 있었다. 그리고 그 성령이 자신을 회복시켜 주실 것을 믿었다.

> 하나님이여
> 나의 구원의 하나님이여 피 흘린 죄에서 나를 건지소서
> 내 혀가 주의 의를 높이 노래하리이다
> 주여 내 입술을 열어 주소서
> 내 입이 주를 찬송하여 전파하리이다
> 주께서는 제사를 기뻐하지 아니하시나니
> 그렇지 아니하면 내가 드렸을 것이라
> 주는 번제를 기뻐하지 아니하시나이다
> 하나님께서 구하시는 제사는 상한 심령(a broken spirit)이라
> 하나님이여 상하고 통회하는 마음(a broken and a contrite heart)을
> 주께서 멸시하지 아니하시리이다

그는 피 흘린 죄를 범했다. 죄 없는 우리아를 죽인 죄다. 그 피가 하나님께 호소하고 있다. 그는 그것을 안다. 주여, 저는 무고히 피를 흘리게 한 죄인입니다. 상한 심령은 참회하는 마음을 말한다. 참회 없는 제사는 참 제사가 아니다. 그는 죄 지은 자로서 온전히 참회함으로써 온전한 제사를 드리기 원했다.

주의 은택(Thy favor)으로 시온에 선을 행하시고
예루살렘 성을 쌓으소서
그 때에 주께서 의로운 제사(righteous sacrifices)와 번제와
온전한 번제(whole burnt offering)를 기뻐하시리니
그 때에 그들이 수소를 주의 제단에 드리리이다

하나님 앞에 죄를 시인하고 용서를 구하며 상한 심령으로 온전한 제사를 드릴 것을 바랐던 그. 그는 제일 먼저 '주의 인자를 따라 내게 은혜를 베푸시옵소서' 기원했다. 그 기원은 '주의 은택으로 예루살렘 성을 쌓으소서'로 이어진다. 주님의 사랑과 은혜가 아니면 감당할 수 없기 때문이다.

이 참회가 바로 오늘 우리의 참회가 되어야 한다. 심각한 죄로 인해 이 밤 가슴이 아픈가. 그렇다면 다윗의 이 기도로 들어가라. 그러면 주의 인자하심과 긍휼하심이 당신과 함께 할 것이다. 성령이 당신 속에 임하시고, 하나님과의 관계를 회복시켜 줄 것이다. 아주 놀랍도록. 기쁘게.

 ## 5. 입술의 고백 다시 생각하기


미국의 한 교장 선생님이 학교 학생들에게 지렁이를 들어 보이며 "너희들이 만약 학교 도서관에 있는 1만 4천권의 책을 모두 읽는다면 나는 이 지렁이를 먹겠다."고 했다. 학생들로 하여금 독서를

장려하기 위한 일종의 안간힘이었다. 그런데 학생들이 그 책을 모두 읽었다. 교장선생님은 약속대로 학생들이 보는 앞에서 지렁이를 목에 넘겼다. 학생들과의 약속을 지키기 위해서였다.

요즘 나의 아내는 심각하다. 하나님과의 관계에서 너무 소홀하게 말하고 약속을 지키지 않은 점이 못내 아쉽고, 자신을 돌아볼 때 너무 무책임했다는 자책감 때문이다. 아내는 큐티를 하면서 워렌 위어스비의 '아부하지 말라'는 말씀에 자극을 받았다.

> 아부는 의사소통이 아니라 조종이다. 우리가 사람들에게 아부하는 이유는 그들에게서 무언가를 얻어내고자 함이다. 물론 사람에게 아부하는 것도 나쁘지만 하나님께 아부하는 것은 훨씬 더 나쁘다.
> 우리는 어떻게 하나님께 아부를 하는가? 첫째, 입으로 하나님을 찬양하지만 마음으로 찬양하지 않는 것이 아부다. 둘째, 지키지도 않을 약속을 하는 것이 하나님께 아부하는 것이다. 때로 우리는 기도 중에도 이같이 한다. 셋째, 하나님의 뜻을 진정으로 구하지 않으며 기도하는 것이 아부다. 이렇게 일상적으로 기도하면서 약속을 하는 것은 쉬운 일이다. "하나님, 오늘 복음을 전하며 살겠습니다." 혹은 "주님, 오늘 유혹에 빠지지 않겠습니다." 그러나 우리의 마음속에 그 약속대로 실천한 의지가 별로 없다. 그렇다면 하나님께 거짓말을 하고 있는 것이다.
> 하나님 앞에서 올바른 마음을 가져라. 정직하지 못함, 성실하지 못함, 기만으로 하나님께 아부하지 말라. 하나님과의 관계에서 정직할 수 있는 한 가지 길은 당신의 마음을 정결하게 하는 것이다. 하나님은 당신의 마음을 아신다. 그러므로 신실하게 기도하라(워렌 위어스비의 시편산책).

아내는 복음찬송을 부르다가 다시 한 번 생각하며 부르기에 너무 부담된다 하였다. "내 생명 주께 드리리." 내 생명이 아니라 주님께 시간을 드리기로 한 약속조차 제대로 드리지 못하면서 아무런 죄책감 없이 다시금 생명을 약속하다니. 입술신앙만 가진 내가 아닌가. 그러니 주님 보시기에 너무 부끄럽다는 것이다.

우린 너무 쉽게 말하고, 너무 쉽게 잊는다. 지키지도 못할 약속을 남발하면서도 아무렇지도 않게 생각한다. 양심이 마비된 것이 아닐까. 아내의 모습을 보면서 내가 올린 기도, 나의 찬송 모두 다시 생각하게 만든다.

약속은 성경에서 언약으로 나온다. 언약은 히브리어로 '메리트'로 '자르다'는 뜻을 가지고 있다. 서로 언약을 할 때 짐승을 자른다. 언약을 파기하면 이 짐승처럼 잘라지게 될 것을 상징하는 것이다. 이처럼 심각한 것인데, 그것을 전혀 심각하지 않게 생각하는 것은 하나님을 두렵게 여기지 않는 증거가 아닌가. 그렇다면 뭔가 크게 잘못되었다.

하나님은 약속을 지키기 위해 독생자 예수를 이 땅에 보내셨다. 그리고 우리에게 영원한 생명을 주셨다. "그가 우리에게 약속하신 약속이 이것이니 곧 영원한 생명이니라"(요일2:25). 그렇다면 이제 우리가 약속을 지킬 때다.

성경의 이곳저곳에서 약속에 대해 다음과 같이 말한다. "약속을 하고 지키지 않는 것보다는 약속을 하지 않는 것이 낫다"(전5:5 쉬운성경). 이것은 서원하고서 지키지 못할 바에는 차라리 서원하지 않는 것이 낫다는 말씀이다. "아무리 어려워도 지켜진 당신의 약속, 나에게는 그 약속이 소중합니다"(시119:140 공동번역). 주의 약속은 지켜질 것이 너무나 확실하므로 주의 종은 그 약속을 사랑한다는 고백이다. 이 약속은 우리가 한 약속과는 얼마나 차이가 있는가.

의미 없는 고백, 입술만의 고백, 당신은 그것을 싫어한다. 주님은 그것을 더욱 싫어하신다. "이 백성이 입술로는 나를 공경하되 마음은 내게서 멀도다"(마15:8). 그럼에도 우리는 왜 정직하지 못할까. 이제 주님을 향해 더 정직할 때다. 입술의 고백과 기도와 행동에 우리의 진정성을 담아야 할 때다. 욥처럼. "내 마음의 정직함이 곧 내 말이며 내 입술이 아는 바가 진실을 말하느니라"(욥33:3).

### 6. 축복권과 저주권

교황 레오 10세는 칙령을 발표했다. 베드로 대성당을 건축하겠다는 것이다. 이에 맞춰 요한 테텔 신부는 면죄부의 정당성을 주장했다. 대성당건축을 위한 자금이 필요했기 때문이다. 신부는 말했다. "신부는 하나님의 대리권자로서 성도의 절대복종을 강요할 수 있다." 하나님 나라의 지상구현이라는 목적에 부응하는 행위이기에.

결국 축복과 저주는 저들의 소유물로 간주되기에 이르렀다. 신부만이 축복권과 저주권을 행사할 수 있었다. 고해성사도 이런 개념에서 출발했다. 신부들은 이 권한을 회유 또는 위협수단으로 사용했다. 결국 성직자들은 하나님의 자리에 앉아 왕처럼 군림하게 되었다. 교회부패를 자초한 셈이다. 중세를 가리켜 암흑기라 하는 것은 하나님이 인간에 의해 가려지는 데서 온다.

종교개혁자들은 이를 비종교적, 비상식적인 행위로 규정했다. 신부를 종교의 폭군으로 규정하고, 이탈된 신앙노선을 바로 잡고자 했다. 올바른 성경 신앙으로 복귀하고자 한 것이다.

축복권과 저주권이라니. 축복의 절대권이 인간에게 있다고 주장하는 것은 말이 되지 않는다. 축복권이 있다는 것은 저주권도 있다는 의미를 함유하고 있다. 이것은 무속신앙에 뿌리를 두고 있다. 절대권은 오직 하나님께만 있다. 인간에게 있는 것이 아니다. 나아가 인간적인 눈으로 보아 무엇이 잘되면 축복이고, 안 되면 저주라 단정 짓는 것은 위험한 생각이다. 모두 하나님의 기준에서 재해석되어야 한다.

현대판 교황들이 다수 출현하고 있다. 성직자의 권위를 성의로 몸 가림하고 자신이 마치 하나님의 대리인양 축복을 남발하고 저주를 일삼는다. 누가 그에게 이런 권한을 주었다는 말인가. 이것은 하나님의 절대권한에 대한 월권이요 도전이다. 하나님의 권위를 축소시키는 일이요 하나님의 영광을 가리는 일이다.

목사에게 축복권이 있다고 전제할 때 그 조건은 하나님이 같이 하실 때, 곧 성부와 성자와 성령의 이름으로 할 때만 인정된다. 목회자 자신이 아니다. 성직자가 축도를 할 때 성부와 성자와 성령의 이름으로 하지 않는가. 오직 예수 그리스도의 은혜와 하나님의 사랑과 성령의 인도하심이 함께 하도록 기도하는 것이다. 자기 이름으로 축복을 한다면 스스로 자신이 하나님의 사람이 아님을 드러내는 것이다. 나아가 하나님이 함께 하실지 여부는 성직자가 정하는 것이 아니다. 오직 하나님이 하신다.

마찬가지로 목사에게 축복권이 없다 할 때 그것은 오직 하나님의 권위를 절대시할 경우다. 하나님의 권위는 어제나 오늘이나 내일이나 동일하고 절대적이다. 그분만이 축복권과 저주권이 있다. 인간은 언제나 그 앞에 겸손해야 한다.

축복은 물질적인 것도 있고 영적인 것도 있다. 만일 물질적인 것만으로 축복이라 말한다면 신앙적으로 퇴보한 것이다. 신약은 축복이 바로 영적인 것임을 가르친다. 그 나라와 그 의를 구할 때 임하는 축복이다. 영적인 축복을 받을 때 물질적인 것은 부차적으로 따라온다. 혹 따라오지 않는다 해도 주님 한분만으로 만족한다. 그래야 바른 신앙이다.

목회자가 성도를 위해 축복을 비는 것은 감사한 일이다. 그러나 그것은 어디까지나 기원이다. 절대적인 것은 아니다. 만일 절대적인 것이라 주장한다면 그것은 하나님의 권위에 도전하는 일이 된다. 성직자의 권위는 절대적인 하나님의 권위에 비해 상대적인 것에 불과하다. 상대적일 수밖에 없는 그 권위를 절대적인 자리로 옮겨놓을 진대 그것은 즉시 하나님을 배신하는 일이 된다. 인간적 권위를 하나님의 권위와 동일시할 수 없다. 동일시한다면 그것은 독단, 독선, 배타, 횡포를 낳는 위험한 사고다. 그 유혹에 넘어가지 말자.

그리스도인은 누구나 하나님 앞에 나아갈 수 있다. 우리를 가리켜 왕 같은 제사장이라 하지 않으셨는가. 성직자는 귀하다. 그가 비는 축도도 귀하다. 그러나 그의 축도는 하나님의 절대성에 비해 상대적인 것이다. 그 효능도 하나님의 절대성에 비해 또한 상대적이다. 그러므로 인간을 신뢰하기보다 하나님을 신뢰하라. 오직 하나님 앞에 나아가라. 그 앞에 무릎을 꿇고 자비를 구하라. 다윗처럼.

## 7. 정치를 하라

아들이 목사가 되었다. 자신이 앞으로 목회를 하는 데 있어서 가장 귀감이 되는 말씀을 아버지 목사께 정중히 부탁하였다. 그러자 아버지 목사는 한 마디로 이렇게 말하는 것이었다.

"정치를 하라!"

순간 아들 목사는 당황하면서 말했다.

"아니, 아버님, 정치라니요. 교계가 정치 때문에 얼마나 시끄럽습니까? 정치목사는 안 되잖아요."

"그런 정치가 아니다. 정치란 모든 것을 바르게 하는 것이다. 앞으로 목회도 그렇게 해야 하느니라."

"아? 예에."

요사이 정치라는 단어는 매우 오염되어 있다. 특히 정치인들에 대한 불신이 커짐에 따라 그 단어는 점차 설 자리를 잃는다. 그러면서도 정치를 잘해야 한다는 소망은 접지 않는다. 정치에 대한 양면성이 있음을 알 수 있다.

정치란 무엇인가? 문자적으로 보아도 정치의 政은 정사를 펼 때 옳지 않은 것은 회초리를 쳐서라도 바르게 한다는 뜻을 가지고 있다. 정치가 결코 나쁜 단어가 아닌 것이다. 그럼에도 불구하고 정치하면 술수가 난무하고 부패가 도사리고 있는 것처럼 생각한다.

정치학자들은 정치인을 논할 때 politician과 statesman을 구분한다. politician은 폴리스(polis)라는 헬라어에서 유래된 것으로 공적 결정에 영향력을 가진 사람을 말한다. 문제는 그 영향력이 바른 선거를 통해 얻을 수도 있지만 쿠데타든 부정선거든 어떤 수단과 방법을 가리지 않을 수 있다는 점이다. 영향력을 가진 사람이 도당을 만들어 정치를 한다. 이에 비해 statesman은 높은 존경심, 질적인 리더십, 그리고 정직과 성실(integrity)로 공공의 이익을 추구한다. 그러므로 statespersonship은 politician과 질적으로 다른 것을 알 수 있다. 우리 사회에 statesman이 많아야 하는데 politician이 많은데 문제가 있다는 것이다.

연세대 교목실의 정종훈 교수가 교회가 정치에 대해 왜 관심을 가져야 하는가를 설명하면서 교회의 정치 참여에 대한 5가지 오해에 대해 언급했다.

첫째, 교회는 정치로부터 분리되어야 한다는 오해. '가이사의 것은 가이사에게 하나님의 것은 하나님에게 바치라'는 성경 구절에 근거해 교회가 정치에 개입하거나 간섭해서는 안 된다는 것이다. 그러나 부패하고 불의한 정치인이 하나님의 뜻과 역행하는 정치를 한다면 하나님의 뜻을 이루기 위해서라도 기독교인들은 정치에 나서야 한다.

둘째, 정치는 더러운 것이라는 오해. 정치가 더러운 것은 정치 자체 때문이라기보다 더러운 정치인들에 의해 정치가 왜곡됐기 때문이다. 우리가 정치를 더럽다고 하면서 정치인들을 경멸만 한다면 우리의 미래는 기대할 것이 없다. 그러므로 더러운 정치일수록 정치를 깨끗하게 할 사람들을 필요로 한다.

셋째, '정치적이다'라는 말에 대한 알레르기 반응. 정치는 본래 서로 양보하고 상호 차이를 인정해 시너지로 만들어내는 타협의 과정이다. 그러므로 어떤 타협을 일궈내는 정치이냐가 비판의 기준이 돼야지 정치적이라는 것 자체가 비판의 대상이 돼선 안 된다. 우리는 정치 개입 못지않게 정치에 무관심한 것도 정치적인 표현의 또 다른 방법임을 알아야 한다.

넷째, 신앙적인 교회와 정치적인 세상은 다르다는 오해. 교회와 세상이 다르다고 해서 교회가 세상을 외면해도 되는 것은 아니다. 예수님께서는 제자들에게 "너희는 세상의 소금과 빛이다"라고 말씀하셨다. 그런데 기독교인들이 세상을 피해 교회 안으로만 움츠러든다면 교회는 더 이상 소금과 빛이 될 수 없다.

끝으로, 교회는 전도만 하는 곳이라는 오해. 어느 국가의 국민 전체가 기독교인이 됐다고 해서 그 국가가 저절로 기독교 국가가 되는 것은 아니다. 개개인에 대한 복음 전파도 중요하지만 사회구조를 하나님의 뜻에 따라 개혁하는 것 역시 이웃 사랑의 중요한 방식임을 기억해야 한다.

정치에 대해 혐오감을 갖고 있는 많은 분들에게 정 교수의 설명은 상당히 의미 있다 생각한다. 정치가들이 정치를 잘못한다고 해서 정치에 등을 돌릴 수는 없다. 오히려 정치가 잘 되도록 기도하고, 바른 정치에 뜻을 둔 그리스도인들이 각 영역에 들어가 그리스도인으로서 선한 영향력을 발휘할 필요가 있다. "정치를 하라." "정치를 하려면 제대로 하라." 교계도 예외가 아니다.

# 8. 정의를 지키며 의를 행하라

이사야 56장 1-8절까지는 참다운 하나님의 백성이라면 무엇을 해야 하는가를 잘 알려주고 있다.

그 첫 번째 주문이 바로 정의를 지키며 의를 행하는 것이다. "여호와께서 이와 같이 말씀하시기를 너희는 정의를 지키며 의를 행하라 이는 나의 구원이 가까이 왔고 나의 공의가 나타날 것임이라 하셨도다"(1절). 하나님께서는 이스라엘 백성이 그의 말씀에 따라 의로운 삶을 살기 바라셨다. 그러나 그렇지 못했다. 1절의 선언은 하나님의 의로 돌아와 정의를 행하라는 것이다. 의를 행하는 것이 복된 삶이라 가르치신다.

두 번째 주문은 안식일을 거룩히 지키라는 것이다. "안식일을 지켜 더럽히지 아니하며 그의 손을 금하여 모든 악을 행하지 아니하여야 하나니 이와 같이 하는 사람, 이와 같이 굳게 잡는 사람은 복이 있느니라"(2절). 그들은 안식일조차 거룩히 지키지 않았으며, 우상마저 숭배했다. 지도자들의 탐욕은 도를 넘었다. 하나님은 안식일을 지키지 않고 악을 행하는 이스라엘을 향해 경고하시고 주님의 길로 돌아와 살도록 하신다. 과거 이스라엘만 범죄했는가. 결코 그렇지 않다. 우리도 주님의 길에서 멀어져 있다. 스스로 반성하고 주님께 돌아와야 한다.

이에 반해 이방인들이 오히려 하나님과 연합하여 살고 있다 하신다. "여호와께 연합한 이방인은 말하기를 여호와께서 나를 그의 백성 중에서 반드시 갈라내시리라 하지 말며 고자도 말하기를 나는 마른 나무라 하지 말라"(3절). 이스라엘 사람들은 하나님의 뜻에 어긋난 삶을 살면서도 다른 이방인과는 달리 선택된 민족이라는 자만심을 가지고 있었다. 믿음 있는 이방인들은 아무리 자기들이 믿음이 있다 해도 하나님은 자기들을 이스라엘 백성과는 달리 구별하리라 생각했다. 그러나 하나님은 그렇게 생각하지 말라 하신다. 이방인일지라도 하나님을 섬기는 자는 하나님께 속한 자임을 확실히 하겠다는 것이다. 더 이상 마른 나무가 아니란 말씀이다.

하나님께 연합한 자에 대한 하나님의 축복은 놀랍다. 축복을 받는 것은 민족이 문제가 아니라 믿음이 문제라는 것이다.

> "여호와께서 이와 같이 말씀하시기를 나의 안식일을 지키며 내가 기뻐하는 일을 선택하며 나의 언약을 굳게 잡는 고자들에게는 내가 내 집에서, 내 성 안에서 아들이나 딸보다 나은 기념물과 이름을 그들에게 주며 영원한 이름을 주어 끊어지지 아니하게 할 것이며 또 여호와와 연합하여 그를 섬기며 여호와의 이름을 사랑하며 그의 종이 되며 안식일을 지켜 더럽히지 아니하며 나의 언약을 굳게 지키는 이방인마다 내가 곧 그들을 나의 성산으로 인도하여 기도하는 내 집에서 그들을 기쁘게 할 것이며 그들의 번제와 희생을 나의 제단에서 기꺼이 받게 되리니 이는 내 집은 만민이 기도하는 집이라 일컬음이 될 것임이라 이스라엘의 쫓겨난 자를 모으시는 주 여호와가 말하노니 내가 이미 모은 백성 외에 또 모아 그에게 속하게 하리라 하셨느니라"(4-8절).

하나님께 연합한 자, 곧 그 이름을 사랑하며 그의 종이 되며 안식일을 거룩히 지키며 하나님의 언약을 믿고 따르며 하나님이 기뻐하는 일을 행하는 자는 하나님의 백성이 된다. 그들은 더 이상 이방인, 고자, 마른 나무들이 아니다. 당신은 지금 그 누구보다 주님을 있다면 당신이 바로 주님의 백성이다. 그 안에 어떤 차별이 있을 수 없다.

하나님은 주의 백성들에게 축복을 내려 주신다. 이방인이라 할지라도 그들을 거룩한 산으로 인도하여 하나님의 전에 나아와 기도하고 경배하게 한다. 그래서 하나님의 전은 '만민이 기도하는 집'으로 불리게 된다. 하나님은 그들의 경배를 기꺼이 받으시고 이스라엘 백성보다 더 좋은 것을 주시며, 그들에게 아름다운 이름을 주신다. 하나님은 이스라엘 백성이 아닌 다른 백성들 가운데서도 모으고 또 모아 그의 백성을 삼으시겠다고 하신다. 우리가 겸손히 주님께 나아갈 수 있다는 것만으로도 엄청난 축복이 아닐 수 없다. 하나님은 이스라엘 백성이든 이방인이든 그의 뜻을 따라 살기를 바라신다. 오늘도 다짐해본다. "주님께서 기뻐하시는 삶을 살게 하여 주옵소서."

 ## 9. 예수님이 원하는 교회

최근 교회가 어떻게 변해야 하는가를 논하는 책이 쏟아져 나오고 있다. 책마다 자신의 주장 점을 담고 있고, 그 하나하나에 의미가 있다. 이것들은 한국교회가 앞으로 어떻게 달라져야 하는가를 보여준다. 그 중에 몇 가지는 한국교회가 서야 할 영적 좌표를 잘 그려주고 있다. 그만큼 변해야 한다는 말이다.

레너드 스윗은 무엇보다 예수님에 대한 소망을 잃어서는 안 된다고 말한다. 그는 특히 예수님에 대한 소망을 접고 자기 생각대로 살아가는 합리주의자들에게 주목한다. 그는 합리주의적 사고에 빠져 예수를 거부한 채 침몰해 가는 사람들에게 교회는 구원의 손길을 내 밀어야 한다고 말한다. 모던 사회든 포스트모던 사회든 예수님은 언제 어디서나 인류의 소망이 되기 때문이다.

어윈 맥매너스는 야성이 살아있는 교회가 될 것을 주문한다. 예수님의 제자가 되겠다고 말하면서도 어떤 희생도 헌신도 하지 않고 신앙생활은 편안히 하려는 교인이 많기 때문이다. 이런 교회를 향해 그는 코뿔소 교회가 되라고 한다. 코뿔소는 일단 방향을 정하면 그 어떤 상대도 아랑곳하지 않고 목표를 향해 전속력으로 달리는 특징이 있다. 한국 교회도 주님의 열정으로 뜨거운 교회가 되어 하나님의 비전을 향해 전속력으로 달려야 한다.

마이클 슬로터는 성령의 능력이 힘 있게 나타나는 교회가 되라고 한다. 목회자는 성공적인 교회들을 본받고 그 교회들의 프로그램을 복사하는 데 열중이다. 그는 복제교회가 되지 말라고 말한다. 맥도날드 햄버거는 세계 어디서 만들든 맛과 크기가 똑 같다. 하나님은 맥도날드식 교회를 원하는 것이 아니다. 각 교회가 성령이 주신 능력을 가지고 특색 있게 예수님을 드러내는 것이 중요하다.

글렌 와그너는 예수님이 원하는 교회가 되라고 한다. 이따금 예수님이 한국에 오시면 과연 한국교회를 향해 무엇이라 하실까 궁금하다. 어떤 이는 아예 외면하실 것이라는 말도 한다. 그만큼 우리의 교회가 잘못되어있다는 말일게다. 교회는 우리가 원하는 교회가 아니라 주님이 원하는 교회여야 한다. 와그너가 말하는 예수님이 원하는 교회란 우리자신의 경험이나 지식이 아니라 오직 성경이 제시하는 삶의 원칙에 충실한 교회가 되는 것이다. 이를 위해 한국교회는 예수님의 가르침에 더욱 주목하고, 말씀을 삶에 옮겨야 한다.

한국교회는 매년 9월이면 각 교단마다 총회를 연다. 교단마다 여러 현안 문제처리에 바쁘다. 그러다 보니 정작 한국교회의 문제점을 살피고 방향성을 논하는 데는 정작 시간이 없다. 바쁠수록 뒤돌아보는 연습이 필요하다. 교회가 어려울수록 예수님 앞에 바로 설 필요가 있다. 정치보다는 '주님이 원하시는 교회가 무엇인가'에 관심을 가지고 한국교회를 새롭게 하는데 앞장 서야 한다.

교회갱신은 총회 차원의 문제만은 아니다. 각 개교회의 이기주의를 벗어나는 일은 한국교회가 꼭 해결해야 할 중요한 문제다. 내 교회 중심의 신앙생활은 공교회로서의 신앙고백을 무너뜨린다. 신앙고백은 거룩한 공(公)교회라 해놓고 교만하고 이기적인 사(私)교회라면 문제가 크다. 교회는 모두 주님의 교회이지 어느 목회자의 교회도 아니요 특정신도만의 교회가 아니다.

한국교회는 보다 건강한 교회, 주님이 기뻐하시는 교회가 되어야 한다. 목회자 자신이나 개교회의 이름을 드러내려는 유혹을 벗어나 오직 이 시대의 소망이신 예수를 붙잡고, 그 주님을 힘 있게 드러내야 희망이 있다. 교회를 향해 개혁을 주문하는 여러 책들을 보면서 이 시대의 선지자는 바로 그 저자들이 아닌가 생각해본다. 이 시대를 향한 주님의 말씀에 귀를 크게 열고 주의 깊게 경청해야할 때다. 더 이상 바쁘다는 핑계는 접고.

# 10. 사랑으로 소문난 교회

켄 블랜차드(K. Blanchard)를 처음 알게 된 것은 리더십을 연구할 때다. 그는 허시와 함께 수명주기 상황이론을 제시했다. 요지는 부하들의 성숙수준에 따라 이에 적합한 리더십 행동을 취함으로써 부하로 하여금 성숙한 개인으로 자아실현 욕구를 충족시키라는 것이었다. 그 뒤 그는 여러 베스트셀러를 내놓았다. 우리가 익히 아는 것으로 「칭찬은 고래도 춤추게 한다」, 「경호」가 있다. 이 제목만 들어도 '아, 그 사람'이라 할 독자도 많을 것이다.

요즘 그는 부쩍 기독교관계 저서를 내놓고 있다. 「예수는 어떻게 12제자를 위대한 리더로 키웠는가」, 「섬기는 리더 예수」. 이렇게 된 데는 그의 친구 목사 호지스(P. Hodges) 와 함께 책을 쓰기 때문이다. 두 사람은 비영리선교단체 'Lead Like Jesus'를 함께 설립하여 섬기는 리더십을 전파하고 있다. 이번에 소개할 책도 두 사람이 함께 쓴 우화적 소설 「사랑으로 소문난 교회」(최종훈 옮김, 포이에마)다. 원제목은 「동네에서 가장 사랑이 넘치는 곳」. 말로만 아니라 행동으로 사랑을 실천해야 한다는 것을 가르쳐 주고 있다.

블랜차드는 켄블랜차드컴퍼니의 회장이자 CSO(Chief Spiritual Officer). 자신을 CEO라 하지 않고 CSO라 한 것도 특이하다. 최고 영성책임자라는 것이다. 이런 그가 사랑의 영성을 가지고 우리에게 도전하고 있다. 프레드릭 테일러는 청교도 정신을 경영에 접목시켜 과학적 관리의 아버지가 되었다. 막스 베버는 프로테스탄트 윤리를 근대자본주의 정신의 근간으로 보았다. 골렘비우스키는 기독교윤리에 바탕을 둔 도덕적 가치 실현을, 노먼 빈센트 피일은 적극적 사고방식에 따른 도전정신을 주창했다. 그리고 목표관리(MBO) 철학을 도입한 피터 드러커는 릭 워렌 목사에게도 영향을 주어 '목적이 이끄는 삶'의 중요성을 일깨워주었다. 이제 경영학자 블랜차드가 예수의 리더십, 곧 섬김의 리더십의 기치를 높이 들고 있다.

「사랑으로 소문난 교회」는 비컨 힐 커뮤니티 교회다. 이 교회는 처음부터 사랑이 충만한 교회는 아니었다. 어쩌면 물량주의에 물든 현대의 대표적 교회가운데 하나였다. 예배당의 크기와 시설, 출석교인 수, 각종 프로그램과 특별행사 등 외적 기준으로 보면 성공한 교회다. 그러나 내면으로 들어가면 문제가 많다. 겉은 멀쩡한데 속은 곪아가고 있기 때문이다. 그 핵심원인은 바로 사랑결핍증이다.

이 교회 담임목사 팀 매닝이 교회의 외면적 성장에 자만해 있을 때 한 통의 편지가 날아든다. "사랑하는 목사님께." 처음엔 갈채를 보내고 있었다. 그러나 "이렇게 글을 적어 보내는 건 반드시 알려드려야 할 중요한 사실이 있기 때문입니다. 보아하니 첫사랑을 잃어버리셨더군요. 알고 계십니까?" 하나님을 사랑하고 네 이웃을 사랑하라는 가장 큰 가르침에서 벗어나 표류하고 있다는 것이다. 성공제일주의에 빠져있다는 것도 지적하였다. 이 부분을 읽었을 때 팀의 넋이 나간 듯 했다. 기쁨은 순식간에 좌절로 바뀌었다. 누가 썼는지 알 것도 같았다. 그동안 인내의 한계를 시험하던 비판자 가운데 하나가 아니겠는가. 말도 안 되는 소리. 그는 편지를 쓰레기통에 집어넣고 말았다. 이것이 목회자 대부분의 반응이리라.

그 때 전화벨이 울린다. 교회 성가대 오디션에 떨어졌던 자매 대니 윌슨이었다. 오디션엔 떨어졌지만 레스토랑에서 일자릴 얻었단다. 그러면서 조용히 교회를 떠날까 했는데 목사님께는 알려야 할 것 같아서 전화했단다. "왜 그런 결정을?" "기본적인 문제는 우리 동네에서 가장 사랑이 넘치는 곳이 아니라는 점 때문이지요." 그 순간 쓰레기통에 던져진 편지의 문구가 생각났다. 하나님이 교회에 보내는 메신저들이 아닐까. 하나님은 이런 방식으로도 교회를 움직이시는구나.

익명의 편지와 대니의 전화에 결정타를 맞은 목사는 고민한다. 그리고 다시 편지를 집어 읽는다. "하지만 아직 다 끝난 건 아니니까 너무 걱정하지 마십시오. 목사님이 변화를 이끄셔야 합니다. 성령님의 인도하심을 따라가면 얼마든지 가능한 일입니다. 첫사랑을 되찾는 길은 목사님에게서 비롯된다는 것을 잊지 마십시오." 편지에는 대안까지 제시하고 있었다.

목사는 주님 앞에 무릎을 꿇었다. 그리고 우리 삶의 지휘관 되시는 성령님께 도움을 요청했다. 교회 프로그램으로 바빠 성령님에 대해 생각해본 적이 없었던 그간의 잘못도 회개했다. 변화는 그렇게 시작되었다.

가장 인상적인 것은 제직수련회 마지막 때 벌린 자유토론 시간. 소그룹으로 나눠 교회가 첫사랑의 감격을 회복할 수 있는 방안을 내놓았다. 아이디어가 나오면 화이트보드에 적으며 실행계획을 짜 나갔다. 비컨 힐 교회를 '동네에서 가장 사랑이 넘치는 곳'으로 만드는 교회 비전 세우기, 고린도전서 13장에 나타난 사랑의 아홉 가지 요소를 중심으로 예배를 드리고 말씀 선포하기, 예수사랑 실천 방법을 주제로 한 6주간 소그룹 성경공부, 사랑회복을 위한 정기적 기도시간 갖기 등이 주목을 받았다. 문제해결의 빛이 보인다.

이런 노력 끝에 교회는 봉사와 구제 부문에서 큰 진보가 있었다. 자기만 생각하던 교회가 지역사회로 사랑의 범위를 넓힌 것이다. 어느 날 목사가 교회 봉사단원들과 함께 공사장에서 땀을 흘리고 있을 때 누군가 말을 걸어왔다. "도와드릴까요?" 옛 친구이자 숙적인 고든 이었다. 고든과 팀은 함께 판자를 들어 올려 지붕 골조 위에 내려놓았다. 그리고 서로 화해했다. 그 순간 팀은 편지 생각이 났다. "사랑을 회복하면 목사님과 비컨 힐 교회는 상상을 초월하는 축복을 누리게 될 것입니다." 팀은 고든을 바라보았다. 주님의 말씀이 떠올랐다. "내가 너희를 사랑한 것같이 너희도 서로 사랑하라." 고통과 흑암의 자리에서 기쁨이 솟아난다.

이 책은 단순한 소설이 아니다. 한국교회의 근본적 변화를 촉구하는 주님의 메시지다. 이젠 한국교회도 교회의 외면보다 내면의 건전성을 회복할 필요가 있다. 당신의 교회는 첫 사랑을 간직하고 있는가. 아니 당신의 가정은 어떤가.

## 11. 분열을 막는 사랑

사회생활을 하다보면 분열을 종종 경험한다. 생각이 다른 것까지는 이해하지만 고집을 세우다 보면 자존심 상하는 일이 발생하기 때문이다. 교회라고 예외는 아니다. 집안이라고 예외도 아니다. 분열은 사회관계에서 언제나 존재한다. 문제는 이것을 얼마나 그리스도인답게 풀어 가는가 하는 점이다.

바울은 옥중에서 에베소교인을 향해 이런 편지를 썼다. "그러므로 주 안에서 갇힌 내가 너희를 권하노니 너희가 부르심을 받은 일에 합당하게 행하여 모든 겸손과 온유로 하고 오래 참음으로 사랑 가운데서 서로 용납하고 평안의 매는 줄로 성령이 하나 되게 하신 것을 힘써 지키라"(엡4:1-3). 교회 내에 존재하는 분열의 문제를 풀기 위해 먼저 부르심을 입는 너희가 그 부르심에 합당하게 행동하라 한다. 부르심에 합당한 행동은 바로 겸손, 온유, 오래 참음, 사랑가운데 서로 용납함, 그리고 성령 안에서 하나 되는 것이다.

이 모든 것을 하기 위해 필요한 것은 그리스도의 사랑이다. 사랑이 없다면 그 겸손, 그 용서는 물거품이 되기 쉽다. 하지만 이미 갈라진 마음을 잇기에 충분한 사랑이 우리 안에 있을까. 그동안 미워하느라 사랑은 너무 말라 가뭄의 논바닥처럼 쩍쩍 갈라져 있을 것이다.

우리 힘으로는 할 수 없다. 사랑할 수 없는 사람을 사랑한 주님, 용서할 수 없는 사람을 용서한 주님을 바라보며 간청한다. "주님, 제 힘으로는 도저히 할 수 없습니다. 도와주세요. 용서할 수 있는 힘, 사랑할 수 있는 힘을 주십시오." 주님은 우리에게 직분을 주셨다. 그 직분은 바로 서로 사랑하는 것이다. 사랑하는 자의 증거를 보일 때 그 때 "내 제자인줄 알리라" 하셨다. 사랑은 동사다. 분열을 막기 위해 주님의 사랑이 절대 필요하다.

사랑은 나의 선택이 아니다. 하나님의 명령이다. 용서는 권면이 아니다. 준엄한 하나님의 명령이다. 주님은 제자들에게 자신의 성품을 삶에서 드러내도록 하셨다. "누가 뉘게 혐의가 있거든 서로 용납하여 피차 용서하되 주께서 너희를 용서하신 것과 같이 너희도 그러하고"(골3:13). "신령한 너희는 온유한 심령으로 그러한 자를 바로잡고"(갈6:1). 우리 내면에 뿌려진 주님의 사랑과 용서를 우리 속에서 꽃 피우는 것이다. 그럴 수 있다고 믿기 때문에 서로 사랑하라, 용서하라 하신다.

가끔 이런 생각을 해본다. 애굽에 팔려간 요셉이 전혀 형들을 원망하지 않았을까. 그도 인간이다. 우리가 생각하기 어려울 정도로 가슴앓이를 했을 것이다. 끝에 가서는 형들을 용서했지만 그 용서가 단번에 된 것은 아니었으리라. 수많은 밤 잠 못 이루며 기도하고 또 기도하며 매달렸을 것이다. 결국 이렇게 된 것도 하나님의 뜻이 있었을 것이란 결론에 도달했을 때 비로소 용서가 가능하지 않았을까. 요셉이 자신의 문제를 자기의 관점이 아니라 하나님의 관점, 곧 하나님의 섭리라는 관점에서 풀어갔을 때 그를 괴롭게 했던 문제들이 일시에 해결되었다. 그 때부터 그는 원망을 접었다. 그는 더 이상 개인의 감정을 앞세우는 인간이기보다 사실을 객관화하면서 그 사실 속에 임한 하나님의 섭리를 찾는 하나님의 사람이 되었다. 자신을 향한 하나님의 선한 뜻을 믿고 나아갈 때 평안이 그의 마음을 장악했다. 그래서 훗날 형제를 만났을 때 "하나님이 큰 구원으로 당신들의 생명을 보존하고 당신들의 후손을 세상에 두시려고 나를 당신들 앞서 보내셨나니 나를 이리로 보낸 자는 당신들이 아니요 하나님이시라"(창45:7, 8) 선언할 수 있었다.

그리스도의 사람은 바로 이런 마음가짐이 필요하다. 사람들은 자신의 상처에 집중한다. 그러나 그리스도인은 처음 잠시는 몰라도 지속적으로 자신의 상처에 집중하지 않는다. 참된 영성은 얼마나 옳고 그른가를 따지는 데 있지 않다. 주님의 십자가를 생각하며 얼마나 사랑하고 용서할 수 있는가의 문제다. 나를 상대화하라. 나의 상처를 상대화하라. 오직 주님을 바라보라.

미워하는 것과 사랑하는 것 중 무엇이 쉬울까. 미움? 미워하면 자신만 괴롭다. 사는 것이 사는 것이 아니다. 차라리 사랑을 선택하라. 그것을 택하면 오히려 마음이 편해진다. 이런 의미에서 사랑의 선택이 더 현명하다. 사랑하고 용서하면 하나님이 내 원수의 목전에서 내 앞에 상을 베푸신다. 용서하는 삶을 살라.

주님은 말씀하신다. "너희 속에 소금을 두고 화목 하라." 상대를 절이려 하지 말고 나를 절여야 한다는 말이다. 주님은 우리 가운데 분열을 원치 않으신다. 그리스도의 사랑으로 틈에서 새어나오는 분노와 불만을 막으라 하신다. 그리스도의 사랑은 상한 관계의 영원한 치료약이다. 화해는 축복의 회복이다.

"그러므로 너희는 하나님이 택하사 거룩하고 사랑 받는 자처럼 긍휼과 자비와 겸손과 온유와 오래 참음을 옷 입고 누가 누구에게 불만이 있거든 서로 용납하여 피차 용서하되 주께서 너희를 용서하신 것 같이 너희도 그리하고 이 모든 것 위에 사랑을 더하라 이는 온전하게 매는 띠니라 그리스도의 평강이 너희 마음을 주장하게 하라 너희는 평강을 위하여 한 몸으로 부르심을 받았나니 너희는 또한 감사하는 자가 되라"(골3:12-15). 사랑은 우리를 온전하게 매는 띠다. 사랑은 허다한 죄를 덮고 하나님을 알게 한다. 사랑하지 못하면서 하나님 을 사랑한다는 말은 거짓이라 하지 않았는가.

"사랑은 언제까지 떨어지지 아니하고"(고전13:8). 사랑은 분리가 아니라 연합이다. 우리가 천국에서도 해야 할 일은 사랑이다. 천국에서 우리는 주님과 대면하게 될 것이다. 그 때 주님의 얼굴을 보면 사랑이 무엇인지, 사랑이 얼마나 귀중한지를 더 깨닫게 될 것이다. 그 때까지 기다리지 말고 지금 사랑하자. 분열하지 않는 사랑을.

##  12. 오펜하이머의 양심 이야기

원자폭탄의 아버지는 로버트 오펜하이머다. 그는 39세(1943년) 나이로 미국 로스알라모스 연구소장에 올라 원자폭탄 개발을 주도 했다. 히로시마 원자폭탄 투하로 제2차 세계대전이 막을 내리자 트루먼 대통령은 그를 초청했다. 승전의 기쁨을 만끽하는 자리다.

하지만 오펜하이머의 마음은 무거웠다. 대통령을 만난 자리에서 그는 어렵게 입을 열었다.

"각하 제 손에 피가 흐르는 것 같습니다."

양심의 가책을 호소한 것이다. 인류최초로 대량 살상무기를 개발하고 그로인해 인류가 죽어가는 것을 지켜보아야 했던 오펜하이머, 참회하기엔 이미 때는 늦었다. 너무나 많은 사람들이 일순간에 죽었기 때문이다.

그 뒤 그의 양심은 원자력의 국제 관리를 주장하며 원폭 제조금지와 사찰을 강조하는 것으로 이어졌다. 하지만 정세는 그의 양심에 비수를 댔다. 매카시즘의 손길이 그에게도 뻗친 것이다. 1954년 엄격한 개인 심사를 받았고 청문회에도 소환되었다. 소련 및 공산당과의 연루 혐의가 있다는 것이었다. 그것은 표면적인 이유이고, 사실은 수소폭탄 제조 반대에 대한 괘씸 죄가 컸다. 시련이 아닐 수 없었다.

결국 그는 정부의 비밀서류 접근과 출국이 금지되었다. 청문회 후에는 모든 공직으로부터 추방됐다. 그는 과학자이면서도 8개국 언어를 익혀 플라톤의 대화편을 그리스 원어로 읽고, 산스크리트어로 된 고대 인도의 영웅시 바가바드기타를 외울 정도로 다재다능했던 사람이었다. 인간애도 강했다. 그런 그가 양심을 내걸고 핵무기 제조를 반대한 것은 당연한 일이다. 그러나 각국은 경쟁적으로 핵무기를 제조하였고, 오펜하이머는 1967년 2월 쓸쓸히 숨을 거두었다.

오펜하이머 이 이야기는 우리로 하여금 양심이 무엇인가를 다시 한 번 생각하게 한다. 양심(conscience), 이것은 도덕적인 기준으로 옳고 그름을 말한다. 복음서에서는 단 한 번 나오지만(요8:9) 바울이나 베드로는 여러 번 사용하였다(롬2:14-15;고후1:12;벧전3:21).

양심은 헬라어 '쉬네이데시스'(suneidesis)로 '함께 안다'(knowing together)는 뜻을 가지고 있다. '나 외에 또 다른 존재'가 알고 있다는 것이다. 이 존재가 나의 행동에 대해 판단하는 기능을 한다.

동물은 본능적으로 행동한다. 하지만 사람은 양심에 따라 행동한다. 인간은 본능이 아니라 양심에 따라 행동한다는 점에서 동물과 다르다. 신앙적으로 볼 때 양심은 죄악 탐지기 역할을 한다. 우리에게 양심이 있다는 것은 하나님이 마지막까지 우리를 붙잡고 있음을 보여준다.

양심에는 선행양심과 후행양심이 있다. 선행양심은 우리에게 미리 '이런 짓을 하면 안 된다'고 경고한다. 후행양심은 우리가 잘못을 저질렀을 경우 찌른다. 반면에 잘한 경우 양심은 우리에게 뿌듯한 만족감을 준다.

이 양심은 다음과 같은 성격을 가지고 있다.

첫째, 양심은 판단적 기능을 가지고 있다. 그 판단은 매우 단언적 (categorical)이다. 단언적이란 어떤 일에 대해 '옳다 그르다'고 말한다.

둘째, 양심은 뇌물로도 살 수 없다. 뇌물성이 있는 경우 양심은 이를 그른 행동으로 판단한다.

셋째, 양심은 논쟁을 허락하지 않는다. 한 번 내린 판결로 끝낸다. 그래서 양심은 절대적 판단을 한다.

넷째, 양심은 다른 것과 비교되지 않는다. 자신이 한 번 내린 판단은 어느 누구의 것과 비교를 허락하지 않는다.

끝으로, 양심은 최종적이다. 1심, 2심, 3심도 없다.

오펜하이머 이야기가 나왔으니 현재의 핵문제를 거론하지 않을 수 없다. 이것이 우리의 양심을 촉구하는 일이 되었으면 한다.

핵에 의한 지구멸망까지 몇 분이 남았는가를 보여주는 종말시계가 있다. 미국에서 발행되는 한 원자과학 잡지의 표지시계로 4년마다 지구상의 핵전쟁 위기나 핵문제의 심각성을 감안, 시계의 세계적인 권위가 12명이 공청회를 열고 그 시간을 교정해서 발표한다. 바로 1995년에 그 종말시계의 시간교정이 있었는데, 종말 14분전으로 발표되었다.

이 시계는 제2차 세계대전이 끝난 지 2년 후인 1947년에 등장했다. 그 때의 종말시간은 7분전이었다. 그 후 핵 위기의 부침으로 14번 시계바늘이 오르내리다가 여태까지는 종말시간에서 가장 멀리 떨어져 있는 17분전이었다. 그런데 현재 그 시간은 종전시간보다 3분이나 앞당겨진 것이다. 이렇게 앞당겨진 것은 프랑스의 핵실험 재개와 핵불확산 조약의 무기연기, 북한 핵의 불확실성, 구소련의 핵물질관리의 불안과 테러 목적에 핵 이용 가능성이 높아진 것이 참작되었겠지만 전반적으로 핵 환경이 악화되었기 때문이다.

제3차 또는 제4차 세계대전이 일어나면 그것은 핵전쟁이 되리라는 전망을 하고 있다. 그래서 일부 국가는 핵개발에 목숨을 걸고 있다. 자국의 핵 지위를 높여 국제관계에서 우위를 점하고 싶기 때문이다. 만일 유엔이 그것을 제재하지 못할 정도로 무력화된다면 세계는 파국을 경험하게 될 것이다. 그 파국은 치명적이다. 인류의 생존과 지구 자체를 위험에 빠뜨리는 결과를 낳기 때문이다. 이 위험 앞에 오펜하이머의 양심이 가동될 필요가 있다. 바울은 말한다. "믿음과 착한 양심을 가지라 어떤 이들은 이 양심을 버렸고 그 믿음에 관하여는 파선하였느니라"(딤전1:19). 시급하다.

 **13. 급진적 크리스천**

"의에 주리고 목마른 자는 복이 있나니 그들이 배부를 것임이요." 이 말씀을 읽을 때 어떤 생각이 나는가? 아, 그 말씀, 마태복음 5장 6절에 있는 예수님의 산상수훈 아닌가. 그렇다. 그러나 그 말씀이 지금 당신에게 어떻게 다가오는가? 이것이 중요하다.

존 스토트는 이 말씀에 대해 적지 않은 의미를 부여한다. 그는 그 말씀을 접하면서 종교 뿐 아니라 인간의 삶 전체에 관심을 가지고 계신 주님께서 아주 작심하고 그 말씀을 하셨다고 본다. 목적이 있다는 것이다. 어떤 목적일까? 그것은 하나님의 의가 개인적인 거룩함 뿐 아니라 사회 정의에도 미쳐야 한다는 것이다. 이런 의미에서 볼 때 하나님의 의는 단지 우리가 마음에 담고 있어도 되는 소유의 개념이 아니라 행동으로 펼쳐야 하는 능동적인 개념이다. 이 말씀을 통해 우리가 어떻게 이웃을 사랑하며 사는 방법을 가르쳐 주셨다.

그래서 스토트 목사도 작심하고 말한다. 복음주의 크리스천들에게 개인의 영성과 구원이 필요하다. 그러나 이것으로 만족해서는 안 된다. 우리 모두는 사회 문제에도 깊은 관심을 가져야 한다. 21세기의 크리스천들은 사회에서 적극적으로 빛과 소금의 역할을 담당하는 '급진적인 크리스천'(radical Christian)이 되어야 한다.

급진적 크리스천이 되어야 한다고? 급진적이라는 단어가 마음에 걸릴 수 있다. 그러나 너무 심각하게 생각할 필요는 없다. 이웃사랑은 우리에게 주어진 과제다. 그럼에도 불구하고 급진적이라는 단어를 사용한 것은 우리가 그 사랑을 함에 있어서는 턱 없이 부족했다는 것을 드러내기 위한 것이다.

이사야나 아모스를 보면 이미 그들은 급진적이 되었다.

- "가난한 자를 불공평하게 판결하여 가난한 내 백성의 권리를 박탈하며 과부에게 토색하고 고아의 것을 약탈하는 자는 화 있을진저"(사10:2).
- "가난한 자를 삼키며 땅의 힘없는 자를 망하게 하려는 자들아 이 말을 들으라"(암8:4).

이스라엘을 그토록 강한 어조로 비판하는 것은 이 문제에 관한 한 문제가 많았기 때문이다. 그 선지자들의 마음을 스토트가 가진 것이다.

스토트는 74년 1회 로잔대회를 회상한다. 당시 복음주의 크리스천들이 주님의 지상명령을 수행하기 위해 모였다. 그리고 선언문을 채택했다. 그것이 로잔정신이 되었다. 참석자들은 그 정신에 따라 선교사역을 감당하고, 그 정신에 따라 삶을 살겠다고 했다. 그러나 지금 어떻게 되었는가. 로잔정신은 퇴색되고, 그리스도인들은 그 선언과는 거리가 먼 삶을 살고 있다. 의지가 부족한 것일까, 아니면 로잔정신이 잘못된 것일까.

그것은 그 선언이 잘못 되었기 때문이 아니라 우리의 실천의지가 약했기 때문이다. 로잔정신은 변질 될 수 없다. 주님이 가르치신 삶을 그대로 구현하겠다는 것이 잘못된 것일 수 없다.

그는 다시 말씀으로 돌아간다. 그리고 그 말씀이 강하게 역사함을 느낀다. 오늘 그의 마음을 움직이게 한 말씀은 바로 의에 주리고 목마른 자이다. 우리는 정말 의에 주리고 목마를 정도로 우리 삶에서 그리스도의 말씀을 실천하고 있는가. 그에 대한 대답이 약하거나 주춤거린다면 문제가 있다.

스토트는 지난 시절 자신의 대사회적 관심이 복음 전파에 대한 열정을 결코 감소시키지 않았다고 말한다. 그리고 우리에게 주문한다. 진정한 크리스천은 개인과 사회의 구별 없이 하나님의 뜻에 따르는 삶을 살아야 한다.

하나님은 말씀하신다. "나는 목마른 자에게 물을 주며 마른 땅에 시내가 흐르게 하며 나의 영을 네 자손에게, 나의 복을 네 후손에게 부어 주리니"(사44:3). 주님은 의에 주리고 목마른 자에게 배가 부르게 될 것을 약속하셨다. 그 배는 육적인 배부름이 아니다. 영적인 풍성함이다. 하나님의 의가 우리 안에 넘칠 때 그 나라가 풍성하게 임한다. 스토트는 풍성함의 비결을 가르쳐 준다. 주님도 새 계명을 주시지 않았는가. 이웃을 사랑하라고. 그 계명은 사실 새 계명이 아니다. 처음부터 주신 계명이다. 그런데 왜 새롭다 하시는 가. 다시 시작하라는 말씀이다. 그렇다 다시 시작하는 것이다. 그것 이 우리가 지금 해야 할 일이다.

##  14. 강요당하지 않을 자유

오바마 대통령이 카이로 대학에서 아주 의미 있는 연설을 했다. 무슬림과의 대화를 트겠다는 의지아래 행해진 그의 연설에서 종교 는 여러 키워드 가운데 하나였다.

그는 종교에서 두 가지를 강조했다. 첫째, 모든 종교는 평화를 말한다는 사실이다. 이슬람의 코란에서도 평화를 말하고, 유대인의 탈무드에도 평화를 말한다. 기독교도 평화를 말한다. 그렇다면 이 것을 실천에 옮겨야 하지 않겠느냐는 것이다. 당연한 말이다. 종교 가 모두 평화를 강조하는데 이것을 실천하지 못한다면 그것은 모 두 우리의 책임과 의무를 다하지 못한 것이다.

둘째, 오바마 대통령은 종교는 강요가 아니라 설득이라 했다. 설 득하고 마음으로 믿게 하는 것이 종교가 할 일이다. 그것이 강압적 으로 된 것이라면 바른 종교, 바른 믿음이라 할 수 없다.

이 연설에서 나는 두 번째에 주목하고자 한다. 어느 사회나 종교는 자유여야 한다고 한다. 그러나 그 적용에 있어서는 나라마다 차이가 있다. 어느 나라에서는 특정 종교가 국교화 되어있어서 다른 종교가 들어가기 어렵다. 벽이 너무 두껍기 때문이다. 설령 그 벽의 어느 한 부분이 열려 들어갔다 해도 곧 고사된다. 살아남기 어려운 탓이다.

법적으로는 종교를 용인하면서도 종교행위 자체를 미신으로 여겨 종교에 대해 배타적인 나라도 있다. 이 때 종교 자유는 그저 법적으로 포장된 미사여구에 불과하다. 포교행위를 금지한다든지, 심지어 믿을 자유도 있지만 믿지 않을 자유도 있다고 말한다. 믿지 않을 자유가 있기 때문에 종교가 강요성을 띠어서는 안 되고, 따라서 공개전도가 허용되지 않는다. 그 나라엔 종교가 비집고 들어갈 틈이 없다. 그렇다면 그런 나라에 종교가 없는가? 그렇지 않다. 대부분의 경우 국가가 내건 정치적 이데올로기나 감히 넘볼 수 없는 정치 지도자의 위세가 종교로 작용하기도 한다. 정치적 요소가 종교역할을 대신 하는 것이다. 그리고 그 요소가 강하게 작용하고, 다른 요소가 들어올 수 없도록 만든다. 그러므로 이것은 종교에 대한 정치의 자기방어라 할 수 있다.

최근 기독교의 전도방식에 대해 비판이 높다. 너무 강압적인 전도를 한다는 것이다. 사실 믿음이란 마음의 작용이기 때문에 강압이나 강요가 작용되는 것이 아니다. 그런 믿음은 오래 가지 못하고, 조금만 어려움에 처하면 버리게 된다. 뿌리가 없는 나무와 같다. 따라서 우리로서도 이러한 전도는 바람직하지 않다.

오바마의 말대로 종교는 마음을 움직이는 데 있다. 따라서 기독교도 마음을 움직이는 쪽으로 가야 한다. 그것이 예수님의 방법이다. 주님은 거듭남과 변화를 강조하시지 않았는가. 기독교는 감동을 주는 종교, 신뢰할 수 있는 종교, 그리고 사회를 건강하게 만드는 종교로서의 역할을 담당해야 한다.

현재 기독교는 사회로부터 지탄을 받고 있다. 감동을 주지 못한다는 것이다. 기독교인과 비기독교인 사이에 다른 점이 뭐가 있는가 묻는다. 신앙인이 비신앙인과 하등 다르지 않다면 문제가 크다. 그 차이가 감동의 차이로 연결될 수 있기 때문이다. 감동을 주지 못하는 가운데 신앙인이 오히려 지탄의 대상의 된다면 일반인이 교회를 찾을 이유가 없다.

초청을 받은 자리에서 가끔 술이 나온다. 권한다고 사양하지 않고 마시면 나중에 말이 들려온다. "아무개 가짜 기독교인가 봐. 술 잘 마시던데." 그러면 전도하기 힘들다. 같이 술을 마신 사람을 자기와 결코 다르지 않은 사람으로 생각하기 때문이다. 훗날 종교에 관심이 있어 그들이 찾는 사람은 같이 술을 마신 사람이 아니라 술을 마시지 않고 아예 처음부터 잔을 덮는 사람이다. 그 차이가 감동을 주기 때문이다. 그래서 그리스도인은 언제 어디서나 마음가짐, 몸가짐에 정숙할 필요가 있다. 생활이 곧 전도다.

나아가 전도하는 사람, 특히 전문인 선교사와 같은 요원들은 그 전문성에서 탁월할 필요가 있다. 성경을 가르치면 그 가르침에서 뛰어나야 한다. 교수의 경우 교실에서부터 강의를 잘해야 한다. 강의도 못하면서 전도하면 진지하게 받아들이지 않는다. 전문인 선교사는 다양하다. 다양한 만큼 그 분야에서 최고의 전문성을 발휘하라. 그 발휘된 전문성만큼 하나님께 영광을 돌릴 수 있다.

마지막으로 중요한 것은 전도자의 몸가짐과 마음가짐이다. 전도는 테크닉으로 하는 것이 아니라 하나님의 방법, 곧 사랑으로 한다. 하나님의 사랑으로 나아갈 때 성공할 수 있다. 겸손하게 낮아지고, 기도하며, 섬길 때 상대의 마음이 갈아지고 옥토로 변한다. 그 속에 씨를 뿌리면 하나님은 자라게 하신다. 언제나 십자가의 사랑으로 나아가라. 그러면 주님은 열매를 기쁨으로 거두게 하신다.

## 15. 개척자 정신

미국하면 세계경제와 정치를 주도하는 나라, 청교도들이 박해를 피해 이주한 나라, 기회의 땅 등 여러 명칭이 붙어 다닌다. 하지만 무엇보다 빼놓을 수 없는 것은 개척자 정신(frontier spirit)이 풍부한 나라 아닐까. 유럽 각국에서 이주한 사람들이 정착과정에서 인디언들에게 행한 비인간적인 처사 때문에 한 풀 점수는 깎이지만 그래도 낯설고 험난한 땅에 와서 그들이 이뤄낸 일들을 보노라면 개척자 정신이 가진 힘이 얼마나 큰가를 읽을 수 있다. 그 개척자 정신이 어찌 그 때뿐이랴. 그것은 오늘날 기업가 정신(entrepreneurship)으로 나타나고, 표현만 다를 뿐 창의성개발, 경쟁력, 핵심역량의 극대화 등 다양한 경영용어로 등장하고 있다. 성공을 꿈꾸는 사람이라면 무엇보다 필요한 것이 개척자 정신이리라.

1961년 케네디는 미국의 35대 대통령으로 취임하면서 내외정책의 슬로건으로 뉴프런티어(new frontier) 정신을 내걸었다. 뉴프런티어라고 한 것은 과거 미국인이 건국 초 불모의 서부지역을 개척함에 있어서 생명의 위험과 모든 난관을 인내와 불굴의 정신으로 이겨낸 것과 같이, 미국이 앞으로 어떠한 난국에 직면해도 이러한 희생정신과 불굴의 개척자정신으로 타개해 가자는 것이다. '뉴'라는 것에는 민주당의 루스벨트대통령이 사용한 '뉴딜'을 계승한다는 뜻도 포함되어 있다. 이 슬로건은 우주개발 및 쿠바미사일위기에 단호한 태도로 구체화되었다. 이것은 개척자 정신이 시대를 뛰어넘어 존재한다는 것을 보여준다.

개척자 정신은 무엇보다 미국의 이민역사와 괘를 같이 하고 있다. 지금도 맨해튼 옆에 자리한 엘리스 섬에는 초기 이민자들의 애환이 담겨있다. 섬에 도착해 이민국의 심사를 거친 가난한 이민자들의 모습 속에는 새로운 땅에 대한 기대가 묻어있다. 그 섬을 거친 인물들에는 드볼작, 푸치니, 아인슈타인, 윌슨대통령, 루스벨트대통령, 월터 디즈니 등 훗날 미국을 움직인 명사들이 있다.

우리가 잘 알고 있는 강철왕 카네기(A. Carnegie)도 이민자 출신이다. 카네기는 스코틀랜드 사람이다. 사업을 하던 그는 한 때 사업실패로 어려움에 처하게 되었다. 결국 식구들과 함께 미국으로 이민을 가기로 마음을 먹고 가산을 정리했다. 그래도 식구의 여비를 충당할 수 없었다. 이때 어머니 친구 분이 20파운드나 되는 거금을 빌려주었다. 언제 돌려준다는 보장도 없고, 그것도 멀리 낯선 이국땅으로 이민을 가는 사람들을 어떻게 믿고 돈을 빌려주겠는가? 카네기 가족은 너무 고맙고 감격스러워 꼭 갚겠노라고 약속했다. 식구들은 맨해튼에 도착했다(엘리스 섬이 개방되기 전이었다). 그들은 닥치는 대로 일을 시작했다. 한푼 두푼 저축을 하기 시작해 어느 날 20파운드와 맞먹는 돈이 마련되었다. 그 돈을 송금하던 날 식구들이 함께 모여 서로 축하와 위로의 말을 주고받으며 기뻐했다. 이때 카네기는 아주 의미심장한 말을 했다.

"이제 빚을 갚을 수 있게 되었습니다. 그러나 우리가 받은 은혜는 영원히 갚지 못할 것입니다. 빚은 갚을 수 있을지 몰라도 은혜는 갚을 수가 없기 때문입니다. 우리 식구는 이 은혜에 대해 평생 고마운 마음을 가지고 살아야 할 것입니다."

카네기의 이런 일화는 초기 이민자들이 얼마나 힘들게, 그리고 헌신적으로 살았는가를 보여준다. 그는 훗날 강철왕이라 불릴 만큼 거부가 되었지만 죽기 전에 그 모든 재산을 팔아 사회를 위해 사용했다.

개척자 정신은 백인만의 몫이 아니다. 노예로 팔려와 험난한 삶을 살았던 흑인들의 아픔과 인내, 그리고 그들의 헌신을 잊어서는 안 된다. 흑인 노예 출신으로 땅콩박사가 된 조지 워싱턴 카버(G. W. Carver)가 있다. 그는 1860년 미국 중서부 미주리 주 한 농가에서 태어났다. 태어난 지 얼마 되지 않아 흑인 노예인 어머니는 실종됐고 주인이었던 백인 아버지는 사고로 죽었다. 아이는 남의 집 헛간에서 자라면서 온갖 학대를 당했다. 그러나 아이는 하나님을 의지하면서 신앙으로 모든 어려움을 극복하고 미국 역사에 빛나는 농학박사가 되었다. 그가 바로 땅콩박사 카버다.

카버의 특징은 자신의 처지를 탓하지 않고, 오직 배움에 대한 열정 하나로 그를 가로막은 인생의 모든 난관을 헤쳐 나갔다는 데 있다. 그도 인간이기 때문에 인종차별에 대해 분노의 마음이 없을 수 없다. 하지만 그는 분노의 출구로 혁명적 투사가 되어 그 한을 풀기보다 자신의 일을 통해 많은 사람에게 유익한 존재가 되기로 작정했다. 이것이 바로 개척자 정신이다.

신앙이 좋은 카버는 하나님께 세상의 모든 지혜를 다 알게 해달라고 기도했다. 그러자 하나님은 모든 지혜를 다 안다는 것은 어려우니 땅콩을 연구하라고 말씀하셨다 한다. 그는 땅콩 연구에 매달려 콩 우유를 비롯해 의약품, 화장품, 심지어 인조대리석, 페인트에 이르기까지 콩으로 만들 수 있는 제품 330가지를 발명하였다. 그러나 이보다 더 중요한 것은 동족을 사랑하고 나라를 사랑하는 마음으로 미움과 분노를 바꾸었다는 것이다. 그의 인생을 뒤바꾼 것은 "네가 배운 것을 다시 네 동족에게 나누어주어야 해"라는 말이었다고 한다. 우리는 흔히 "공부해서 남 주나"라고 말한다. 그런데 카버는 공부해서 남 주는 일을 해냈다. 이것이 바로 프런티어 정신이 가진 가치다.

개척자 정신하면 우리는 흔히 최선을 다해 난관을 극복하고 목적한 바를 이루는 것에 한정하는 우를 범하기 쉽다. 물론 이것도 중요하다. 하지만 얻어낸 성과를 어떻게 활용하는가에서 그 정신은 더 빛을 발할 수 있다. 어떤 학자는 미국에서 활발하게 전개되고 있는 자원봉사 활동은 건국초기 개척자 정신에서 유래 했을 수도 있다고 주장했다. 낯선 곳에서 미지의 세계를 개척하면서 살아남기 위해 서로 도와야만 했던 시절 어려움에 처한 사람을 돕는 것은 매우 중요한 일이다. 미국의 서부영화들에서도 종종 이런 경험을 그려내고 있다. 자원봉사정신은 오늘도 계속 이어지고 있다. 어반 인스티튜트(Urban Institute)의 조사에 따르면 55세 이상의 미국인 은퇴자들은 직장을 떠난 뒤 사회적으로 크게 기여하고 있다. 이들은 병약한 사람을 돌보거나 어린 아이들을 맡아 키우기도 한다. 교회나 자선 사업단체 그리고 연극이나 오페라등 문화적 활동에 참여하며 봉사활동을 하기도 하고, 빈곤층 어린이에게 글을 가르치거나, 노숙자들에게 음식을 나눠주고 박물관 안내원으로 봉사하기도 한다. 이런 사회활동은 아무런 금전적인 대가를 바라지 않고 하는 것이기 때문에 미국의 예산에도 크게 도움을 준다. 미국 자원봉사자들의 사회적 기여도를 돈으로 환산하면 일 년에 무려 1600억 달러가 넘는다고 한다. 우리 돈으로 치면 160조가 넘는 액수다.

개척자 정신, 이 어찌 미국인만의 전유물이겠는가? 우리의 삶에서도 개척자 정신으로 기업을 일으켜 나라를 부강하게 만들고 삶의 질을 업그레이드 시킨 인물도 많다. 그런 사람이 있기에 살맛이 나고 함께 살아가는 즐거움이 있다. 개척자 정신은 어떤 특정 인물, 특정 분야에 한정되지 않는다. 어려운 환경 속에서 긍정적으로 살아가며 이웃을 향해 기꺼이 손을 내미는 당신이 바로 개척자 정신을 발휘하고 있다. 누가 알아주든 알아주지 않던 최선의 삶을 살며 당신의 주변에 빛을 밝히는 당신이 있어 좋다. 내일도 개척자 정신으로 승부하라.

 **16. 달란트 찾는 방법**

이랜드에서 발간하는 책 [아름다운 정상]을 읽다가 재미있고 유익한 글을 보았다. 종종 우리는 하나님이 나에게 어떤 달란트를 주셨는지 궁금할 때가 있는데 이 책에서 여러 사람들이 그 답을 내놓았다.

우선 달란트, 곧 재능이란 무엇인가 정의를 내리고 있다. "그 재능은 무엇보다도 내가 좋아하는 일이다. 내가 즐거워하는 일이고, 내가 재미있게 하는 일이다. 내가 그 일에 빠지는 일이다. 무엇보다도 다른 사람이 인정하는 일이다. 그리고 그 재능을 충실히 하기 위해 부단히 노력해야 한다. 카피라이터가 카피 한 줄을 쓰기 위해 필요한 것은 커피 한 잔과 낭만적 분위기가라기보다는 코피를 쏟는 정열과 지혜와 노력이라는 것을 아는 사람만이 그 재능의 주인이 될 수 있다."

먼저 박성수 회장의 글을 보자.

"저는 여유 있는 가정에서 성장했습니다. 대학진학 때문에 서울에 올라왔을 때 부모님께서는 부자들이 사는 지역에 아파트를 얻어 주시고, 매달 상당한 경비를 보내주셨습니다. 그러나 저는 늘 돈이 모자라 계속 부모님께 돈을 더 요청하곤 했습니다. 돈보다 자식 걱정이 되신 어머니께서 상경하셔서 저의 삶을 보시고 야단을 치셨습니다. 저는 옷과 가방을 사들이는 데 필요 이상으로 생활비를 써버렸던 것입니다. '책을 많이 사는 것은 좋다만 옷하고 가방을 너무 많이 사는 것 아니냐 너 이 다음에 옷 장사할래? 가방 장사할래?' 저는 지금 옷장사도 하고 가방장사도 하고 있습니다.

내 달란트는 무엇일까요? 잘 하기도 하고, 좋아하기도 하는 것을 찾아보십시오. 칭찬을 계속 들어왔고, 남에겐 어렵지만 내게는 쉬운 것을 찾아보십시오. 그리고 푹 빠질 수 있는 것을 찾아야 합니다. 또한 남에게 유익을 줄 수 있어야 합니다."

이랜드 사목 방선기 목사도 자기는 평소 글쓰기를 좋아했는데 이것이 자신의 달란트인 것 같다며, 학생 때나 지금이나 그것을 하면 기쁘고, 지칠 줄 모른다 했다. 그에게 있어서 달란트는 글쓰기인 것이다.

달란트하면 늘 걱정되는 것이 우리나라의 획일적 교육이다. 그런 교육은 학교도 문제지만 가정은 더 문제다. 무엇보다 자녀가 무엇을 좋아하고 잘하는가를 알아내어 그로 하여금 기쁘게 그 일을 하도록 해야 하는데 "뭐 그런 것을 해. 커서 밥 빌어먹을 일 있어?" 하며 그 일을 가로막기도 하고, "넌 이것을 해야 해"하며 재능에 관계없이 밀어붙이기 일쑤다. 그렇다 보니 중도탈락도 많다.

연극배우 손숙은 어머니의 교육열에 힘입어 고려대에 진학했다. 어머니는 아이의 교육 뒷바라지를 하기 위해 이사도 마다하지 않을 만큼 열성적이었다. 하지만 손숙이 자신이 소망했던 연극배우로 성공하기까지에는 자신의 판단을 지나치게 고집하지 않는 어머니의 큰 양보가 있었다. 부모가 체면을 고집하지 않고 아이의 적성을 살리기 위해 자신을 양보한 것이다.

타이거 우즈가 골프 선수로 성공한 데에는 아들의 소질을 일찍부터 알아차렸던 어머니가 있었기 때문이다. 처음에는 우즈가 골프를 힘들어 했지만 그의 어머니는 매사 자식의 의견을 존중하고 부모와 충분히 상의를 거쳐 학교 선택부터 학교생활까지 스스로 결정하도록 이끌어 운동과 수업을 효율적으로 병행하도록 했다.

이런 것을 보노라면 어머니의 역할이 얼마나 중요한가를 보게 된다. 무디는 "내가 성취한 것 가운데 위대한 것이 있었다면 그것은 모두 나의 어머니의 덕이고 은혜이다"라고 고백했다. 좋은 부모가 위대한 자식을 낳는다. 나폴레옹은 프랑스인들에게 선언했다.

"프랑스여, 위대한 어머니를 가지게 하라. 그리하면 위대한 자녀들을 가지게 될 것이다." 위대한 어머니는 우리가 가진 것 가운데 가장 위대한 보배이다. 특히 자식의 달란트를 잘 키우는 부모는.

며칠 전 집안 모임에서 큰 처남이 입을 열었다. 미국유학을 하고 오신 아버님이 피아노를 부쳐 오셨다. 어머니가 자식들에게 피아노 교습을 시켰다. 큰 딸부터 교습이 시작되었다. 하지만 처남 자신은 적성이 맞지 않는 것 같아 포기했다. 어머니가 말했다. "너 나중에 어머니 원망하지 마." "절대 원망 안할게요." 그래서 자기는 넘어갔다. 가장 적성에 맞는 사람은 그 당시 가장 어린 딸이었다. 그 딸은 시키지도 않는데 늘 피아노와 함께 살았다. 결국 그 딸은 음대에 들어갔고, 미국교회에서 인정하는 성가대 반주자가 되었다. 어느 교인은 그 반주를 듣고 싶어 교회에 온다고 했다.

달란트는 하나님이 우리 각자에게 주신 독특한 재능이다. 우리는 그 재능을 마음껏 발휘하며 살아야 한다. 부모는 자신의 욕구보다 자식의 달란트를 발견하고 키워줄 책임과 의무가 있다. 주님이 주신 재능을 땅에 묻는 것처럼 어리석은 것은 없다. 당신이 좋아하는 일을 하라. 그 일을 통해 사회뿐 아니라 주님의 나라에 유익이 되게 하라.

"두 달란트 받았던 자도 와서 이르되 주인이여 내게 두 달란트를 주셨는데 보소서 내가 또 두 달란트를 남겼나이다"(마25:22). "다섯 달란트 받았던 자는 다섯 달란트를 더 가지고 와서 이르되 주인이여 내게 다섯 달란트를 주셨는데 보소서 내가 또 다섯 달란트를 남겼나이다"(마25:20). 우리 모두 주님 앞에서 계산하는 날, 이 같은 고백이 있기 바란다.

# 17. 고백의 십일조 정신

교회 생활을 하다보면 기꺼이 십일조를 낸다. 십일조의 기쁨을 아는 사람은 십의이조, 아니 삼조도 드린다. 그러나 이것에 익숙지 않으면 적은 금액도 아깝다.

아까운 생각이 든 어떤 사람이 이렇게 말한다.

"내 딸이 시집을 가서 개신교회에 다니는데 기특하게 십일조를 하데요. 액수가 적을 때는 문제가 되지 않지만 돈을 많이 벌었을 때는 문제겠어요. 예를 들어 1억을 벌었을 때 천만 원은 내야 하는 데 저라면 어렵겠네요. 또 사업이 잘되었을 때 십일조를 내는 것은 문제없지만 제가 빚지고 어려울 때 하나님께서는 돈을 내주시지 않을 것 아닙니까? 그것 참 문제네요."

반대 질문 하나.

"그럼, 하나님이 당신에게 복을 내리실 때 아까워하시면 어떻게 될까요. 그것 참 문제네요."

십일조(tithe). 이것은 하나님께 드리는 수입의 10의 1을 말한다. 하나님은 이스라엘 백성들에게 땅의 생산물, 나무와 과일, 소와 양의 10의 1을 바치라고 명령하셨다(레27:30-32;신14:22). 십일조는 하나님의 엄한 명령이다. 심지어 십일조를 드리지 않는 것은 하나님의 것을 도둑질하는 행위라 하셨다(말3:8-9). 십일조를 내지 않는 것은 천국탈세자가 되는 것이다.

받은 십일조 중 가장 먼저 하나님의 것을 하나님께 드린다. "너희도 이렇게 이스라엘 백성에게서 받은 십일조 전체에서 야훼의 몫을 나에게 떼어 바치되, 그것을 아론 사제에게 드려야 한다"(민 18:28 공동번역). 백성들은 이 명령을 지켰다. "유다 성들에 사는 이스라엘 사람들과 유다 사람들도 자기 소와 양의 십일조를 가져 왔고 그들의 하나님 여호와께 바칠 거룩한 것들의 십일조를 가져 와 더미를 이루어 쌓아 놓았습니다"(역하31:6 우리말성경).

일부는 레위인들에게 돌아간다. 12지파가운데 땅을 분배받지 못한 그들을 위해 다른 지파들이 십일조를 거둔다. 이스라엘 백성들은 규례에 따라 레위인들에게 십일조를 주었다. "내가 이제 레위 후손에게 줄 것은 이스라엘 가운데서 거둔 십일조 전부이다. 이것은 만남의 장막에서 예배를 보좌한 보수로 주는 것이다"(민18:21 공동번역).

그렇다고 레위인이 십일조 의무에서 제외되는 것은 아니다. 그들도 받은 것에서 십일조를 하나님께 드렸다. "너는 레위인들에게 이렇게 일러주어라. 내가 너희에게 유산으로 주는 십일조를 이스라엘 백성에게서 받거든 너희는 그 십일조에서 십일조를 떼어 야훼께 바쳐야 한다."(민18:26 공동번역). 백성들이 드린 십일조 중 따로 떼어 십일조를 하나님께 드린 것이다. 그래서 레위인의 십일조는 십일조의 십일조다.

십일조를 바치도록 명령한 것은 이스라엘이 아직 광야에 있을 때였다. 그들은 가나안에 들어가 그렇게 될 것을 믿었고, 실제 그렇게 했다. 하나님은 십일조를 통해 미래의 비전을 심어주셨다.

나아가 매3년 끝에 그 해 소산의 십분의 일을 다 내어 레위인 뿐 아니라 나그네와 고아와 과부들에게 주어 배부르게 하도록 했다. 십일조에는 가난하고 어려운 자에 대한 배려의 뜻이 담겨 있다.

"3년째 되는 해, 곧 십일조를 드리는 해에 네가 수확한 모든 것의 십일조를 따로 떼어 놓기를 마치면 너는 그것을 레위 사람들과 이방 사람들과 고아들과 과부들에게 주어라. 그러면 그들이 네 성에서 배불리 먹을 수 있을 것이다"(신26:12 우리말성경).

십일조는 하나님께 대한 감사의 표시요 신앙의 고백이며 예배의 행위이다. 십일조는 돈만 드리는 것이 아니다. 정성을 드린다. 아니 온 마음을 드린다. 한 목사님이 어릴 때 경험이라며 헌금함에 구슬을 넣은 아이에 대해 말하기 시작했다. 고아원에 있었기에 연보를 할 수 없었던 그 아이는 친구들로부터 딴 구슬들을 헌금함에 넣었다. 다른 아이들은 부모로부터 연보를 받아 넣었지만 그 자신은 연보를 줄 부모가 없었기 때문이다. 선생은 누가 구슬을 넣었느냐며 나무라셨다. 그는 울며 말했다. "저에게는 연보를 주실 부모님이 없습니다. 그러나 저에게 귀한 것이 있다면 그것은 구슬뿐이었습니다. 그것을 드린 것입니다." 그 아이는 울며 교회 문을 나섰다. 그리곤 다시는 교회에 오지 않았다. 하나님은 이미 그 아이의 마음을 받으셨을 터인데 사람은 돈이 아니라며 따진다. 그것이 문제다.

어느 추수감사절 예배. 목사님의 설교가 끝나고 감사 예물을 드리는 시간이 되었다. 헌금을 위해 은쟁반이 돌려지자 한 소년이 그 쟁반 위에 섰다. 교인들은 놀라 어찌할 바를 모르고 있는데 소년은 크게 소리쳤다. "저는 지금 가진 제물 없습니다. 하지만 제 몸과 마음을 주님께 드립니다." 그가 바로 리빙스턴이었다. 그는 헌금 대신 자기를 하나님께 드리지 싶었다. 하나님은 그를 기쁘게 받으셨다. 십일조는 정성이다.

"창고에 십일조 전체를 가져다 놓고 내 집에 먹을 것이 있게 하

라. 이 일로 나를 시험해 내가 하늘 창문을 열고 너희가 쌓을 자리가 없도록 복을 쏟아 붓지 않나 보라." 만군의 여호와께서 말씀하셨다." 우리말성경으로 본 말라기 3장 10절의 말씀이다. 이 말씀을 보면 그 시대엔 십일조가 제대로 지켜지지 않았던 것으로 보인다.

참존 화장품의 김광석 장로는 십의 이조를 드린다. 어려운 처지로 쫓겨 다닐 때 어떤 분이 십일조를 하면 하나님이 축복하신다고 말해주었다. 그는 "십의 이조를 내겠습니다. 나를 축복하여 매출을 두 배로 뛰게 해주세요." 기도했다. 그러나 하나님은 8배로 뛰게 해주셨다. 신앙은 상식 안에서 빙빙 도는 것이 아니라 상식을 뛰어 넘어야 한다.

십일조는 무엇보다 자발적으로 드려야 한다(고후9:6-7). 외식으로 드려서도 안 된다. 바리새인은 채소의 십일조까지 드렸지만 주님으로부터 책망 듣지 않았는가(마23:23). 물질의 주인은 하나님이요 우리는 청지기이다. 주님은 우리에게 십일조 이상도 요구할 수 있다. 등소평은 20%를 국가에 바치고 80%를 자기가 갖도록 했다. 이로 인해 중국의 먹을 것을 해결했다. 국가마다 다르지만 상당 수준의 세금을 요구한다. 강제징수다. 그러나 십일조를 강제 징수하지는 않는다. 자발적이다.

하지만 십일조는 명백히 다른 점이 있다. 십일조를 드릴 때 나머지 10분의 9도 하나님의 뜻에 맞게 사용하겠다는 고백이 담겨 있어야 한다는 것이다. 모든 것이 주께로부터 왔고, 우리는 주님의 것을 맡은 청지기로서 주인의 뜻에 합당하게 사용하겠다는 고백이다. 이 고백이 바로 십일조 정신이다.

# 18. 고난 속의 기쁨, 그 역설

"믿음의 주요 또 온전하게 하시는 이인 예수를 바라보자 그는 그 앞에 있는 기쁨을 위하여 십자가를 참으사 부끄러움을 개의치 아니하시더니 하나님 보좌 우편에 앉으셨느니라."

히브리서 12장 2절의 말씀이다. 이번에 여기서 주목할 말씀은 '그 앞에 있는 기쁨을 위하여 십자가를 참으사'이다. 십자가는 고통이다. 고통의 가장 윗자리다. 그 자리에서 주님은 그 앞에 있는 기쁨을 생각하고 참으셨다. 십자가의 고통을 상쇄하고도 남을 그 기쁨이 아니겠는가. 고난과 고통 속에서 기쁨이라, 참으로 역설이 아닐 수 없다. 과연 어떤 기쁨이길래 그것이 가능할까.

개역한글에는 기쁨 대신 즐거움이라는 단어를 사용했다. 다른 성경은 어떤 단어를 사용했는지 보자.

- 그분은 장차 누릴 기쁨을 생각하며 부끄러움도 상관하지 않고 십자가의 고통을 견디어 내시고(공동번역)
- 자기 앞에 놓여 있는 기쁨을 내다보고서(표준새번역)
- 예수님께서는 하나님께서 예비해 두신 기쁨을 기대하셨기 때문에(쉬운성경)
- the joy that was set before him(KJV).

기쁨, 즐거움을 사용한 것에 대해서는 변함이 없다. 주님은 처절한 고난, 그 뒤에 올 기쁨을 생각하며 참으신 것이다. 그 기쁨은 하나님의 원래 자리, 곧 영광의 자리로의 복귀 때문일까. 그것도 아니다. 무엇일까. 그것은 구원사역의 성취다. 자신의 피흘림으로 말미암아 자신의 피조물인 인간이 구원을 받게 되는 그 기쁨이다. 그것을 생각하면 지금의 십자가의 고통도 기쁨이 될 수 있다. 십자가로 의한 치욕과 부끄러움도 아무것도 아니다. 주님 안에는 이 같은 기쁨이 있었다. 그러므로 우리는 주님의 고난을 생각하면서 기쁨도 아울러 묵상할 줄 아는 영안이 필요하다.

그 앞에 있는 기쁨. 그 앞에 있는 즐거움. 이것을 우리 삶에서 비교할 수 있는 것이 있다면 무엇일까. 그것은 산고의 고통이 아닐까. 아내가 첫 아이를 낳을 때 병원에 있었다. 산고가 심해오자 남편이 미운지 나가 있으라 했다. 아픔을 준 장본인이 남편이라 생각했을 터. 그 때 난 미운한 마음도 들고 섭섭하기도 했다. 하지만 이해했다. 얼마나 아프면 그런 말을 했을까. 그런데 아이를 낳은 뒤엔 얼굴에 기쁨이 넘쳐 있었다. 산고의 고통은 다 어디 가고 새 생명을 안는 기쁨으로 가득 찬 것이다. 산고만 생각한다면 어찌 아이를 더 가질 수 있겠는가. 그 앞에 있는 기쁨이 있기에 오늘도 이 땅의 어머니들은 자식을 낳는다.

우리 주님은 신앙생활을 하면서도 이 기쁨을 누리도록 하신다. 다음은 우리로 하여금 기쁨을 가지도록 하신 말씀들이다.

- "어려움과 걱정이 내게 있지만, 주의 명령들이 나의 기쁨이 됩니다."(시119:143).
- "내가 이것들을 너희에게 말한 것은 내 기쁨이 너희 안에 있어 너희 기쁨이 충만하게 하려는 것이다"(요15:11 우리말성경).
- "주께서 나의 마음에 큰 기쁨을 채워 주시니 이 기쁨은 곡식과 새 포도주가 가득할 때의 기쁨보다 더 큽니다"(시4:7 쉬운성경).

- "부당하게 고난을 받아도 하나님을 생각함으로 슬픔을 참으면 이는 아름다우나 죄가 있어 매를 맞고 참으면 무슨 칭찬이 있으리요 그러나 선을 행함으로 고난을 받고 참으면 이는 하나님 앞에 아름다우니라"(벧전2:19, 20).

이 땅엔 참 기쁨이 없다. 오히려 고난과 고통이 더 많을 것이다. 그러나 그리스도인은 오늘의 고난과 고통을 참는다. 우리가 갈 영원한 본향을 생각하며. 그래서 우리는 아직 역설 속에 산다. 주님처럼. 우리 믿음의 선배처럼.

"저희가 이제는 더 나은 본향을 사모하니 곧 하늘에 있는 것이라 그러므로 하나님이 저희 하나님이라 일컬음 받으심을 부끄러워 아니하시고 저희를 위하여 한 성을 예비하셨느니라"(히11:16).

주님은 우리가 기뻐해야 할 이유가 있다고 말씀하신다. 하늘의 기쁨 때문이다. 당신은 바로 이 기쁨을 소유한 그 나라 백성이다.

 **19.** **고난당하신 예수와 허드슨 테일러의 고난**

허드슨 테일러는 중국 선교사에서 가장 먼저 언급되는 분일만큼 중요한 인물이다. 그는 이미 네 살 때 "내가 크면 중국에 선교사로 갈 거예요"라고 말해 부모를 놀라게 했다. 하지만 11살 때 기도하다 놀림을 당한 뒤 믿음을 잃었다. 어릴 때의 결심은 어디로 가고 친구들을 무시하고 욕하며 거친 아이로 자랐다. 돈에 대한 집착도 강했고, 이기심도 대단했다.

이런 그가 다시 선교사의 길을 걷게 된 것은 아버지 서재에서 우연히 발견한 한 권의 책 때문이었다. 그것은 「다 이루었다(It is finished)」라는 제목의 전도 팸플릿이었다. 그는 무엇이 다 이루었다는 것인지 궁금해 하며 읽기 시작했다. 거기에는 예수님이 이 땅에 인간의 몸을 입고 오셔서 우리의 죄 때문에 고난당하고 십자가에서 돌아가신 이야기를 담고 있었다. 예수의 고난과 죽음으로 모든 구원 사역이 다 이루어졌다는 것이다. 그 순간 성령님이 그의 마음을 장악하셨다. 그리고 그는 주님 앞에 무릎을 꿇었다.

테일러는 그동안 잃었던 신앙을 다시 회복하고 중국 선교사로 갈 것을 결심하게 되었다. 그리고 선교사로서의 준비를 해 나가기 시작했다. 그는 우선 편안한 생활을 버리고 딱딱한 침대에서 잠을 자기 시작했고, 복음을 전하기 위해 중국어를 비롯해 여러 언어를 공부했다. 나아가 의사가 없는 마을 사람들을 돕기 위해 의학공부도 했다.

1853년 테일러는 중국으로 떠나게 되었다. 하지만 선교사로서의 삶은 결코 쉽지 않았다. 우선 중국에 도착하기까지 그는 여러 번 난파당할 위험을 겪었고, 중국에 와서는 악화된 건강으로 어려움을 겪어야 했다. 중국인들의 외국인에 대한 거부감도 만만치 않았다. 전도를 하면 그에게 돌아오는 것은 욕설, 돌, 그리고 진흙 세례였다.

중국 선교 14년이 지난 1867년 8월 항주에서 그는 사랑하는 딸 그레이스를 풍토성 설사병으로 잃었다. 아침에 깨어나면 가장 먼저 달려와 인사하고 낮에는 낮대로 저녁이면 저녁대로 늘 귀에 들려오던 딸이 아니던가. 사랑스런 말소리를 두 번 다시 들을 수 없고 반짝이던 눈빛을 두 번 다 시 볼 수 없다니 고통이 고동치듯 북받쳐 오른다. 하지만 그는 딸을 잃었다고 생각하지 않았다. 정원사가 오셔서 장미를 꺾으셨다 했다. 모든 것을 하나님의 뜻에 맡긴 것이다. 그 뒤 그는 아들 노엘과 사무엘마저 잃었다.

그레이스가 부름을 받은 지 2년 뒤 아내 마리아가 결핵성 장염으로 32년의 짧은 생애를 마감했다. 그는 장례식에서 마리아의 관 뒤를 따르며 이렇게 기도했다.

"사랑하는 하나님, 사랑하는 마리아를 제게 주셨던 것을 감사드립니다. 저희들이 중국에서 함께 했던 12년 반의 행복한 시절들을 인하여 감사드립니다. 또한 이제 아버지 계신 그 축복된 곳에서 안식을 위하여 그녀를 데려가심을 감사드립니다. 저를 아버지의 일에 다시금 새롭게 헌신합니다. 아멘."

누가 안식을 말했던가? 안식은 하늘에나 있는 것을. 아버지의 일을 하는 나에게 땅 위에 그 무슨 안식 있으리. 이 땅에 나를 보내시고 이 땅에서 그 날을 기다리게 하시며 그때까지 당신의 일을 맡겨주신 그분, 그분은 내게 은혜 또한 후히 주시리. 일할 수 있는 은혜, 고난을 이길 수 있는 은혜, 그러나 안식의 은혜는 아직 아니라. 안식은 하늘에나 있는 것.

그리고 어머니에게 이렇게 글을 썼다. "아내가 제게 어떤 존재였는지 오직 하나님만이 아십니다. 그 분은 제 눈의 빛과 마음의 기쁨이 그녀 안에 얼마나 많이 있었는지 아십니다. 하지만 그 분은 그녀를 취하시는 것을 좋게 여기셨습니다. 그래서 그 분은 사랑 가운데 그녀를 고통 없이 취하셨습니다. 또 앞으로 혼자 일하고 고생해야 할 저에 대해서도 그에 못지않게 좋게 여기셨습니다. 사실 저는 혼자가 아니지요. 하나님은 어느 때보다 제 곁에 더 가까이 계십니다." 아내를 잃은 다음 깊은 외로움 속에서도 그는 오히려 하나님과 더 가까워졌다.

중국의 풍토병이 사랑하는 식구를 잃게 하고 자신도 여러 병으로 고생했지만 그는 결코 선교를 포기하지 않았다. 그를 압박해오는 그 많은 핍박과 멸시도 그의 선교열정을 꺾지는 못했다.

의학을 공부했지만 학위는 없었고, 선교훈련을 받았지만 목사도 아니었다. 그러나 그는 누구도 갖지 못한 믿음과 선교의 열정을 가지고 있었다. 일평생 하나님 한 분만을 사랑하다 간 사람, 편안이나 안락과는 담을 쌓은 선교사. 그에게 있어서 그 모든 시련은 지나가는 바람이었다. 시련이 올수록, 연단의 강도가 높을수록 영혼 저 깊은 곳에서는 하나님을 향한 찬양과 기쁨이 그를 지배했다. 인간적으로 볼 때 그는 세상의 모든 것을 잃은 사람이다. 그러나 주님의 눈으로 볼 때 그는 하늘의 모든 것을 얻은 사람이다.

기독교는 예수님의 고난 위에 세워졌다. 오늘 중국의 기독교는 테일러의 이 같은 고난과 헌신 위에 세워졌다. 선교는 지금도 진행형이다. 주님이 "다 이루었다" 하실 그 때까지.

 **20. 사망의 물결이 나를 에우고**

"여호와는 나의 반석(rock)이시요 나의 요새(fortress)이요
나를 건지는 자(deliverer)시요 나의 하나님이시요

나의 피할 바위이요 나의 방패(shield)시요
나의 구원의 뿔(the horn of my salvation)이시요 나의 높은 망대
(stronghold)시요
나의 피난처시요 나의 구원자시라
나를 흉악에서 구원하셨도다
내가 찬송 받으실 여호와께 아뢰리니
내 원수들에게서 구원을 얻으리로다."

다윗에게 있어서 하나님은 과연 누구이신가로 시작하는 다윗의 이 승리의 노래가 사무엘하 22장 2절에서 51절까지 길게 소개되어 있다.

이 시는 하나님이 다윗을 그 모든 원수와 사울의 손에서 구원하신 것에 대한 감사의 찬송으로 시편 18편에도 삽입되어 있다. 이 시는 성전예식에서 사용되어 영장, 곧 찬양대장으로 하여금 부르게 하였다.

일부 학자들은 이 시는 다윗이 만년에 하나님의 보호하심에 감사해서 쓴 것으로 생각하고 있다. 그는 먼저 하나님께 영광을 돌리고 이전에 하나님이 그에게 베푼 여러 가지 사건과 앞으로의 기대를 통해 하나님으로부터 안위를 얻고 있다.

"사망의 물결(the waves of death)이 나를 에우고
불의의 창수(the torrents of destruction)가 나를 두렵게 하였으며
음부의 줄(the cords of Sheol)이 나를 두르고
사망의 올무(the snares of death)가 내게 이르렀도다
내가 환난 중에서 여호와께 아뢰며
나의 하나님께 아뢰었더니
저가 그 전에서(from His temple) 내 소리를 들으심이여
나의 부르짖음이 그 귀에 들렸도다."

사망의 물결, 불의의 창수, 음부의 굴, 사망의 올무 등은 그가 목

숨을 잃을 뻔 했던 순간들을 묘사한 것이다. 그 때마다 하나님을 향해 기도했고, 하나님을 그 기도에 응답하셨다는 것이다.

> "이에 땅이 진동하고 떨며
> 하늘 기초가 요동하고 흔들렸으니
> 그의 진노를 인함이라
> 그 코에서(out of His nostrils) 연기가 오르고
> 입에서(from His mouth) 불이 나와 사름이여
> 그 불에 숯이 피었도다
> 저가 또 하늘을 드리우고 강림하시니
> 그 발아래는 어둑 캄캄하도다
> 그룹(a cherub)을 타고 날으심이여
> 바람 날개 위해 나타나셨도다"

그는 하나님의 입 또는 코를 말함으로써 신인동형, 곧 하나님을 육체적 특성을 가진 신으로 묘사했다. 그룹은 천사로서 지성소를 지키며 하나님의 목적을 성취하고 하나님의 위엄을 나타낸다.

하나님은 왜 그를 지키셨을까? 다음은 그의 고백이다.

> "여호와께서 내 의(mu righteousness)를 따라 상주시며
> 내 손의 깨끗함(the cleanness of my hands)을 좇아 갚으셨으니
> 이는 내가 여호와의 도(the ways of the Lord)를 지키고
> 악을 행하여 내 하나님을 떠나지 아니하였으며
> 그 모든 규례(His ordinances)를 내 앞에 두고
> 그 율례(His statutes)를 버리지 아니 하였음이로다
> 내가 또 그 앞에 완전하여(blameless)
> 스스로 지켜 죄악을 피하였나니
> 그러므로 여호와께서 내 의대로
> 그 목전에 내 깨끗한 대로 내게 갚으셨도다"

이 고백에 따르면 그는 하나님의 도를 지키고 그 앞에서 깨끗하고 완전하게 행하였다. 하나님은 이것을 보시고, 위험에 처한 그의 기도를 들으시며 응답하셨다는 것이다. 그 목전에 내 깨끗한 대로 내게 갚으셨도다. 하나님은 갚으시는(recompense, reward) 분이시다. 그 기준은 하나님의 눈에 깨끗해야 한다는(cleanness before His eyes) 것이다.

그가 그토록 중시한 하나님의 도는 어떤 것인가?

> "하나님의 도는 완전하고(blameless)
> 여호와의 말씀은 정미하니(tested)
> 저는 자기에게 피하는 모든 자에게 방패시로다
> 여호와 외에 누가 하나님이며
> 우리 하나님 외에 누가 바위뇨
> 하나님은 나의 견고한 요새시며
> 나를 온전한 곳으로 인도하시며
> 나의 발로 암사슴 발 같게 하시며
> 나를 나의 높은 곳에 세우시며
> 내 손을 가르쳐 싸우게 하시니
> 내 팔이 놋 활을 당기도다"

완전한 하나님의 도, 정미한 하나님의 말씀, 견고한 요새이신 하나님. 그 하나님이 다윗의 발을 암 사슴 발 같게 하신다. 전장의 어려움 속에서도 힘을 주신다. 그래서 다윗은 고백한다.

> "내가 주를 의뢰하고 적군에 달리며
> 내 하나님을 의지하고 성벽을 뛰어 넘나이다"

암사슴의 발은 이처럼 기운차다. 다윗은 하나님의 구원을 기록하고 하나님께 순종함으로 인해서 축복 받았음을 기뻐했다. 다윗은 모든 것이 하나님 안에서 가능하다는 것을 확인하면서 다시금 하나님께 찬양을 돌리고 있다.

> "여호와는 생존하시니 나의 바위를 찬송하며
> 내 구원의 바위이신 하나님을 높일지로다
> 여호와여 내가 열방 중에서 주께 감사하며
> 주의 이름을 찬양하리이다"

## 21. 포트폴리오 영적 투자

전도서 11장 1절과 2절은 곱씹을수록 의미가 새롭다. 번역본마다 그 해석이 구구하기 때문이다. 바른 제시, 바른 해석이 필요하다는 생각이 든다.

먼저 개역한글판을 보자. 오랫동안 보아온 판이다. "너는 네 식물을 물 위에 던지라 여러 날 후에 도로 찾으리라 일곱에게나 여덟에게 나눠 줄지어다 무슨 재앙이 땅에 임할는지 네가 알지 못함이니라." 뒤에 나온 개역개정판은 식물을 떡으로 바꾼 것 외에 다름이 없다. "너는 네 떡을 물 위에 던져라 여러 날 후에 도로 찾으리라 일곱에게나 여덟에게 나눠 줄지어다 무슨 재앙이 땅에 임할는지 네가 알지 못함이니라."

우리말성경은 식물, 떡을 빵으로 했다. 서구식으로 바꾼 것이다. "네 빵을 물위에 던져라. 여러 날 후에 네가 다시 찾게 될 것이다. 그 땅에 어떤 재앙이 닥칠지 알지 못하니 일곱, 여덟 몫으로 나누어 두어라." 이것은 NASB과 매우 유사하다. "Cast your bread on the surface of the waters, for you will find it after many days. Divide your portion to seven, or even to eight, for you do not know what misfortune may occur on the earth." 특히 빵을 bread로 표현한 것이나 일곱, 여덟 몫(portion)으로 나누도록 한 표현은 매우 같다.

표준새번역과 공동성경을 보면 이 말씀을 투자개념으로 설명한다.

먼저 표준새번역을 보자. "돈이 있으면, 무역에 투자하여라. 여러 날 뒤에 너는 이윤을 남길 것이다. 이 세상에서 네가 무슨 재난을 만날지 모르니, 투자할 때에는 일곱이나 여덟로 나누어 하여라." 식물을 돈으로, 던지는 것을 무역에 투자하는 것으로 비유하였다. 투자를 했으니 이윤이 날 것이다. 그 이윤을 여러 날 이후에 다시 찾게 될 것으로 보았다. 뿐만 아니라 투자를 할 때 그 몫을 일곱이나 여덟으로 나누도록 했다. 위험을 대비한 분산투자, 곧 포트폴리오 개념을 도입한 것이다.

공동성경도 여기에서 벗어나지 않는다. 1절과 2절에서 모두 투자 개념으로 설명한다. "돈이 있거든 눈 감고 사업에 투자해 두어라. 참고 기다리면 언젠가는 이윤이 되어 돌아올 것이다. 세상에서는 어떤 불운이 닥쳐오는지 모르니, 투자하더라도 대여섯 몫으로 나누어 하여라." 여기서도 식물은 돈으로, 던지는 것은 사업투자로 보았다. 투자 시 위험을 대비해 대여섯 몫으로 나누어 투자하도록 했다.

표준새번역과 공동번역은 투자라는 현대적 개념을 빌어 우리의 이해를 빨리 구하고자 한다. 이해하기 쉽기는 하지만 전도서 저자의 의도가 바로 전해졌는가 하는 점에서는 의심이 간다.

저자의 의도를 생각한다면 쉬운성경이 가장 근접하지 않았나 생각한다. "씨앗을 물 위에 던져라. 수일 후에 그것을 거두게 될 것이기 때문이다. 재산을 일곱 군데, 아니 여덟 군데에 투자하여라. 이세상에 어떤 불운이 닥칠지 모르지 않는가?" 솔로몬이 고대 이집트의 농사법을 원용한 것이라면 씨앗을 던지는 표현이 가장 적절하다. 쉬운성경도 2절에서는 투자라는 개념을 사용했다. 그러나 투자를 어떻게 해석할 것인가에 성격이 달라진다. 우선 농사로 얻은 재산을 분산 투자하도록 한다. "재산을 일곱 군데, 아니 여덟 군데에 투자하여라. 이 세상에 어떤 불운이 닥칠지 모르지 않는가?" 위험도 대비하였다.

재산은 씨앗을 통해 얻은 열매들이다. 그것을 여러 곳에 나누어 투자하라는 것이다. 어떤 불행이 올지 모르기 때문이다. 일종의 포트폴리오다. 영적인 의미에서 투자는 무엇일까? 그것은 나눔이다. 종말이 가까울수록 우리가 해야 할 일은 나누고 또 나누는 것이다. 그리스도인의 삶은 더 나은 영적인 수확을 위해 던지고 또 던진다. 그리고 그 열매는 자기의 배만 채우는데 사용하지 않는다. 나누고 나누는 데 사용한다. 그런 의미에서 우리에게 포트폴리오 영적 투자가 필요하다.

# 22. 풍성한 결실 뒤에 있는 것

　어느 날 로봇 프로그램을 보면서 우리나라의 로봇 수준이 상당히 높다는 것을 느꼈다. 로봇 축구는 우리나라가 제일 먼저 시작했고, IT기술을 로봇에 접목하는 것도 가장 앞서 가고 있다. 정 슬 교수에 따르면 우리나라는 로봇분야 전체에서 세계 4-5위로 손꼽힐 정도로 로봇에 대한 인지도가 높고 로봇을 많이 사용하며 연구한다. 지능로봇을 국가 10대 성장 동력 산업의 하나로 정하고 IT기반 네트워크로봇, 복지로봇, 서비스로봇 등 여러 부문에서 연구에 박차를 가한 결과 HUBO(한국형 휴먼로봇)도 탄생했다. 이것을 두고 그는 우리 모두 축하해야 할, 짧은 시간에 이룬 피나는 노력의 결실이라고 말했다.

　지금 가을의 대지 위에 농부의 결실이 익어가고 있다. 그 풍요는 결코 쉽게 얻어진 것이 아니다. 그 뒤에는 봄부터 가을까지 일한 농부의 땀과 인내가 배어있다. 태풍과 홍수가 한 반도를 강타했을 때 우리 가슴은 얼마나 조리고 탔던가. 무르익은 곡식을 보면서 인간의 삶도 자연의 그것처럼 무수한 노력과 땀 흘림을 통해 한층 고결해지고 아름다워짐을 느낀다.

　인생에 있어서나 대자연에 있어서 어떤 결과, 어떤 결실 뒤에는 반드시 옳게 알고 행할 수 있는 정확한 판단력, 실천에 옮길 용기와 결단력, 밀고 나가는 끈기, 근면한 노력 모두가 필요하다. 그것의 집합이 우리의 삶을 아름답게 이끈다. 천재는 1%의 유전과 99%의 노력이 맺은 결실이라는 말이 있다. 천재라 할지라도 꾸준

한 노력은 필수라는 말이다. 우리의 성공적인 삶은 이런 노력의 결과이다. 꾸준히 스스로의 삶을 찾아 전진하는 곳에 삶의 꽃은 피고 인생의 열매는 풍성하게 맺어진다.

유실수 나무들은 해마다 알찬 열매를 얻기 위해 더 깊이, 더 가늘게 뿌리를 내린다고 한다. 기업의 생존을 위해 수많은 밤을 뜬 눈으로 지새우는 기업가, 첨단기술에서 세계를 앞서고자 실험실을 지키는 학자, 국내에서 해외에서 넘어지고 좌절하며 내일의 꿈을 키우는 사람들 모두 뿌리를 내리는 사람들이다. 연약한 뿌리가 암벽을 만나듯 우리 인생도 무수한 장애물을 만난다. 지금까지 이 자리까지 오면서 얼마나 많은 장애물을 헤치고 왔는가. 이삭은 오히려 흉년에 100배의 결실을 거두었다(창26:12-14). 당신도 그 좌절의 상황에서 일어났고, 지금 우뚝 서있다. 그래서 당신의 삶은 그만큼 가치 있고 존경 받을 만 하다. 성경의 말씀대로 눈물로 씨를 뿌리는 자는 기쁨으로 그 단을 거둔다(시편126:5).

그러나 당신의 결실 뒤에는 많은 사람들의 도움이 있었다는 것을 잊어서는 안 된다. 오페라 주인공의 화려한 무대 뒤에 무수한 조연들의 합창이 있듯 당신의 막 뒤에서 아름다운 시칠리아나의 노래 소리가 들리지 않는가. 조연은 당신을 더욱 빛나게 하는 사람들이다. 우리는 그들이 있음에 감사를 드릴 수 있어야 한다.

나아가 그 결실을 자기 자신만을 위해 사용해서는 안 된다. 보도 섀퍼는 자신의 인생에 대해 스스로 책임의식을 갖고 성실하게 노력하고 연구해 부를 이룩한 부자들이 비난을 받는 이유는 남을 배려하지 않고 오직 자기 이익만 생각하는 수전노 같은 부자들 때문이라고 말한다. 그런 부자는 오래 갈 수 없을 것이다.

이 시대에 필요한 것은 칭찬과 격려다. 프란체스코 알베로니는 성공한 사람들의 경우 말의 절반이 칭찬이라고 한다. 인생에서 성공하고 싶은가? 그러면 땀 흘려 결실을 맺는 사람들을 먼저 칭찬하고 격려하자. 성공한 사람들을 무조건 질시하고 부정적으로 생각하지 말자. 덩샤오핑처럼 그들에게 박수를 보내고 격려하면 그들도 이 사회를 위해 더 기여하도록 노력할 것이다. 우리 모두 노력한 만큼 성공할 수 있는 사회시스템을 만들고 노력과 성실, 인내와 창의가 빛나도록 할 때 우리 사회는 그만큼 밝아질 것이다.

## 23. 만일 아담이 선악과를 먹지 않았다면

에덴동산에 아담과 하와는 모든 실과를 따 먹을 수 있었지만 동산 중앙에 있는 선악과는 금지된 과실이었다. 선악과가 있었다는 것은 아담과 하와에게 있어서 에덴은 일종의 시험(probation) 기간이었음을 보여준다.

학자들은 그 기간 동안 생명의 원리, 입증이나 시험의 원리, 유혹의 원리, 그리고 죽음의 원리 등 네 가지 원리가 지배한다고 말한다. 생명의 원리(principle of life)는 생명나무로 상징화되어 있고, 입증이나 시험의 원리(principle of good & evil)는 선악과로, 유혹의 원리(principle of temptation)는 뱀으로, 그리고 죽음의 원리(principle of death)는 육체의 기관들이 흙으로 돌아가는 것으로 상징화되어 있다.

만일 아담과 하와가 선악과를 먹지 않고 하나님께 순종하는 삶을 살았다면 그 결과는 어떻게 되었을까? 그 결과는 크게 세 가지로 요약된다. 첫째, 인류가 도덕적 고결성과 행복을 가진다고 확정되었을 것이다. 둘째, 죄와 죽음은 불가능하게 되었을 것이다. 끝으로, 인류의 모든 역사는 실제 진행되어온 것과는 아주 달랐을 것이다.

하지만 이러한 기대와는 달리 우리는 죄에서 벗어나지 못하는 역사를 갖게 되었다. 인간 안에 있는 죄의 결과는 크게 죄의 종교적 결과와 죄의 도덕적 결과로 나뉜다. 종교적 결과가 먼저 강조되는 것은 하나님 중심의 특성을 강조하기 때문이다. 우리는 인간중심적 특성 때문에 도덕적 결과를 먼저 택하는 경향이 있다. 그러나 하나님과의 관계가 무엇보다 중요하다. 하나님 보시기에 악한 행동은 사형선고로 끝을 맺는다.

에덴에서의 생명나무와 선악과는 사실 복종의 문제다. 하나님의 권위에 복종하고 그 말씀에 순종해야 하기 때문이다. 그러나 하나님에 대한 인간의 불순종은 결국 죽음의 문제로 귀결되었다. 불순종의 결과다.

머레이(Murray)는 죽음을 법적 죽음(judicial death), 영적 죽음(moral, spiritual death), 그리고 영과 육의 죽음(psycho-physical death)으로 나눴다. 법적 죽음은 "정녕 죽으리라"는 말씀에서, 영적 죽음은 "죽을 수밖에 없었던" 데서, 우리고 영과 육의 죽음은 영과 육의 분리에서 찾는다. 여기에서 아담의 죽음은 법적 죽음과 영적 죽음을 의미한다. 그가 곧장 죽지 않고 에덴에서 쫓겨난 것은 이러한 죽음이었음을 보여준다. 그러나 그나 우리나 육적인 죽음을 피할 수 없다. 인간은 그 죄로 인하여 죽는다. 우리가 영적으로 살기 위해서는 그리스도가 필요하다.

인간의 타락으로 자연세계도 고통을 당한다. 땅이 가시를 낸다는
것은 인간으로 인해 자연도의 어려움을 당한다는 것을 의미한다.
지금도 우리의 오염으로 자연환경이 고통을 당하고 있지 않은가.

에덴으로부터 쫓겨난 인간은 다시 에덴으로 복귀할 수 없다. 요
한계시록을 보면 새 하늘과 새 땅으로 재창조된다. 새 하늘과 새
땅은 새로운 창조(totally new)이자 죄로 죽었다 다시 산 인생들이
돌아갈 곳이다.

영국 시인 밀톤은 [실락원]에서 선악과를 따먹은 아담과 하와가
받은 대가를 그리고 있다. 하나님의 경고를 무시하고 금단의 과일
을 따먹은 결과 인간은 선악을 구분하는 지혜는 얻었지만 질병의
고통과 죽음의 숙명을 맞게 되었다. 악은 우리에게 금지된 지식이
었다. 그러나 그 금기를 어겼다.

로저 샤툭은 [금지된 지식]을 통해 르네상스 이후 인간은 하나님
이 금지했던 영역마저 넘보며 지적 욕구를 충족시켜왔음을 상기시
킨다. 이러한 지식추구가 과연 항상 옳은 일이었으며 인류를 행복
하게 했는지 묻는다. 괴테의 파우스트나 메어리 셸리의 프랑켄슈타
인은 모두 자신의 한계를 뛰어넘어 보려던 욕망의 화신이었다. 샤
툭은 자신의 영혼마저 악마에게 팔아버리며 지식 추구를 최선의
미덕으로 표현한 파우스트를 괴테가 저지른 과오라고 단정한다. 송
장을 흉한 모습의 괴물로 되살려냈으나 결국 그 괴물로 인해 파멸
하고 만다는 프랑켄슈타인 역시 무한정한 지식추구의 말로를 상징
적으로 보여준다.

지식과 경험의 가치를 부정할 수 없다. 하지만 무절제한 지식추

구는 인간을 불행에 빠뜨릴 수 있다. 절제와 여운이 동반될 때 결과가 아름다울 수 있다. 시인 에밀리 디킨슨은 그의 시 '매력'에서 '맞대면한 얼굴보다 베일 속의 얼굴에서 오히려 더 아름다움을 느낀다'며 남겨두기의 미학을 잘 표현했다. 시인 키츠도 그의 시 '차가운 목가'에서 말한다. "들리는 멜로디는 감미롭다. 그러나 들리지 않는 것은 더욱 감미롭다." 동산 중앙의 선악과는 남겨뒀어야 했다. 그래서 다시 생각해본다. 만일 아담이 선악과를 먹지 않았다면 우리는 어떻게 되었을까.

## 24. 생명 사랑하기

예멘에서 일어난 일이다. 괴한 1명이 외투 속에 반자동 소총을 숨기고 미국 침례교 선교단체가 운영하는 지블라시의 마덴 병원에 들어가 곧바로 총기를 난사해 의사 3명을 살해하고, 이어 약사 1명을 쐈다. 체포된 범인은 과격 이슬람교도로 경찰에서 이같이 말했다고 외신은 전한다. "스스로의 신앙을 정결히 하고 알라신에게 보다 가까이 가려고 범행했다." 종교를 가장한 살인이다. 천국에서 과연 이런 사람을 환영할까.

하나님은 십계명을 주시면서 우리에게 살인하지 말라(출20:13)하셨다. 야고보는 "간음하지 말라 하신 이가 또한 살인하지 말라 하셨은즉 네가 비록 간음하지 아니하여도 살인하면 율법을 범한 자가 되느니라"(약2:11) 하였다. 살인만 계명을 어긴 것이 아니라 간음을 해도 계명을 어긴 것이란 말씀이다. 모두 계명을 어겼다는 점에서 경중을 따질 수 없다. 하나가 문제가 되면 다 문제가 된다. 이런 의미에서 살인을 하면 하나님과의 관계에서도 문제가 된다.

1998년 3월 아칸소주 소도시 보노의 한 중학교에서 발생한 총기 사고로 4명의 학생과 여교사가 목숨을 잃었다. 범인은 같은 학교의 두 남학생이었다. 범행 동기는 여자 친구와 헤어지게 된 것에 대해 화가 난 것이라는 어처구니없는 이유였다. 사랑을 가장한 화풀이 충격이다.

이에 반해 숨진 여교사 샤논 라이트는 제자의 목숨을 구하려다 사망한 것으로 알려져 안타까움을 더해주었다. 라이트는 화재경보 음을 듣고 학생들을 인솔해 밖으로 나왔다가 범행 소년의 총구가 한 소녀를 향하고 있음을 목격하자 본능적으로 몸을 던졌다. 어렸을 때부터 교사가 꿈이었다는 그는 자신의 학교 운동장에서 자신이 직접 가르친 제자의 탄알에 가슴과 복부를 맞고 병원으로 옮겨졌으나 곧 숨졌다. 살인 사건이 날 때마다 인간은 왜 분노를 자제하지 못할까, 그로 인해 얼마나 많은 피해자가 발생하는가를 본다. 안타까운 일이 아닐 수 없다.

성경이 살인을 금하는 이유가 있다. 이웃을 살해하는 것은 먼저 하나님 사랑에 위배되는 행위이다. 하나님은 인간을 하나님의 형상으로 창조했다. 그만큼 존엄한 존재라는 말이다. 살인은 이러한 존재의식에 대한 의도적 거부이다. 하나님의 창조목적에 대한 거부다. 따라서 하나님을 거역하는 것이 된다.

나아가 살인은 이웃사랑에 위배된다. 하나님이 우리에게 생명을 주신 것은 단지 우리 자신만을 위한 것이 아니다. 우리의 이웃에게 하나님의 사랑을 증거 하도록 하기 위함이다. 이웃을 죽임으로써 이 사명을 포기하는 것은 우리에게 위임하신 사명에 대한 도전이다.

최근 이상하게도 연쇄살인이 늘어가고 있다. 한 사람에 의해 13명이 죽은 서울 서남부지역 부녀자 연쇄살인 사건, 안양의 두 초등학생이 무참히 살해된 사건, 지존파에서 유영철, 그리고 강호순에 이르기까지 생각하기도 두려운 사건들이 연이어 일어나고 있다. 살인은 한국에서만 일어나지 않는다. 오늘도 세계 곳곳에서 일어난다. 며칠 전 이곳 연길에서도 가게를 운영하고 있는 한족 식구 세 명이 모두 살해되었다. 이 글을 쓰고 있는 지금 스리랑카에선 타밀 반군을 소탕한다는 명분아래 많은 민간인이 죽어가고 있다. 무참한 살인극이 지구를 무대로 벌어지고 있는 것이다. 이 모두 하나님이 주신 귀중한 생명을 우리 스스로 얼마나 경시하고 있는가를 단적으로 보여준다. 가인으로부터 시작된 살인의 뒷좌석엔 사단이 앉아있다.

단테가 쓴 글 중 지옥문의 위에 이렇게 쓰여 있다고 한다. "이 문을 통과하는 자는 희망을 버릴지어다." 인간이 이렇듯 하나님의 말씀을 거역함으로써, 그리고 생명을 사랑하지 못함으로써 희망을 버릴 것인가. 이젠 "살인중지!"라 소리치고 싶다. 사단의 노예가 되는 일은 중지되어야 한다.

호주의 동물보호소는 다친 동물들을 데려다 치료하고 간호하다 나으면 자연으로 돌려보낸다. 동물의 생명을 귀하게 보고 보호하는 이런 모습을 보며 생명이 얼마나 귀하고 아름다운가를 본다.

자기의 생명이 귀하고 중하다면 다른 사람의 생명도 마찬가지다. 하나님은 당신의 생명만 귀하게 보지 않는다. 모든 생명이 다 귀하다. 그래서 "네 이웃을 네 몸과 같이 사랑하라" 하신다. 지금 이 순간에도 꺼져가는 생명을 살리기 위해 얼마나 노력하고 있는가. 살인이 아니라 생명사랑하기 운동이 활활 일어나야겠다. 미움이 아니라 사랑으로 용서하고 감싸 안을 때 세상은 살만한 가치가 있을 것이다. 그 가치창조자는 바로 당신이다. 당신의 역할이 그만큼 중하다.

## 25. 지리산에서 온 편지

정태규 교수. 그는 2000년 겨울 나와 더불어 연변과기대 교수로 왔다. 그 해 말 나는 안식년을 끝내고 다시 한양대학으로 돌아갔다. 그러나 그는 과기대에 남았다. 그런 그가 몇 년 째 췌장암으로 어려운 과정을 겪고 있다. 과기대에서는 그의 건강회복을 위해 기도해왔다. 그는 지금도 항암투쟁을 하고 있다. 하나님의 자비를 구하며.

그는 지금 지리산 자락에서 쉬고 있다. 항암치료를 받으면서. 그가 자기를 위해 기도하는 과기대 교직원을 생각하며 모두를 대상으로 이메일을 보냈다. 그의 글을 읽는 동안 삶에 대해 많은 생각을 하게 만들었다. 이 생각이 오늘의 묵상이 되었다. 다음은 그의 글이다. 지리산에서 온 편지다.

안녕하세요, 과기대 식구 여러분. 때 이른 더위와 한동안 가뭄으로 인한 심적 고통이 많았던 때에 때를 맞추어 촉촉한 단비를 내려주시네요. 오늘 내일 꽤 많은 양의 비가 내릴 거라는 반가운 소식과 더불어. 저도 지난주에 항암치료 무사히 잘 마치게 되었다는 소식을 전합니다. 한동안 소식 전하지 못했는데 모든 과기대 식구들 잘 계시리라 믿습니다.

작년 말 수술 후 항암치료 할 생각을 하니 마음이 많이 우울했었는데 그것도 시간과 더불어 잘 마치게 해주시니 고맙고 감사할 따름입니다. 수술은 잠시(?) 참고 견디면 치유되지만 항암치료는 매주 반복되는 일이라 더 힘들었는데. 하지만 이런 일들도 넉넉히 이기게 해주시는 것에 그저 감사할 따름입니다. 올해는 유난히 더위가 빨리 오더니 이제는 길가에 꽃들이 한창 제철을 만난 듯 아름다움을 뽐내고 있습니다. 가장 아름다운 시간들이지요. 지리산 산골 에서 지내면서 길을 따라 피어있는 꽃들을 바라보면서 아름다움을 바라보게 하시고 그것으로 인해 마음 한 구석에 여유로움을 갖게 될 때 내가 감사할 일들과 감사하지 못할 일들은 불과 종이 한 장 차이도 아니구나 하는 생각을 많이 했습니다. 감사하지 못하는 것은 조건이 아니라 내 마음이요 내 영적인 부분이라는 생각이 많이 들었습니다. 때로는 형식 혹은 모양이 중요한 일도 있지만 그래도 우리 같은 사람(?)은 모양이 아니라 마음, 영으로 사는 사람 들이기에 마음의 중심이 어디에 있는가 하는 것이 감사하는 삶이냐 아니냐 하는 것을 결정하리라 생각해봅니다.

삶의 길이도 중요하고 깊이도 중요하고 넓이도 중요하듯이 우리는 우리의 삶에 대해 양과 질에 있어서 모두 우수한 존재로 삶을 살기를 원합니다. 그것이 나의 바람이지요. 그 삶이 얼마 오래가지 못한다고 생각 되었을 때 내가 가졌던 상실감은 때론 분노로 때론 좌절감으로 때론 원망으로 때론 비관적인 삶으로 여러 가지 안 좋은 모습으로 나타났지만 그러나 그것이 내일의 내 삶에 이어지지 아니하고 순간적인 것으로 존재하다가 없어졌다는 것에 대해 너무나 감사하게 생각합니다. 축복이지요. 행복입니다.

꽃들이 시절을 쫓아 피었다가 지지만 다음 해가 되면 또 다시 아름다움으로 다시 나타나듯이 저의 삶도 그렇게 시절을 쫓아 아름다운 모습으로 나타났 으면 참으로 좋겠습니다. 비록 이전보다 못한 젊음, 이전보다 못한 열정, 이전보다 못한 정성, 이전보다 못한 능력, 모든 것이 이전보다 못하다 할지라 도 그저 그 자리에서 나름대로 아름다움을 피울 수 있는 그런 자리 지킴이 같은 역할이라도 할 수 있다면, 그것은 내게 주어진 큰 행복이라 생각합니다. 그런 날들이 내게 주어지겠지요? 빨리 주어지지 않더라도 검은 머리가 허허 백발이 되어서라도 그런 자리지킴이라도 된다면 내게는 더 없는 행복이 되겠습니다.

창문 너머로 보이는 모든 것들이 푸르른 신록으로 바뀌어 있습니다. 지난겨울엔 푸른 소나무 외엔 모두 갈색으로 뒤 덮혔더니 어느 덧 푸름을 자랑하고 있습니다. 참으로 보기에 좋습니다. 아름답습니다. 내 마음도 저렇게 푸르고 푸르게 되고 싶습니다.

봄비치고는 제법 주룩 주룩 많은 비가 내립니다. 마을 곳곳에 농작물을 심으려 준비하는 농민들에겐 더 없이 고마운 비이네요. 때를 따라 주시는 이른 비와 늦은 비 가운데 이른 비겠지요.

저는 5월 중순 경에 정기검사가 있습니다. 검사 후에 다시 연길에 들어갈 준비를 해보겠습니다. 아마도 5월 말 경이 되겠지요. 그때엔 즐거움으로 서로 안으며 기쁨을 함께 나누는 반가운 만남이 있기를 바라면서 이만 줄이려 합니다. 종종 즐거움을 나누는 글을 올리겠습니다. 늘 동지들 하시는 일에 즐거움과 기쁨이 충만하시길 바랍니다. 샬롬.

과기대 동지들께 늘 마음에 큰 빚을 진 부족한 사람<br>정태규 드림

 **26. 벌거벗음이 부끄럽지 않은 이유**

하나님은 우리는 도우시는 자다. 그분의 도우심이 없다면 우리는 존재할 수 없다. 그래서 우리는 그분을 향해 외친다. "내가 산을 향하여 눈을 들리라 나의 도움이 어디서 올까"(시121:1). 나의 도움은 천지를 지으신 여호와에게서 온다. 그만큼 그 도우심의 위로와 위력이 크다.

아담은 지으신 후 아담에게 돕는 배필이 필요함을 깨달으셨다. 독처하는 것이 보시기에 좋지 않았기 때문이다. 돕는 배필은 단지 조력자라는 뜻만 가진 것이 아니다. 육적, 지적, 도덕적 도움은 물론 영적 조력까지 포함한다. 배려하고 돕고 성장하도록 만든다. 하나님이 우리를 도우시듯 돕는 배필은 상대에게 육적으로나 영적으로 필요불가결한 존재다. 돕는다는 것은 그만큼 영적인 의미가 내포되어 있다.

하와를 보자 아담은 너무 좋아한다. "내 뼈 중의 뼈요 살 중의 살이라 이것을 남자에게서 취하였은즉 여자라 칭하리라"(창2:23). 돕는 배필이 돕는 배필로 존재하려면 상대가 자신을 인정하고 존중해주어야 한다. 만일 아담이 하와를 싫어하거나 무시했다면 어떻게 되었을까. 남자와 여자는 적이 되었을지 모른다. 그러나 아담은 현명하게도 하와를 사랑했다. 그 사랑이 지금까지 이어진다.

"그러므로 남자가 부모를 떠나 그 아내와 연합하여 둘이 한 몸을 이룰지로다"(창2:24). 사랑은 사랑하는 부모를 떠날 수 있을 만큼 서로를 필요로 한다. 그 사랑을 부모가 말릴 수 없다. 하나님께서 아담과 하와의 사랑을 말릴 수 없듯. 그 사랑은 연합을 통해 더 강해진다. 한 몸을 이룬다는 것은 단지 육적인 결합만을 의미하지 않는다. 총체적으로 의사소통이 되고 있음이다.

"아담과 그 아내 두 사람이 벌거벗었으나 부끄러워 아니 하니라"(창2:25). 에덴은 초창기 인간에게 옷이 필요 없을 정도의 기후였을까. 물론 옷을 만드는 공장은 없었겠고. 중요한 것은 벌거벗었으나 부끄러워하지 않았다는 점이다. 여기서 벌거벗음을 단지 옷을 입지 않음으로만 생각하기보다 둘 사이에 어떤 비밀이 없을 만큼 완벽하게 커뮤니케이션이 되고 있음을 말하는 것은 아닐까. 하나님과의 관계도 아주 좋고, 둘 사이에 아무것도 감출 필요가 없는 사이, 그래서 부끄럼이 없는 사이로 발전했다는 것이 오히려 우리에게는 더 와 닿는다.

둘 사이의 이 같은 완벽한 커뮤니케이션이 타락으로 인해 완전히 깨어진다. 하나님을 피하게 되고, 둘은 벌거벗었음을 부끄러워하게 된다. 우선 그들은 무화과나무 잎을 엮어 치마를 해 입었다. 벌거벗음이 수치와 부끄럼으로 변하게 된 것이다.

하와는 아담에게 선악과를 먹도록 함으로써 돕는 배필의 역할을 충실히 하지 못했다. 모든 것이 억망이 되고 말았다. 뼈 중의 뼈요 살 중의 살이라 고백하던 아담의 입술에서 정말 듣고 싶지 않은 말이 튀어나오고 말았다. "하나님이 주셔서 나와 함께 하게 하신 여자 그가 그 나무 실과를 내게 주므로 내가 먹었나이다"(창3:12). 하와는 어땠을까. 얼굴이 붉으락푸르락 하며 "도대체 무슨 말을 하는거야. 물론 내가 건네주었지만 먹지 않았어야지. 자기가 먹어놓고도 왜 나에게만 책임을 돌려. 나쁜 사람. 가장이면 가장답게 책임지는 모습을 보여야지" 그랬을까. 아니면 "잘했어. 아내가 먹었으면 남편도 먹어야지. 혼자 살면 뭐해." 그랬을까. 두 가지다 좋지 않다. 그래도 다행인 것은 두 사람은 결코 이혼하지 않았다는 사실.

이것은 우리가 잘 아는 이야기이다. 우리는 여기서 하나님과 두 사람의 관계, 그리고 아담과 하와 두 사람의 관계를 커뮤니케이션 차원에서 살펴보았다. 그들이 완벽하게 소통할 때 영적으로 아무런 문제가 없었다. 벌거벗었지만 부끄럼이 없었다. 그들 대화에도 배려와 상대를 존중하는 마음이 가득 차 있었다. 돕는 배필로 인해 아담은 너무나 행복했다.

그러나 사단은 그 좋던 소통을 무자비하게 깨뜨렸다. 하나님과 그들 사이도 변했다. 해바라기처럼 하나님만 찾던 그들이 하나님의 낯을 피해 숨었다. 그들 사이의 언어도 달라졌다. 상대에 대한 존중도 자취를 감춘다. 모두 자리 합리화에 바빴다. 벌거벗음도 부끄럼으로 변했다.

여기서 우리가 다시 한 번 생각해 볼 것은 오늘 하나님과 나 사이의 소통은 잘 되고 있는가 하는 점이다. 그리고 결혼한 부부라면 정말 벌거벗음이 하나도 부끄럼이 되지 않을 만큼 감출 것 없고, 한 점 부끄럼 없으며, 서로가 서로를 존중하며 배려하며 사는가 하는 점이다. 하나님은 우리와 이러한 관계를 회복하기 원하고, 부부 사이도 주님이 보시기에 정녕 좋기를 바라신다. 자녀와의 관계도 마찬가지다. 가정은 하나님이 만드신 첫 번째 학교다. 이 학교 운영 성적이 좋아야 교회도 좋아지고 사회도 건강해진다. 당신의 가정, 벌거벗음을 부끄럽지 않게 할 책임이 당신에게 있다.

## 🌸 27. 비둘기 부부 사랑 엿보기

연변과기대 교수 2숙사 5층. 그곳엔 기도실이 있다. 옛날 식구들이 작았을 땐 그곳에서 예배를 드리던 곳이다. 새벽엔 기도실로 사용한다.

오늘은 저녁을 먹고 그곳을 찾았다. 비록 날씨는 흐렸지만 아직 해는 지지 않았다. 기도실에 들어서니 순결 서약식 준비를 하고 있었다. 무너져 가는 윤리를 세우고자 하는 움직임이 보인다. 아직 사람들은 오지 않았지만 음악을 준비하는 학생이 조용히 기타를 가다듬는다. 나는 뒷자리에 조용히 앉아 기도를 올렸다. 내가 방에서 홀로 하는 기도 분위기와도 다르고, 새벽 여러 사람들이 함께한 기도 분위기와도 다르다. 역시 주님을 만나는 시간은 너무 좋다. 언제든 만나주시는 주님이 좋다.

기도를 마친 다음 좁은 통로를 따라 나 있는 계단을 이용하기로 했다. 1층엔 내가 묵고 있는 숙소가 있어 그리로 갈참이다.

몇 계단을 내려가다가 그만 창밖으로 검정 비둘기와 흰 비둘기가 사랑을 나누는 모습을 목격하게 되었다. 검정 비둘기와 흰 비둘기, 그들은 이미 흑백을 넘어섰다. 비둘기는 층마다 테라스처럼 따로 밖으로 튀어나온 시멘 공간을 사랑의 장소로 택했다. 흐린 날, 낮엔 비도 와서 그런지 그 둘도 좀 추워보였다. 하지만 날씨가 장애일 수 없다. 그들은 서로 사랑하지 않는가. 부부라는 확신이 든다. 내가 보는 순간 그 둘은 서로 자기 의 머리를 상대의 목에 걸쳐 놓은 채 그대로 서 있었다. 우리 식으로 말하면 포옹이다. 팔이 없어도 그 둘은 이렇게 서로 의지하며 살아간다고 말하는 듯 했다. 그 둘은 마치 조각 작품처럼 한참이나 그러고 있었다.

비둘기 하면 늘 모이를 쪼는 모습, 황급히 날아가는 모습에만 익숙해 있었던 터라 사랑을 나눈다는 그들의 모습이 매우 생소했다. 내가 한참이나 그들에게 주목한 것도 그 생소함 때문이었을 것이다. 아, 비둘기들도 사랑을 하는구나. 그들에 대한 나의 무식이 깨어지는 순간이다.

그 둘은 나의 존재를 의식하지 않았다. 어쩌면 그들이 얼마나 사랑하며 사는가를 나에게 보여주고 싶었던 것처럼 행동했다. 포옹을 마친 뒤 검은 비둘기가 부리로 흰 비둘기의 머리, 그리고 눈 주변을 사랑스럽게 키스해 주었다. 남편답게. 흰 비둘기는 그 사랑을 그대로 받아주었다. 흰 비둘기는 흰 색이어서 그런지 아주 단정하고 깔끔해 보였다. 아내는 언제나 우아하지 않는가. 사랑을 받아주는 모습도 사랑스럽다. 남편 비둘기는 열심히 사랑표시를 했다. 뽀뽀도 하고. 진짜 부리와 부리를 마주치는 뽀뽀다. 세상에. 비둘기가 뽀뽀를 하다니. 그 다음 날개에다도 입질을 한다.

흰 비둘기도 가만있지 않았다. 검정 비둘기가 그랬던 것처럼 머리와 눈 주위로 입을 댄다. 키스도 하고, 날개에도 입을 댄다. 그들의 사랑표현은 주로 입이었다.

한 참이나 사랑을 나눈 그들은 날개를 펴기도 하고, 서로 바라보기도 하고, 발코니에 서서 밖을 바라보듯 함께 저 멀리에 시선을 두었다.

밖은 산등성이가 이곳저곳 보인다. 등성자락으로 심긴 사과배나무에 지금 꽃이 활짝 피어있다. 이번 주일은 그 절정기다. 많은 사람들이 그 꽃을 사랑한다. 지금 비둘기 부부는 그 꽃을 바라보며 그들만의 정원에 깃든 아름다움을 만끽한다. 비둘기 부부 사랑 엿보기는 여기까지다.

목을 엇기며 서로 의지하는 모습, 사랑 하는 자의 눈망울을 보며 그것에 키스하는 고백의 키스, 날개에도 지워지지 않는 사랑을 표시하고 싶어 하는 마음, 그리고 당신이 바라보는 곳을 나도 함께 바라보고 있다는 그 충족한 느낌. 사랑은 아름답다. 그러고 보니 비둘기의 뾰족한 입과 둥그런 머리, 그리고 날개와 꼬리, 아름답지 않은 곳이 없다.

지금쯤 기도실에서는 순결서약식이 진행될 것이다. 서약식에 참석하는 학생들의 마음도 이처럼 순수하고 아름답기 바란다. 순결을 지키는 것은 훗날 더 좋은 사랑을 위함이다. 순결을 생각지 않을 경우 순간의 쾌락에 지고 만다. 지금은 기분 좋을 수 있다. 그러나 그 성급함이 당신을 인내하지 못하는 사람으로 만들 수 있다. 순결은 서로의 인내를 요구한다. 그 인내가 훗날 아름다운 삶의 열매로 이어질 것이다.

그들도 어느 땐가 부부가 되어 비둘기처럼 사랑을 하겠지. 비가 그친 오후 발코니에 앉아 옛날 얘기를 할 거야. 먼저 서로의 내면을 바라보며 사랑을 고백하겠지. 당신이야 말로 정말 의지가 되는 사람이었어. 그땐 비둘기 부부가 그랬던 것처럼 포옹을 하는 거야. 그 다음엔 온 몸으로 당신을 고백해. 그러면 상대도 당신을 기쁨으로 맞을 거야. 그리고 함께 저 먼 곳까지 바라보는 거지. 그 때 저 사과배꽃은 웃어줄 거야. 그래 당신들은 너무 사랑스럽고, 당신의 미래는 너무 밝아. 나를 봐.

이것이 오늘 주님이 비둘기 부부를 통해 보여준 메시지였다. 이 메시지를 오늘의 묵상으로 담는다. 나의 입술엔 계속 찬양이 흘러나온다. "아멘, 주를 찬양하나이다. 아멘, 주를 사랑하나이다." 하나님, 감사합니다. 온 누리에 사랑으로 충만케 하신 주님께 감사드립니다. 오늘 저녁은 비둘기 부부로 인해 외롭지 않다. 감사해. 비둘기 부부. 잘 자.

# 28. 안해와 아내

　부부는 사랑으로 맺어진 존재다. 데니스 웨이틀리는 사랑(LOVE)을 이렇게 정의한다.

- L(Listening): 상대방의 말을 잘 들어주라
- O(Overlooking): 상대방의 약점과 잘못에 대해 눈을 감아주라
- V(Valuing): 상대방의 가치를 인정하고 존중해주라
- E(Expressing): 사랑을 실제적인 방법으로 표현하라

　당신은 이런 사랑을 하고 있는가. 어떤 이는 아내를 진정 사랑한다면 호칭부터 바꾸자 한다. 집사람, 안사람으로 부르지 말고 아내라 부르자는 것이다. 아내는 집안의 해와 같다 하여 안해라 했는데 아내로 부르게 되었다는 것이다. 연변에 있으면서 그곳에서 발행되는 신문, 그리고 여러 책들을 접하게 된다. 그 가운데 우리에게 친숙하지 않은 단어가 나온다. 그것이 바로 안해다. 아내를 안해로 부르는 것이다. 집안의 해이니 보물다운 내가 난다. 안해든 아내든 말로만이 아니라 아내를 진정 집안의 해로 대하는 것이 중하지 않을까.

　헌데 남편이 있을 때는 이렇게 좋은 대접을 받다가 남편이 죽으면 왜 그 의미가 퇴색하는지 모르겠다. 미망인은 남편 따라 죽지 않은 여인, 과부는 부족한 사람이란 뜻이 있다. 이 단어에는 보물다운 티가 없다. 남편이 없으면 더 집안을 밝게 해야 하는데.

　베드로는 아내를 생명의 유업을 함께 받을 자로 알고 귀히 여기라(벧전3:7) 한다. 여성의 지위가 낮게 평가되던 시대에 베드로의

이 말은 매우 놀라운 선언이다. 그 때도 그리스도인이 이런 사고를 가졌다면 현대는 더 그러지 않겠는가. 아내를 어떻게 대하느냐에 따라 그 사람의 인격이 드러난다. 아내를 귀히 여기고 사랑하면 자식들도 정서적으로 안정을 하게 된다.

한국문화는 1인 지배구조에 익숙해있다. 가부장적이고 권위주의적이다. 그러니 목소리가 크다. 목소리가 크지 않다 하더라도 복종을 요구한다. 쉽게 유교 문화에 영향을 많이 받은 탓이라 하지만 그 시대엔 오히려 남편이 아내를 존중했다는 사실을 잊어서는 안된다. 인간의 본질적 문제로 보는 것이 더 타당하다. 그래서 낮은 음자리가 귀하게 보인다.

집에서 소리가 커지는 것은 부부가 싸우기 때문이다. 싸우는 이유로 2H를 든다. 히스테리(hysterical), 즉 신경질적이어서. 그리고 히스토리(historical), 즉 과거 일을 기억하고 자꾸 끄집어내기 때문이다. 잊기로 했는데, 얼마 후 다시 꺼내 싸운다면 답답하다. 이런 부부는 고슴도치 부부가 되기 쉽다. 서로 가까이 할수록 찔러 멀어질 수밖에 없는 부부다.

그럴수록 함께 기도하는 부부가 되는 것이 중요하다. 리브가가 처음 본 남편 이삭의 모습은 기도하는 남편이었다. 그 때, 바로 저 남자야 하지 않았을까. 기도하는 남편, 기도하는 아내로 인해 온 집안이 거룩해진다. 기도는 가정의 영성을 좌우한다.

어떤 기독상담자는 부부가 싸우기 전에 먼저 기도하라고 권한다. 글쎄 성질이 나는 판에 기도가 잘 나오려나. 그런데 그럴수록 기도하면 분노가 다스려진다고 한다. 왜 싸우려는지 알게 되고, 그 답을 구하면서 스스로 정리도 되고. 이미 주님 앞에 무릎을 꿇었으니 더 이상 싸워야 할 이유가 없겠다.

기도하라는 부분에서 가끔 이런 생각을 해본다. 상대로 하여금 더욱 정직한 삶을 살도록 하기 위함이 아닐까. 아내는 가정에서나 사회에서나 남편의 정직성을 원한다. 모든 일을 투명하게 하고, 정직하게 하면 신뢰를 얻는다. 상대로부터 인정을 받는다는 것이 얼마나 중요한 것인가. 그러므로 도덕성을 회복하라. "나의 기도와 하나님의 응답 사이를 가로 막고 있는 것은 아내의 원망이다." 아내의 원망이 나오지 않게 한다. 베드로가 아내를 귀히 여기라 말한 다음 "이는 너희 기도가 막히지 아니하게 하려함이라"(벧전3:7) 한 의미를 조금쯤 알 것 같다. "너희의 두려워하며 정결한 행위를 봄이라"(벧전3:2) 하지 않았던가.

하나님이 가정을 만들었을 때는 부부가 서로 돕고, 사랑하며 살라는 하나님의 계획이 담겨있다. 가정은 그냥 주어지지 않는다. 부부가 함께 만들어 나가는 것이다. 이질적인 사람들이 만났다. 그러니 그 차이를 먼저 이해하고 극복해야 한다. 아름다운 가정이 저절로 만들어진다고 생각한다면 착각이다. 서로 노력이 필요하다. 서로 노력하지 않고, 자기는 주지 않고 받기만 하려 하면 오래 갈 수 없다.

## 29. 가정경영과 가정성공

21세기는 감성시대, 여성시대를 표방한다. 사회와 조직의 여성화는 가정의 역할을 중요하게 생각한다. 그래서 21세기 성공은 행복한 가정 만들기에 달려있다는 말까지 있다. 사무실과 공장을 중심으로 화이트칼라와 블루칼라가 분류되던 시대에서 지식창조를 가져오는 골드칼라를 거쳐 감성적 행복을 주도하는 핑크칼라가 도래한 것이다.

현대는 일(직장)과 가정 사이에 조화로운 조율 작업을 요구한다. 이것을 '얼라인먼트'(alignment)라 한다. 기업과 가정이 조화를 이루는 얼라인먼트에서 성공해야 성공한 경영자가 될 수 있다. 가정을 중시한다고 해서 무조건 일보다 가정을 중시하라는 것은 아니다. 일과 가정의 비중을 어떻게 할 것인지에 대해 서로 의논하고, 직장에서의 성취를 가족과 함께 나눈다. 직장에서의 어려움도 가족이 함께 나누며 위로를 주고받을 때 삶의 용기를 얻는다. 직장에서 일어난 일을 가족에게 말하지 않던 시대와는 판이하게 다르다. 이렇듯 일과 가정 관계에서 보이지 않는 교류의 공간이 넓혀지고, 가정의 화평이 기업의 성과로 아름답게 이어질 때 사회는 보다 쾌청한 나날을 보낼 수 있다.

키이스 페라지는 노동자 가정 출신의 한 소년이 CEO로 자리 잡기까지에는 인간관계가 중요했음을 보여주는 책을 썼다. 인생에 힘이 되는 사람을 만나고 관계를 만들어 가는 생생한 경험담을 담은 이 책에서 저자는 독자에게 "혼자 밥 먹지 말라"고 주문한다. 인간관계는 사회에서 곧바로 세워지는 것이 아니다. 가정에서 학습되고, 그 경험이 조직사회의 성과로 이어진다. 밥은 가정의 식탁에서부터 시작된다는 것을 잊어서는 안 된다. 우리는 예절과 칭찬하는 법도 식탁에서 배운다. 성공한 사람들의 말의 절반이 칭찬이라는데 이 칭찬은 "어머니, 오늘 밥 참 맛있어요.", "여보 수고했어." 하는 가정

식탁에서부터 시작되고, 직장으로 파급된다. 칭찬의 소리보다 비난의 소리가 더 많이 들리는 회사나 조직은 불행하다. 칭찬은 우리의 삶을 부드럽고 즐겁게 한다. 이 혼돈의 시대에 나와 조직을 살리는 힘은 다른 사람을 칭찬하는 데서 나온다. 알로베니는 칭찬할 수 있는 능력이 있다는 것 하나만으로도 당신은 성공유전자를 가지고 있다고 말한다. 칭찬이 사람을 살리고 사람을 부드럽게 만든다.

가정은 또한 배려의 꽃을 피우는 밭이다. 언제나 기쁨이 넘치며 웃음이 끈이질 않는 훌륭한 가정 속에서 살아가는 사람들은 늘 여유와 안정을 가지고 있으며 부드러운 마음으로 남을 먼저 배려할 줄 안다. 가정은 중요한 학습장소다. 가족은 삶의 모든 과정에서 중요한 의사결정을 함께 한다. 서로를 배려하면서 문제를 극복해나간다. 파바로티는 한 때 성악도 하고 싶고 다른 일도 하고 싶어 했다. 그의 아버지는 그에게 두 의자를 앞에 두고 앉아보라고 했다. 그리곤 한 사람이 동시에 두 의자에 앉을 수 없다 말하고 음악에 전념하도록 했다. 성악가로 대성한 배경에는 가정이 있었고, 그 뒤에 아버지가 있었다. 성공한 사람들은 남들이 어려워할 때 자신의 진가를 드러낸다. 성공한 기업들은 남들이 움츠리면서 두려워하고 있을 때 상식을 깨고 공격적인 경영을 통해 자신을 드러낸다. 어려운 상황을 극복하는 법을 어디서 배웠을까? 그것은 식구를 격려하고 배려하는 가정이다. 가족의 배려는 약해보이지만 삼 겹줄보다 더 세다. 가족은 문제 앞에서 더 강해진다.

사람들은 모두 인정받기를 좋아한다. 집안에서도 남편은 아내로부터, 그리고 자녀들로부터 인정을 받고 싶어 한다. 만일 집안에서부터 인정을 받지 못하면서 회사에서나 사회에서 인정을 받으리라

기대하는 것은 잘못된 기대다. 성공을 했다 하더라도 균형 있는 성공일 수 없다.

월스트리트저널은 지난 3년 동안 아시아에서 성공한 기업인들을 인터뷰했다. 그들은 당면한 문제를 정면 돌파하고 대인관계를 아주 중시하며, 가족보다는 일에 무게중심을 두고 있다는 조사결과가 보도되었다. 일에서 성공하는 것도 중요하지만 가정을 소홀히 한다는 것은 결코 바람직한 일이 아니다. 조사가 아시아이니 한국도 포함되었을 것이다.

요즈음 잘 나가는 벤처인들은 일에 몰두한 결과 가정이 소홀해지는 것을 염려한다. 예전 대기업에 다닐 때는 가정적인 남편이었는데 요즘 그러질 못하니 아내와 사이가 멀어진 것 같다며 걱정을 한다. 아이들에 대한 미안함은 말할 것도 없다. 구미에서는 일 때문에 가정을 소홀히 했던 것을 후회하며 사직을 하곤 한다. 이름 있는 분들이 그랬다며 소개될 땐 새삼 가정의 소중함을 깨닫는다. 일을 그만 둘 형편이 아닌 우리는 그저 걱정하는 수밖에 없다. 걱정을 하는 모습이 그래도 아름답다. 식구를 사랑하는 구석이 보이기 때문이다.

우리 전통문화에서 가정문화는 중요한 자리를 차지하고 있다. 이것이 어찌 가정에 국한 된 일인가. 기업도 가족주식회사가 되어가고 있다. 회사는 애정 어린 가족주식회사로 되어가고, 팀은 사랑으로 엮어진 가족 팀을 이루고 있다. 가족은 이미 돈보다는 사람이 중요하고, 고생보다는 사랑이 중요하다는 것을 터득했다. 그래서 우리는 이미 가족이 결국 이긴다는 것을 안다. 기업도 보다 나은 성공을 위해 홈네트워킹을 시도한다. 가족구성원이 무엇을 원하는

지 알고, 그 니드(needs)에 충실하게 서비스하며 가족고객을 만족시키는 회사가 성공하기 때문이다.

　가정에서 빼놓을 수 없는 것이 가정윤리다. 가정은 공동생활의 최소 단위이고 사회생활의 기본 질서와 도덕이 만들어지는 곳이다. 기본에 충실한 자세는 바로 가정에서 길러진다. 훌륭한 리더들은 언제나 가정에 충실했다. 그들이 바쁘고 촌각을 다투는 순간에도 일에만 매진하여 최선을 다할 수 있었던 것은 바로 건강한 가정생활에서 비롯된 것이다. 세계 50대 CEO를 연구해본 결과 몇 가지 점에서 공통된 점이 있었다. 첫째는 이혼을 하지 않았고, 둘째는 부모에 대해 좋은 인상을 가지고 있었다. "좋은 부모가 되라. 그러면 좋은 CEO가 된다."는 말과 같다. 가장이 바른 윤리로 서고, 도덕으로 무장할 때 가정이 달라지고 사회가 달라진다.

　가정은 무엇보다 따뜻한 곳이며 우리에게 쉼을 줄 수 있는 공간이다. 동양이든 서양이든 가정은 친인간성을 유지할 수 있는 마지막 보루이다. 가족의 화목은 이 보루를 지켜주는 기둥과 같다. 사회적으로는 성공했으면서 아이들은 엉망인 관계는 다시금 생각해 봐야 한다. 일본의 경우 60%는 아버지를 죽일 마음을 품었다는 통계가 있다. 무서운 통계다. 이런 때 우리는 어떻게 해야 할까? 회사에서는 인정을 받고 있는데도 가족들은 행복하지 못하다면 어찌될까? 그렇다면 가족을 적극 배려해야 한다. 자녀에게 절대 등을 돌리지 말고, 만나는 즉시 "나는 너를 사랑한다. 너를 믿는다."고 말한다. 그러면 그 말이 내면의 분노를 잠재우고 그를 성장하게 할 것이다. 부드러운 말이 내일의 그가 있게 하는 씨앗이 되기 때문이다.

세상에서 가장 힘 있는 사람은 누구일까? 가족과 이웃 그리고 사회 전체의 질서를 위해 살아가는 사람들이다. 유대역사는 아브라함·이삭·야곱의 가정에서 시작하며 교육은 이들 선조들의 가정으로부터 비롯된다. 그들 가정은 세상을 구원하는 역사의 중심에 섰다. 성공한 사람들에게는 특별한 것이 있다. 가족을 중시하면서도 가족이기주의에 빠지지 않는 것이다. 가정경영을 잘하는 사람이 사회에 유익을 안겨 준다. 성공적인 가정이 성공적인 사회를 이끈다.

## 🍀 30. 차별, 그 악독한 사치

시카고 북부 스코키에 조용한 주택지가 있다. 그곳의 인구 7만중 4만이 유대인으로 나치의 학살에서 기적적으로 살아남은 사람들이다. 이곳에 유태인 도살을 외치는 무법자들의 행진이 벌어졌다. "유대인을 가스로 몰살하라"며 해골을 그려 넣은 플래카드를 들고 나치 강제수용소의 감시원 복장을 한 신나치주의자들이었다. 그들은 곡괭이, 야구방망이로 무장해 유혈소동까지 벌어졌다.

신나치주의자들이 각국에서 테러를 일삼는 등 인종차별적 폭력이 강화되고 있다. 히틀러의 중심사상은 순수 아리안족 보존이었다. 신나치주의자들은 유색인종 배척과 테러를 투쟁목표로 삼고 있다. 세계 각국에 산재해 있는 신나치주의자들은 갈색의 사관복에 검은 장화를 신고 나치의 국장을 완장으로 차고 다닌다. 그들의 사무실에는 히틀러의 대형사진이 걸려 있고, 히틀러가 죽은 4월 20일에는 으레 반유대, 반유색인종 구호를 외치며 폭력행진을 한다. 그들에 의한 테러도 수없이 자행되었다.

그들의 인종차별은 곳곳에서 일어났다. 독일에서는 터키계 이민자들이 무차별 사살되었다. 이탈리아 북부에서는 유대인 무덤들을 파헤치고 시체에 모욕을 가했다. 러시아의 신나치주의자들은 러시아에 거주하는 아시아인을 죽일 것이라 선언했다. 세상이 점차 무서워지고 있다.

인종차별은 더 악한 차별을 낳는다. 1959년 말콤X가 텔레비전에 처음 등장하며 외쳤다. "백인은 악마다!" 차별하는 백인을 향해 증오의 목소리를 토해낸 것이다. 비폭력으로 흑인의 지위를 향상하고 흑백차별 철폐를 주장하는 공민권 운동만이 유일한 해결책으로 알아왔던 상황에서 말콤X의 출현은 소수의 도시 빈민 흑인들을 제외하고는 모두에게 위협으로 다가왔다. 말콤은 "인종주의자가 사라지지 않는 한 폭력을 포기할 수 없다"며 폭력을 정당화했다.

말콤이 이렇게 말하는 데는 이유가 있다. 그의 아버지는 KKK단에 살해되었고, 이로 인한 충격으로 어머니는 미쳐버렸다. 이런 상황에서 그의 삶은 평탄할 수 없었다. 그는 갱단의 일원이 되었고, 마약을 팔았으며, 강도짓도 서슴지 않았다. 그는 결국 절도죄로 수감되었다.

감옥은 말콤을 새롭게 변화시켰다. 그곳에서 그는 처음으로 이슬람교를 접하게 되었고, 그 영향으로 죽는 날까지 술과 담배, 그리고 마약을 끊었다. 그리고 지독한 난시가 될 정도로 책을 읽고 또 읽었다. 그 책들은 흑인들의 비참한 현실을 깨닫게 해주었다. 흑인 운동가로서의 모판이 된 것이다.

1952년 가석방된 그는 이름을 말콤 리틀에서 말콤X로 바꾸었다. 강력한 카리스마와 호소력 있는 연설로 그는 아프로아메리카통일기구(OAAU)를 결성하고 자기의 지지 세력을 넓혀나갔다. 하지만 그의 적도 늘어났다. 반대자들은 그를 흑인 파시스트, 테러리스트로 규정했다. 1965년 2월, 뉴욕 할렘에서 OAAU 집회 연설을 하고 있던 말콤에게 갑자기 세 명의 흑인들이 뛰쳐나왔다. 그리고 총탄을 발사했다. 그는 절명했다. 그의 나이 39세였다. 지금까지 말콤이 살아있었더라면 어떻게 되었을까. 어찌 되었든 다 차별 때문에 일어난 일이다.

차별(Difference), 그것은 사람에 대해 등급을 지우고, 그에 따라 다르게 대우하는 것을 말한다. 하나님은 모든 인간을 차별 없이 대하신다(롬2:11). 예수 그리스도를 믿는 모든 사람에게 미치는 하나님의 의는 차별이 없다(롬3:22). 예수 그리스도를 통한 구원에도 차별이 없다(롬10:12).

하나님은 레아가 남편에게 차별 대우를 받는 것을 보시고 그의 태를 열어주셨다. 그러나 라헬의 태를 막으셨다(창29:31). 차별하면 어떻게 하시는가를 보여주는 단면이다. 우리의 믿음의 행위 중 하나도 차별하지 않는 것이다. 그렇게 하기 위해 주님은 우리 마음을 정화하신다. "믿음으로 그들의 마음을 깨끗이 하사 그들이나 우리나 차별하지 아니하셨느니라"(행15:9). 야고보는 우리로 하여금 차별하지 않도록 엄히 가르친다.

- "너희끼리 서로 차별하며 악한 생각으로 판단하는 자가 되는

것이 아니냐"(약2:4). 이 말씀을 공동번역으로 읽으면 더 실감이 난다. "여러분은 불순한 생각으로 사람들을 판단하여 차별대우를 하는 것이 아니고 무엇이겠습니까?"

- "만일 너희가 사람을 차별하여 대하면 죄를 짓는 것이니 율법이 너희를 범법자로 정죄하리라"(약2:9). "차별을 두고 사람을 대우한다면 그것은 죄를 짓는 것이고 여러분은 계명을 어기는 사람으로 판정됩니다"(공동번역).

- "내 형제들아 영광의 주 곧 우리 주 예수 그리스도에 대한 믿음을 너희가 가졌으니 사람을 차별하여 대하지 말라"(약2:1).

이 가르침을 잊지 않는다면 우리는 결코 차별하는 사람이 되어서는 안 된다. 사랑하기에도 모자라는 시간에 차별이 무엇인가. 그리스도인에게 있어서 차별은 사치다. 악독한 사치다.

 **31. 싱글들의 성경 이야기**

다섯 시쯤 저녁식사를 하러 나가려는 데 마침 이용우 교수로부터 전화가 왔다. 오늘 싱글의 식사모임에 초대한다는 것이다. 싱글에는 여러 의미가 있지만 여기서 싱글모임이란 아내가 연변과기대에 아직 합류하지 못해 싱글처럼 사는 사람들을 말한다. 정식회원은 아니지만 모처럼 초대를 받았으니 기쁘게 응하는 것이 답일 터.

새로 지은 R&D센터 5층에 자리 잡은 카페로 갔다. 나까지 모두 5명의 남자들이 모였다. 우선 중국 돈 10 위안짜리 음식을 맛있게 먹으며 이야기를 나눴다. 학기도 거의 마쳐가는 때라 부담 없이 앉아 늦게까지 이야기하기 좋았다. 대화의 대부분은 성경의 말씀을 나누는 시간이 되었다. 그래서 대화를 통한 말씀 묵상도 매우 의미가 있다는 생각이 들었다.

　그 대화 중 몇 가지는 아직도 잊히지 않는다. 영어과의 김석산 교수는 낙타와 바늘귀에 대해 언급했다. "낙타(a camel)가 바늘귀(eye of a needle)로 들어가는 것이 부자가 하나님의 나라에 들어가는 것보다 쉬우니라"(마 19:24; 막 10:25; 눅 18:25)는 말씀에 관한 것이다. 바늘귀는 실을 꿸 수 있도록 바늘 머리에 뚫어 놓은 구멍이다. 얼마나 작은가. 그런데 갑자가 왜 낙타와 같은 큰 동물이 등장했을까. 낙타가 바늘귀를 통과한다는 것은 정말 불가능한 일이다. 이 비유에서 비교 상대치고 너무 차이가 난다.

　김 교수는 이 말이 아람어에 대한 잘못된 해석에서 나왔다고 주장했다. 아람어로 낙타와 밧줄(로프, 굵은 끈)이 동음이어(同音異語)로 쓰이는데 의미상의 차이를 고려하지 않고 낙타로 번역했다는 것이다. 학자들에 따르면 아람어로 밧줄은 '감타(gamta)'이고 낙타는 '감라(gamla)'다. 't'와 'l'의 글자 한 자 차이로 밧줄은 낙타가 될 수도 있고, 낙타는 밧줄로 변할 수 있다. 김 교수에 따르면 원래 이 비유는 "밧줄이 바늘귀로 들어가는 것이 부자가 하나님의 나라에 들어가는 것보다 쉬우니라"로 번역되어야 보다 현실적이고 의미 있는 번역이 된다.

　싱글들은 모두 그럴 것 같다, 더 이해가 잘 된다고들 했다. 예수님 당시 이 말씀을 들었던 무리들도 여성들이 자주 사용하는 바늘귀, 갈릴리 호수 배의 밧줄 등을 들어 하나님 나라에 들어가는 것이 이처럼 어렵다 했을 때 보다 쉽게 이해되었을 것이다. 그러나 이것이 아직 정설로 인정받은 것은 아니다.

이용우 교수는 성경에 "좌로나 우로나 치우치지 말고 네 발을 악에서 떠나게 하라"(잠4:27)는 말씀에 대한 우리의 해석에 문제가 있다고 했다. 우리는 이것을 중용, 중도를 택하라는 것으로 많이 이해한다. 그러나 이것은 중도의 문제가 아니라는 것이다. 그것은 오로지 바른 길로 가라는 말씀이라는 것이다. 공동번역이나 쉬운성경은 이 의미를 잘 살리고 있다.

- 한 걸음도 곁길로 내딛지 말고 악에서 발길을 돌려라(공동번역).
- 곁길로 벗어나지 말고, 네 발을 악으로부터 멀리하여라(쉬운성경).

유머 하나. 1910년 독일의 오토 헤르조그라는 사람이 바늘귀(닫힌 원)를 열었다. 그동안 닫힌 바늘귀에 실을 꿰어오던 방식을 거부하고, 바늘귀를 크게 만들고 개폐가 가능하게 만듦(스냅링, 카라비너)으로써 밧줄이 바늘귀에 통과하기 쉽게 한 것이다. 그로부터 사람들은 말하기 시작했다. 부자가 천국에 가기가 그만큼 쉬워졌다고. 정말 그럴까? 주님은 말씀하신다. "예수께서 이르시되 내가 곧 길이요 진리요 생명이니 나로 말미암지 않고는 아버지께로 올 자가 없느니라"(요14:6). 곁길이 아니라 오직 한 길, 곧 주님의 길을 따르면 밧줄이 바늘귀를 통과하는 기적을 만날 수 있다.

# 32. 안국동 길거리 묵상

여름방학을 맞아 서울로 돌아왔다. 여름인데도 연변에선 하루에 춘하추동이 있을 만큼 아침과 저녁엔 쌀쌀함이 가시지 않는데 서울은 온통 찜통이다. 밖으로 나가기가 두려울 정도다.

그런데 대성그룹의 김영대 회장이 점심을 함께 하자며 초대했다. 그와의 만남이라면 더위가 문제 될 수 없다. 어디든 못 가랴.

점심약속 장소로 함께 이동을 했다. 나는 햇빛을 막으려고 모자를 가지고 있었는데 회장도 모자를 들고 나섰다. 사옥을 나오면서 우리 두 사람은 모자를 눌러쓴 채 인사동 골목을 빠져나와 정독도서관 근처에 있는 음식점까지 걸어갔다. 안국동 골목의 운치가 대단하다는 것을 느꼈다.

그가 약속했던 곳은 국제음식올림픽에서 금메달을 딴 분이 운영한다는 이탈리안 레스토랑 플로라(Flora). 금메달리스트가 운영한다고? 그 말 하나로 호기심이 동한다. 특히 얼마나 창의적인 음식인가에 관심이 있었다. 도서관 입구가 보이는 곳에 앉아 식사를 했다.

"점심인데 간단히 하기." 이것은 늘 내가 하는 말이다. 음식이 풍성하게 나오지는 않았다. 하지만 음식 하나하나에 맛이 나고 정성이 담겨 있었다. 식당 이름 그대로 음식뿐 아니라 그릇이나 받침에도 꽃과 관련된 예술을 담았다. 음식이나 그릇을 통해서도 향기가 날 것만 같다. 이 모든 문화를 통해 내가 그만큼 존중받고 있다는 느낌을 갖게 한다. 이런 점에서 아주 특이한 경험이었다.

그러다 보니 우리 대화도 서로 존중하는 대화로 이어지고 있었다. 4개월 동안 떨어져 있었던 탓에 이야기는 자연 서로 궁금한 것에 초점이 맞춰졌다. 그는 나의 연변과기대 생활에 대해 물었다. 그리고 나는 그가 오래 동안 돕고 있는 중국의 신학교가 잘 되고 있는지, 12월 말 교회 장로로 임직 받으면 하나님이 그를 어떻게 쓰실지 궁금하다는 이야기 등을 대화에 올려놓았다. 그리곤 건강 때문에 어려움을 겪는 집안의 어르신들 얘기. 우리는 주님이 허락하시는 그 순간까지 최선을 다 하자는 말로 삶을 다독인다. 대학 때부터 서로 의지해온 사인데 이제 70을 바라보는 나이가 되었다는 것이 믿기지 않는다.

우리 대화는 거기서 끝나지 않았다. 음식점을 나와 우리는 정독 도서관을 향했다. 정독도서관은 옛 경기고등학교 자리다. 운동장 자리를 정원으로 꾸며놓아 걷기에 안성맞춤이다. 그는 나에게 다섯 바퀴를 돌자고 제안했다. 그제야 나는 왜 그가 모자를 가지고 나왔는가를 알게 되었다. 조깅을 하면서 정원 안에 자리한 그 유명한 김옥균의 집터 자리도 눈여겨 볼 수 있었다. 이제 도서관 마당은 사람들의 쉼터로 변해있었다.

다섯 바퀴가 끝나자 그는 나를 좁은 골목으로 인도했다. 그곳에는 그동안 말로만 들어왔던 안동교회가 있었고, 그 앞엔 윤보선 대통령의 고택이 자리하고 있었다. 이곳이 그 옛날 양반이 살던 곳임을 금방 알 수 있었다. 안동교회는 한옥 그대로였다. 선교사에 의해 설립된 승동교회에 출석하던 양반들이 상민들과 함께 자리하기 어려워 양반들만의 교회로 세워진 곳이 바로 안동교회다. 반상 역사의 한 토막을 보여주는 곳이다. 승동교회는 지금 종로를 바라보며 서있고, 안동교회는 경복궁을 바라보며 서있다.

우리는 다시 인사동에 있는 대성그룹 사옥으로 돌아오는 것으로 끝났다. 김 회장을 오랜 동안 보필해온 전성희 이사가 시원한 보리 음료를 내온다. 전 이사는 고 심재룡 교수 사모다. 우리나라 비서 역사에서 전설이 된 전 이사다. 김 회장, 심 교수, 나 모두 두레모임의 오랜 고택과 같은 사이. 그날 점심의 만남은 현대에서 고전을 돌고 돈 만남이었다. 그 속에 우리의 과거가 있었고, 교회가 있었고, 미래가 있었다. 그날 김 회장과 함께 걸으며 대화하고 여러 가지를 생각하게 하신 하나님께 감사를 드리지 않을 수 없다. 요즘 나는 친구를 만나든, 어떤 사람을 만나든 하나님이 인도하심이 있다고 생각한다. 그래서 그 만남 하나하나가 감사하다. 오늘도 나의 삶을 인도하신 하나님. 순간순간을 아름답게 하신 하나님. 이 모두 하나님의 인도하심이 아니면 불가능한 일이다.

이 날의 대화와 묵상을 무엇이라 할까. '안국동 길거리 묵상'이라 해도 좋을 것 같다. 언젠가 집사람과 함께 와야지. 그 때 정독도서관 앞마당 다섯 바퀴 함께 돌 수 있을까.

## 33. 사랑의 정의

많은 사람들이 휴대폰을 가지고 있다. 어른이고 학생이고 할 것 없이 휴대폰은 이제 생활 필수품이 되었다. 나는 그 편리하다는 휴대폰을 오랫동안 거절하며 살았다. 나의 조용한 삶을 방해하는 훼방

꾼 역할을 할 것이 분명했기 때문이다. 그런데 휴대폰이 없으니 오히려 자기들이 불편하다며 선물하는 바람에 휴대폰을 갖게 되었다.

하지만 그 휴대폰을 사용하는 일은 거의 없다. 집에 있으면 꺼놓는다. 집에 전화가 있는데 휴대폰까지 켜놓을 이유가 없기 때문이다. 밖에 나갈 때 어쩌다 들고 가기는 하지만 그나마 사용하는 일은 거의 없다. 그래서 내 휴대폰은 바쁜 휴대폰이 아니라 잠자는 휴대폰이다.

모임에서 우연히 휴대폰 이야기가 나오고 대기 시간에 흘러나오는 휴대폰 음악에 대해 말이 오갔다. 그런데 어느 분이 상대편 사람을 지목하며 그 사람의 휴대폰 음악이 너무 좋다며 그 노래를 들려 달라 주문했다.

그분은 노래를 부르지는 않았다. 하지만 문학도답게 그 음악의 가사가 너무 좋아서 그 곡을 택했다며 가사를 소개했다. 모두 숨을 죽이며 그의 말을 들었고, 그 가사의 시적인 표현에 빨려 들었다. 제목은 'The Rose'이고 가사는 다음과 같다.

Some say love it is a river that drowns the tender reed
Some say love it is a razer that leaves your soul to bleed
Some say love it is a hunger, an endless aching need
I say love it is a flower, and you its only seed
It's the heart, afraid of breaking, that never learns to dance
It's the dream, afraid of waking, that never takes the chance
It's the one who won't be taken who cannot seem to give
And the soul, afraid of dying, that never learns to live
When the night has been too lonely, and the road has been too long
and you think that love is only for the lucky and the strong

Just remember in the winter far beneath the bitter snows
Lies the seed, that with the sun's love, in the spring becomes the
rose

어떤 이는 사랑이란 연약한 갈대를 삼켜버리는 강물 같다고 합니다.
어떤 이는 사랑이란 영혼에 상처를 내어 피 흘리게 하는 면도날 같다고
합니다.
어떤 이는 사랑이란 끝없는 갈망으로 굶주린 배고픔 같다고 해요
저는 사랑이란 꽃이라고, 그리고 당신은 씨앗이라 말하고 싶어요.
상처 받기를 두려워하는 사람은 절대 춤을 배울 수 없는 것처럼 사랑도
그래요.
꿈속에서만 허우적대는 사람은 결코 기회를 잡을 수 없는 것처럼 사랑도
그래요.
받을 줄 모르는 사람은 절대 먼저 베풀지 못하는 것처럼 사랑도 그래요.
죽음을 두려워하는 사람은 결코 삶을 깨닫지 못하는 것처럼 사랑도 그래요.
밤이 너무 외롭고 아직 가야할 길은 멀다고 느껴질 때
사랑이란 것이 운 좋고 강한 자만의 것이라고 느껴질 때
기억하세요. 한겨울 차가운 눈 더미 깊은 곳에 있던 씨앗 하나가
따스한 햇살을 받아 봄이 되면 장미로 피어날 터이니.

집에 돌아와 인터넷을 통해 그 곡을 접했다. 가사뿐 아니라 곡도
아주 좋아 여러 번 듣고 또 들었다. 사람들은 이 노래를 들으며 사
랑의 의미를 되새길 것이다.

당신은 사랑을 어떻게 정의하는가. 아니 당신에게 있어서 사랑은
무엇인가. 아니 사랑 중의 사랑은 진정 무엇일까. 겨울의 고난을
딛고 장미로 피어난 사랑이 있다면 그것은 우리를 향한 주님의 사
랑이 아닐까. 그분은 우리 가슴 속에 그 씨앗을 심어두고, 우리로
하여금 오늘도 꽃을 피게 하신다. 그래서 우리는 고백한다. "사랑의
하나님 귀하신 이름은 내 나이 비록 어려도 잘 알 수 있어요."

하나님과의 관계에서 사랑이 꽃으로 피어나고 사람과의 관계에서 아름답게 결실을 맺을 때 우리가 더불어 사는 세상은 의미 있게 될 것이다. 그 순간 우리는 고백하게 될 것이다. "주님 사랑합니다. 우리는 숨 쉴 때 마다 주님을 사랑합니다. 노래할 때마다 당신이 필요합니다." 금방 휴대폰이 울릴 것만 같다. 주님이 보내신 사랑의 메시지가 뜰 것 같다.

## 34. 예수님, 성적 올려주세요

학기말이면 늘 기말시험을 치루고 학생들이 제출한 리포트 살피고, 점수를 매기느라 바쁘다. 학생들도 높은 점수를 기대하며 성적을 기다린다. 요즘 성적이 너무 부풀려 있어 성적엔 A와 B밖에 없다는 말까지 나온다. 그렇게 되면 성적이 무슨 의미가 있을지 걱정이 된다. 변별성이 없기 때문이다.

나는 79년부터 대학교수를 했다. 그러니 30여 년 동안 성적과 전쟁을 한 셈이다. 시험만으로 성적을 매기는 것은 학과목에 대한 학생들의 열심과 노력을 다 반영한 것이 아니라는 생각이 들어 중간고사 20%, 기말고사 20%, 자유롭게 선정한 책에 대한 독후감 10%, 주제를 선정해 작성한 리포트 20%, 발표 10%, 출석 20%를 성적에 반영해왔다.

성적을 학교종합정보망에 올리면 몇몇 학생들로부터 반응이 온다. 대부분 성적을 올려달라는 주문이 대부분이다. 이번학기도 예외가 아니다. 한 학생으로부터 이메일이 왔다.

먼저 자기를 소개한다. "안녕하세요. 저는 이번학기에 ○○ 수업을 들은 ○○학과 ○○라고 합니다." 그리곤 감사를 표한다. "교수님, 한 학기 동안 가르치느라 수고 많으셨어요."

그 다음은 본론이다. "저는 이번 학기 이 과목을 열심히 수강하였습니다. 발표도 잘 하였으며 독후감과 리포트도 제 시간에 다 냈습니다. 그런데 생각밖에 성적이 좀 낮았습니다. 저는 이번학기에 한 시간도 빠짐없이 수업에 참석하였고 강의도 열심히 들었습니다. 특히 저의 발표는 많은 동기들과 선배들의 호평을 받았으며 교수님도 그때 중요한 발표라고 하면서 인터넷에 올려 공유하자고까지 하였습니다. 그리고 저의 리포트는 책도 열심히 읽고 정말로 열심히 쓴 것입니다. 시험은 잘못 보았습니다. 교수님이 저한테 준 성적은 B-입니다. 성적을 보는 순간 너무 슬펐습니다. 저는 정말로 열심히 했습니다. 이번학기에도 정말 장학금 받으려고 매 수업마다 열심히 하였는데 전공인 ○○ 성적이 B-라니 너무 슬픕니다. 교수님, 다시 평가하여 주십시오."

이쯤 되면 교수의 평가가 아주 잘못된 것처럼 보인다. 시험은 잘못 보았어도 다른 것을 잘 했으니 성적이 좋아야 한다는 것이다. 직접 찾아오는 예의는 거의 없다. 이메일을 띄운 다음 좋은 결과를 기다린다. 그 땐 점수에 대해 객관적으로 말할 수밖에 없다.

"이메일 잘 받았습니다. 발표도 아주 잘 들었고, 리포트도 잘 받았습니다. 그동안 수고 많으셨어요. 점수에 대해 간단히 말씀 드리겠습니다. 중간시험 20점 만점에 몇 점, 기말시험 20점 만점에 몇 점, 발표

10점 만점에 10점, 리포트 20 만점에 20점, 독후감 10점 만점에 10점, 출석 20점 만점에 20점, 총 ○○ 점 획득했습니다. 원 점수는 ○○입니다. 그러나 B-를 주었습니다. 너무 올려준 것이지요. 더 이상의 점수 조정은 어렵습니다. 성적뿐 아니라 시험지 모두 학교에 제출되어 있습니다. 너른 이해 바랍니다."

며칠 후 학생으로부터 답이 왔다. "이메일 잘 받았습니다. 이제야 점수에 대해 알겠습니다. 교수님 수고 많으셨습니다. 방학 잘 보내세요." 이 학생의 경우 이해가 되었으니 다행이다. 시험이든 발표든 리포트든 그에 해당하는 비율이 있고, 발표를 잘 했다고 그것이 곧 A가 되는 것은 아니라는 것을.

학생이야 성적이 관심 사항이 아닐 수 없다. 성적을 좋게 받고 싶은 것은 사람의 심리이니 나무랄 수 없다. 그러나 성적은 어디까지나 객관적이고 정확해야 한다. 정으로 주는 것이 아니기 때문이다.

성적관계를 보면서 하나님 앞에 우리의 영적 성적이 어떻게 될지 자못 궁금해진다. 만일 학기마다 주님이 우리의 점수를 주신다면 우리는 그 때 뭐라며 떼쓸까. "예수님, 성적 올려주세요." "요즘 기도도 헌금도 많이 했으니 올려주셔야지요." 이 말이 통할까.

"그래, 네 기도 잘 들었다마는 그것이 어디 기도냐. 윽박지르기지. 해도 너무하다." 막무가내 기도는 통하지 않는다는 것을 왜 몰랐을까. "그 나라와 그 의를 구하는 기도가 아니라 너 자신을 위한 것이 아니었는가." 그저 고개를 숙이지 않을 수 없다.

구약을 보면 "여호와 보시기에"라는 말씀이 있다. 왕들을 평가할 때 주로 사용한 단어다. "여호와 보시기에 선하였더라." "여호와 보시기에 악하였더라." 주님도 우리를 평가하신다. 그 평가는 나 보기가 아니라 여호와 보시기에다. 그 평가에선 "주님, 성적 올려주세요"
가 통하지 않는다. 우기다 "악하고 게으른 종아."라는 말 듣기 전에
더 겸손해지자. 아니 지금 하나라도 더 주님의 말씀을 실천하자.


## 🍀 35. 이거두리와 방애인, 평신도 사역자의 사표


전주 서문교회 역사에 빠지지 않는 두 인물이 있다. 이거두리와
방애인. 이거두리에겐 거지 왕, 양반출신 걸인 전도자라는 별명이,
방애인에게는 조선의 성녀라는 별명이 붙어있다.

이거두리의 본명은 이보한(李普漢).[3] 거리 전도 때마다 "거두리로다,
거두리로다" 찬송을 불렀기에 이거두리라 불렸다. 양반가의 장남으로
태어났지만 서자이기에 천시를 받았다. 아버지를 대신하여 교회를 나가
기 시작한 그는 교회를 통해 평등과 사랑을 배웠다. 서자와 애꾸눈으로
거지들에게 친구가 되어주고 거지들을 보살핀 사랑의 일꾼이 되었다.

조선 선교에서 제일 힘든 것은 양반들의 개종이었다. 양반 고을
전주도 예외가 아니었다. 동학혁명이 나면서 선교사들에 대한 배척
도 심했다. 선교사들은 성 밖에 교회와 병원을 마련하고 선교를 시
작했다. 8년이 지나서야 양반들이 교회에 나오기 시작했다. 그 최
초의 주인공은 전주 이씨 집안의 이 보한. 심지어 정말 양반이 교

---

3) 이성한으로 불리기도 한다.

회에 나왔는지 확인하기 위해 교회를 찾는 이들도 많았다. 그러면서 교회에 대한 부정적 인식이 무너지기 시작했다.

이씨 집안이 교회에 나오게 된 것은 포사이드(W. H. Forsythe) 부상 사건과 연관이 있다. 이씨 집안사람들로부터 왕진 부탁을 받은 그는 강도떼의 습격을 받은 이경호를 치료했다. 그런데 그날 밤 강도들이 다시 나타나 이번에는 포사이드에게 중상을 입혔다. 미안한 일이 아닐 수 없었다.

이경호는 보답 차원에서 교회를 나가야겠다고 생각했지만 양반 체면에 직접 교회 나갈 수는 없어 집안사람들을 모으고 대신 나갈 지원자를 찾았다. 모두 눈치만 보는데 그 집 아들이 나섰다. 그가 바로 이보한이었다.

신자가 된 그는 얌전한 신자이기를 거부했다. 길거리에서 큰 목소리로, "거두리로다, 거두리로다. 기쁨으로 단을 거두리로다." 찬송을 부르며 전도했다. 결국 그는 그의 이름 대신 '이거두리'로 더 알려지게 되었다.

사진: 이거두리

그의 전도는 끈질겨 전도 대상이 교회에 올 때까지 포기하지 않았다. 집안의 한 진사를 목표로 삼은 그는 몇 달이고 찾아가 교회에 나가자고 했다. 그의 전도에 질린 진사는 결국 약속을 하고 말았다. "내 다음 주일에 나감세." 주일이 가까워 오자 걱정이 된 진사는 삼십리 떨어진 절로 숨어들었다. 주일 아침 일어나보니 눈까지 내려 안도하고 있는데, 어찌 알고 왔는지 이거두리가 찾아와 약속대로 예배당에 함께 가자 했다. 그것도 혹시 눈 때문에 못가겠다 할까봐 눈까지 치워가며 왔다는 것이다. 진사는 결국 그날 예배당에 갔고, 등록을 했다. 그리고 훗날 장로가 되었다.

　그는 빈민구호와 걸인의 친구가 되었다. 어려운 사정을 들으면 모조리 탕감해주고 아버지를 찾아가 우리는 그 돈 없이 살 수 있지만 그 사람들은 갚을 길이 없으니 받은 걸로 치자며 부친을 설득했다. 헐벗은 사람을 보면 제 옷을 벗어주었고, 굶주린 사람을 만나면 집에 데려다 밥을 먹여주었다. 자신의 행색도 거지꼴이어서 친구들이 새 옷을 해주면 오히려 그 옷을 거지에게 주었다. 3·1운동 때 그는 거지들의 만세시위를 이끌었고, 그가 죽자 걸인들이 모여 한국 최초로 걸인장을 치렀다. 그의 묘비에는 이렇게 쓰여 있다. "한 평생 온후하고 자비로운 성품, 굶주리고 헐벗은 자를 보면 옷을 벗어주고 밥을 먹여 주었네."

　방애인(方愛仁)은 고아들을 위해 산 서문교회의 자랑스러운 평신도이다. 황해도 황주 출생으로 개성 호수돈여학교를 졸업한 뒤 전주기전여학교에서 교사가 되었다. 성령 체험 후 그는 교회에 충성하면서 거리의 정신병자를 돌보고, 고아들을 손수 업고 다니는 등 거리의 천사로 살았다.

사진: 방애인(앞줄 좌측 첫번째)

어느 날 사람들이 정신병자 노파를 에워싼 채 놀리고 있었다. 노
파는 울부짖고 있었다. 이때 한 처녀가 눈물을 글썽인 채 그 노파
의 곁으로 다가가 노파의 두 손을 꼭 잡아주었다. 노파를 희롱하는
데 정신이 팔려 있던 구경꾼들도 노파의 손을 잡고 데려가는 모습
을 보곤 감격의 눈물에 젖었다. 노파 앞에 나타난 천사는 방애인.
여기서 마더 테레사의 초기 모습을 본다.

고아들을 모아 교회 옆에 고아원을 세우고 야학을 열었다. 눈보
라 속에서 떨고 있는 아이들을 찾아 들쳐 업고 와, 아이의 머리를
깎아주고 목욕시켰다. 얇은 옷 단벌로 겨울을 나는 딸이 안타까워
어머니가 보낸 솜옷도 입어보지도 않은 채 모두 거리의 걸인들에
게 주었다. 그는 고아와 걸인을 섬긴 단벌의 천사였다. 단장하던
값진 옷감도, 향수와 크림도 그의 소지품에선 찾아볼 수 없었다.
그가 가진 것은 단 한 벌의 옷뿐이었다. 그러다 열병으로 24세 꽃
다운 나이에 하나님의 부름을 받았다. 이웃사랑과 나눔의 삶을 마
감한 것이다. 전주 시내는 눈물바다가 되었다. 그의 전기를 쓴 배

은희 목사는 그를 가리켜 말한다. 그는 형제의 발아래에 엎드려 겸손히 섬기는 성자였다. 눈물의 성자였다.


## 36. 죄에 대항해서 싸우라

1909년 이토 히로부미가 암살당한 후 데라우치가 조선총독으로 부임하여 강력한 무단 탄압정치를 행하였다. 이토가 암살 된 뒤라 그 반동으로 헌병제도를 실시하고, 언론결사의 자유를 완전히 빼앗고, 불순사상을 가진 사람으로 보이면 모조리 잡아들였다. 당시 헌병은 입법 사법 행정을 도맡았다. 탄압을 통해 한 민족의 충성을 강요한 것이다. 이 야만정책을 구현하기 위해 일본이 꾸민 조작극이 바로 105인 사건, 곧 데라우치 살해음모사건이다.

당시 교회는 상당히 단결된 단체였기 때문에 일본인들은 교회가 배후에서 선동하여 정치운동을 일으킬 것으로 생각했다. 찬송가 중에 "십자가 군병들아"는 선동적인 노래로 간주했고, 설교가운데 "죄에 대항해서 싸우라"는 것을 일본정치에 항거하라는 뜻으로 해석했다. 그 당시 구세군이 들어와 활동하기 시작했는데 그들이 사용하는 군대식 용어마저 일본인들에게는 트집이 되었다.

조작극은 시작되었다. 1910년 12월 29일 데라우치 총독이 선천을 지나기로 되어 있는데 이 기회를 틈타 기독교인들이 그를 암살하려 했다며 각처에서 기독교인을 검거하고 고문했다. 검거된 사람가운데

125명이 정식으로 고발되었다. 음모사건이 허위임에도 불구하고 105명이 유죄판결을 받았다. 그러나 상소결과 거의 다 무죄 석방되고 6명만 10년 징역 구형을 받았다. 이것은 모두 저들의 체면을 세우기 위한 것이었다. 구형 받은 6명도 몇 해 지나 다 석방되었다.

1919년 3.1운동이 일어났다. 그동안 헌병의 극렬한 무단통치에 염증을 느낀 국민들은 방방곳곳에서 일어났다. 빼앗긴 나라를 되찾겠다는 일념이었다. 당시 윌슨 대통령은 민족자결정신을 고취시켰다. 하지만 미국은 필리핀, 영국은 인도, 일본은 조선을 식민지로 만들어 이를 실천하기 어려운 형편이었다. 합방 후 고종 황제는 독폐 되었고, 결국 일본 하수인에 의해 독살되었다. 이미 황후 민비도 일본인에 피살되지 않았던가. 그러나 일본은 고종이 뇌일혈로 사망했다고 속였다. 3월 3일이 국장이어서 많은 사람들이 애도를 위해 서울로 몰려들었다. 3.1운동은 33인에 의해 주도되었다. 그들은 대부분 종교지도자들이었다. 이들은 먼저 국일관에 모였다. 그러나 이곳이 이완용 등이 합방을 조인한 곳이라 이런 곳에서 논의할 수 없다하여 선언문은 파고다 공원에서 낭독했다.

3.1운동은 약 일 년 정도 지속되었다. 여성, 학생, 부인조직 할 것 없이 각계각층에서 참여했다. 교회도 참여했다. 이에 대해 일본은 무자비하게 탄압했다. 팔로 태극기를 흔들면 팔을 자르고, 입으로 외치면 입을 찔렀다. 수원 제암리 교회의 경우 29명의 교인들이 학살되었다. 함안 조씨 일가 70여명은 만세를 부르다 모두 죽임을 당했다. 하지만 죽음을 초월한 이 운동은 전국적으로 번졌다.

일본은 신사참배로 또 다시 교회를 괴롭혔다. 기독교는 이는 우상 숭배라며 저항했지만 일본의 회유와 핍박은 그치지 않았다. 결국 많은 교단이 신사참배를 결의하기에 이르렀다. 가톨릭마저 동조했다. 장로교 중에 일부는 철저히 반대하다 형극의 길을 걸었다. 대표적인 인물이 길선주 목사다. 그는 3.1운동 선언문에서 33인 중 한 분이었다. 신사참배에 동조한 감리교 양주삼 총리사는 "우리는 기독교회의 신자인 동시에 국가의 신민인 것을 망각해서는 안 된다"며 내선일체에 동조하고, 신사참배가 종교적 행위가 아니라 정치적 국민행위에 지나지 않는다는 일본의 주장에 뜻을 같이 했다. 당시 미나미 총독은 감리교 연회에 나와 축사까지 했다. 결국 감리교 계통의 학교는 폐쇄되지 않고 해방될 때까지 생존할 수 있었다. 하지만 신사참배를 반대한 대다수 교단 학교는 폐쇄될 수밖에 없었다.

총독부는 심지어 교회지도자 말살 계획을 세웠다고 한다. 그 D데이가 1945년 8월 18일. 총독부의 말을 듣지 않는 교회 지도자 모두를 평양에 집결시켜 전기고문으로 죽일 계획이었다는 것. 이것이 사실이고 또 그 계획이 실행되었다면 한국교회의 운명은 풍전등화였으리라. 그러나 하나님은 8월 15일 해방을 가져다줌으로써 모든 것을 역전시켰다. 일본은 하나님의 채찍 앞에 항복했다. 하나님의 섭리는 놀랍다.

이런 역사적 전개 과정을 생각할 때 모르드개를 나무에 달고 유다인들을 전멸시키려 한 하만의 계획을 물리치고, 오히려 그 나무에 하만을 달게 하신 장면을 잊을 수 없다. 기사회생한 모르드개는 각도 유대인에게 글을 보낸다. "이 달 이 날에 유다인이 대적에게서 벗어나서 평안함을 얻어 슬픔이 변하여 기쁨이 되고 애통이 변하여 길한 날이 되었으니 이 두 날을 지켜 잔치를 베풀고 즐기며 서로 예물을 주며 가난한 자를 구제하라"(에9:22). 이 날이 바로 유대인의 명절인 부림절이 되었다. 일본의 억압에서 부림절을 허락하신 주님께 감사를.

이제 우리가 해야 할 일은 무엇일까. 일본을 끝까지 미워하고 대항하는 일일까. 그것은 아니다. 오히려 일본인들이 과거의 잘못을 회개하고 주 앞에 나오도록 돕는 것이다. 그리고 우리 자신의 성화를 위해 노력한다. 이런 때 당시 목사님들의 말씀이 더 크게 들린다. "죄에 대항해서 싸우라."

## 37. 심 교수 이야기

서울대 철학과 심재룡 교수가 한양대학교 안산캠퍼스를 방문했다. 산업경영대학원 최고경영자 과정(AMP)에서 특강을 하기 위해서였다. 원장실에서 얼굴을 마주했을 때 "양 교수가 원장인줄 몰랐네." 하며 웃던 모습을 잊을 수 없다. "제가 오시라고 했잖아요." "그랬던가?" 그것이 심 교수와의 마지막 대화였다.

나는 심 교수가 돌아가셨다는 소식을 듣고 놀랐다. "아니 그렇게 건강하시던 분이." 이것이 나의 반응이었다. 내가 생각하는 건강은 그분의 이해심 많고 넓은 웃음이 작용한 것 같다. 물론 건장해 보이는 그분의 체구도 생각에 영향을 주었을 것이다. 거의 1년 동안 남몰래 투병을 해왔다는 말을 듣고 그간의 아픔을 이해할 수 있었다.

심 교수와의 만남은 학부 때부터이다. 같은 서울대 문리대 출신이라는 점도 있지만 두레모임의 같은 회원이었기 때문이다. 학부 때부터 자주 만나 학문과 인생을 논하고, 여러 정보도 교환했다. 돌아가시기 전까지도 두레모임을 통해 1년에 몇 차례 만날 수 있었다. 때로는 대성그룹 회장실에서 만나기도 했다. 살면서 이런 좋은 동문을 가질 수 있었다는 것은 기쁨이요 축복이 아닐 수 없다.

우리 모두가 잘 알고 있는 바와 같이 심 교수는 불교철학을 전공했다. 그는 기독교인인 내가 불교를 이해하는 데도 도움을 주었다. 달라이 라마를 만나 나눈 이야기를 전해 주기도 하고, 한국 불교의 여러 장점과 어려운 상황들을 말해 주기도 했다. 심 교수가 말한 것 가운데 달라이 라마를 말할 때 가장 톤이 높았던 것으로 보아 그에 대한 관심이 컸던 것이 아닌가 생각한다. 달라이 라마의 자서전을 번역하기도 하고, 직접 만나 대화도 해보았으니 그럴 만도 하지 않을까.

그러나 기독교인이었던 대성그룹 김 영대 회장과 나는 그가 '그리스도의 사람이었으면' 하는 소망을 늘 가지고 있었다. 불교철학자가 기독교인이 된다는 것은 결코 쉬운 일이 아니다. 우리는 그저 기도할 뿐이었다. 그런 기대를 저버리지 않았던 것은 기독교인 가운데도 불교를 연구하는 학자들이 상당수 있었기 때문이다.

심 교수가 소천 했다는 소식을 듣고, 그를 평소 가까이서 배려한 김 회장을 만났을 때 나의 첫 질문은 "심 교수님, 예수님 영접했습니까?"였다. 김 회장은 "그렇다"며 기쁨을 감추지 못했다. 나도 "할렐루야"하며 함께 기뻐했다. 그리고 그의 영혼에 대한 안도감이 들었다. 지금까지 우리가 기도했던 것에 대해 비록 마지막 순간이지만 응답하신 주님께 감사를 드리지 않을 수 없다.

심 교수의 고등학교 동창이었던 비교종교학자 길희성 교수가 '보살 예수'라는 책의 서문에서 심 교수를 '부처님의 아들'이라 한 것을 보았다. 길 교수나 심 교수 모두 불교를 연구한 학자이기 때문에 불교를 이해하고 연구하는 일에 어떤 토를 달 생각은 전혀 없다. 심 교수가 한국불교에 영향을 준 것도 높게 평가한다. 그러나 목사인 나, 그리고 그를 가깝게 지켜본 나는 그가 주님을 영접했다는 사실이 너무 중요하다. 그를 그만큼 사랑하고 귀하게 보기 때문이다.

이제 심 교수는 우리 곁을 떠났다. 무엇보다 심 교수가 가고 없는 빈자리가 너무 클 전 성희 여사에게 하나님의 위로가 넘치기를 기도한다. 심 교수와 전 여사는 초등학교 5학년 반장과 부반장으로 만났다. 그 때부터 애틋한 사랑을 키우지 않았을까 상상해본다. 당시 심 교수는 우리가 알고 있는 심재룡이 아니고 심광웅이었다. 비록 그는 갔지만 그가 영원히 우리 곁을 떠난 것은 아니다. 지금 그의 잔잔한 미소와 호탕한 웃음, 큰 목소리, 그리고 크고 넓은 마음이 우리 가슴 속에 남아있고, 훗날 우리는 주님 앞에서 만나게 될 것이다.

"양 교수, 이 책 읽어봐. 아주 깊은 서정을 느낄 수 있어." 지금도 조용하게 찾아와 책을 내밀며 다가설 것만 같다. 금년 같이 더운 여름이면 그의 시원한 목소리가 더욱 그리워진다.

## 38. 주여 당신 오실 때까지

　김제 금산교회. ㄱ자 교회, 이자익 목사와 조덕삼 장로 이야기로 유명한 교회다. 1905년 테이트(L. B. Tate) 선교사에 의해 세워졌다. 1908년 조 장로에 의해 현재의 위치로 옮겨져 ㄱ자 교회로서의 보존가치가 높아 문화재가 되었다. ㄱ자인 이유는 남녀칠세부동석 유교적 전통을 유지하기 위한 것. 남자 석은 남쪽으로, 여자 석은 동쪽으로 분리되어 있다. 이것은 유교문화가 교회 안에도 얼마만큼 영향을 미쳤는가를 보여준다.

ㄱ자 금산교회

　최근 이 교회를 다시 보면서 새로운 사실을 깨달았다. 이자익 목사의 근검, 청빈의 생활. 그리고 강대상으로 난 겸손의 문이다. ㄱ자 교회이므로 남녀를 위한 교회 출입문이 서로 다르다. 목사님은 강단 쪽 문을 사용하는데, 그 문을 통과하려면 고개를 숙여야 한다. 주님 앞에 겸손한 마음으로 들어오라는 뜻이 담겨있다.

겸손의 문과 강단

　인상적인 것은 상량문의 글이다. 남자 석 상량문엔 고린도후서 5장 1절에서 6절까지 한문으로 쓰여 있다. 그리고 여자 석 상량문엔 고린도전서 3장 16절과 17절이 언문으로 쓰여 있다. 남자 석 상량문이 여자 석 상량문보다 긴 것은 그 크기 때문이다. 당시엔 남자 교인이 여자 교인보다 많았다는 증거다.

　여기서 다시 한 번 그 말씀을 읽고 묵상해보자.

> "만일 땅에 있는 우리의 장막집이 무너지면 하나님께서 지으신 집 곧 손으로 지은 것이 아니요 하늘에 있는 영원한 집이 우리에게 있는 줄 아나니 과연 우리가 여기 있어 탄식하며 하늘로부터 오는 우리 처소로 덧입기를 간절히 사모하노니 이렇게 입음은 벗은 자들로 발견되지 않으려 함이라 이 장막에 있는 우리가 짐 진 것같이 탄식하는 것은 벗고자 함이 아니요 오직 덧입고자 함이니 죽을 것이 생명에게 삼킨바 되게 하려 함이라 곧 이것을 우리에게 이루게 하시고 보증으로 성령을 우리에게 주신 이는 하나님이시니라"(고후 5:1-6).

　이 말씀을 보면 교회를 지으면서 하늘에 있는 영원한 집을 사모했다는 것을 알 수 있다. 그 집은 우리가 손으로 지은 집이 아니라 하나님께서 지으신 집이다. 그 집을 사모한다는 것이다. 그들이 본받고 싶은 것은 바로 보이는 집이 아니라 하늘의 집이었다. 얼마나 귀한 신앙인가.

> "너희가 하나님의 성전인 것과 하나님의 성령이 너희 안에 거하시는 것을
> 알지 못하느뇨 누구든지 하나님의 성전을 더럽히면 하나님이 그 사람을
> 멸시하리라 하나님의 성전은 거룩하니 너희도 그러하니라"(고전3:16-17).

상량문

　보이는 성전만 거룩한 것이 아니라 우리 자신도 성전이니 그 성
전을 더럽히지 말고 거룩하게 하자는 것이다. 그 거룩함에 대한 소
망이 상량문에 그대로 나타난다. "주여 당신 오실 때까지 거룩하게
하시옵소서." 기도문이다. 초기 신앙 선배들의 믿음이 얼마나 순수
한가를 본다. 눈이 부시다. 오늘도 그 기도문이 나의 가슴을 적신다.

 ## 39.　바보들의 이야기

　마티아스 반 복셀이 쓴 「어리석음에 대한 백과사전」에는 인간이
어리석었고, 그 어리석음을 통해 조금씩 지성이 발달했다는 것을
보여준다.

예를 들어보자. 한 농부가 경매시장에 가서 형편없는 소를 팔았다. 경매꾼은 그 소를 되팔기 위해 모여든 사람들에게 감언이설로 소 자랑을 늘어놓았다. 원래 그 소의 주인이었던 농부가 그 말에 현혹되어 팔 때 받았던 돈보다 더 많은 돈을 주고 그 소를 되사갔다. 습관의 힘이 지닌 어리석음이다. 다시는 그러지 않아야지 하는데 어리석게도 다시 그 짓을 한다. 바보다. 그래서 인간은 이 어리석음을 스스로 일깨우며 그 습관으로부터 벗어나고자 한다.

한 농부가 백사장에 고래가 떠밀려 왔다고 거짓말을 했다. 사람들이 모두 바닷가로 달려간다. 그러자 농부도 그들을 따라 고래를 구경하려 함께 달려간다. 상상력의 어리석음이다. 함께 뛰어가면서 무슨 생각을 했을까. 고래가 진짜 왔을지 몰라. 자기가 한 거짓말에 자기도 속는다. 바보다.

그런데 다음 이야기는 꽤 생각하게 만든다. 일단의 바보들이 마을회관을 짓기로 하고 산꼭대기로 가서 목재로 쓸 나무들을 베기 시작했다. 필요한 만큼 나무를 베어낸 그들은 통나무를 아래로 날랐다. 이 과정에서 통나무 하나를 실수로 놓쳤다. 통나무는 데굴데굴 굴러 마을까지 내려갔다. 힘 하나들이지 않았는데도 통나무는 저 혼자 애초에 목표했던 지점까지 굴러간 것이다. 아 차 실수한 것이 오히려 득이 되었다.

이것을 보고 바보들은 깨달았다. 통나무를 들고 내려가는 것보다 굴리는 것이 훨씬 낫구나. 그래서 그들은 지금까지 들고 내려온 통나무들을 모두 다시 산꼭대기로 들고 올라간 다음, 거기에서 굴려 내려 보냈다. 어리석게도.

산 위에서 통나무를 힘차게 굴리면서 그들 모두 소리를 질렀을 것이다. "굴러간다, 굴러가. 처음부터 그렇게 했으면 좋았을 것을." 그들의 모습을 생각하면서 우리는 그저 웃음이 나올 것이다. 바보들. 그런데 저자는 우리가 그렇게 해서 지성을 키워왔다고 말한다. 인간은 역경을 거치면서 현명해졌고, 실수를 통해 새로운 것을 깨닫게 되었다는 것이다. 고개가 끄떡여진다. 그렇겠다. 모두가 지금처럼 지능이 뛰어난 것은 아니었을 테니까.

백시현 교수가 말하는 가운데 예수님은 참 바보처럼 살았다고 말한다. 바보처럼 자기의 모든 것을 다 내어주고, 바보처럼 욕먹고 또 참고, 그러다 십자가에서 피까지 흘리시고. 세상눈으로 볼 때 예수님은 정말 바보다. 그런데 예수님은 우리에게 바보처럼 살라고 하신다. 바보가 되라고 하신다. 예수님은 참 바보다. 그런데 예수님을 좋아하는 사람들은 지금 바보가 되기를 기뻐한다. 참 바보다.

마이클 프로스트도 「바보 예수」라는 책을 내놓았다. 이 책은 반듯한 세상을 전복시키는 바보의 지혜, 복음서에서 재발견하는 예수님의 변혁적인 삶을 보여주고 있다. 좀 어렵게 표현하자면 저자는 예수님의 어리석음을 통해 인간의 한계를 현실적으로 묘사하고, 그 한계를 넘어 날아오르는 방법을 보여 주며, 한계에 대한 인식과 자유 사이의 현실적인 균형으로 부른다. 저자는 예수님의 의외의 행동을 통해 그 이면에 숨은 감동적인 구석을 보여준다. 그리고 그 바보 같은 삶의 방식으로 우리를 이끈다. 변화를 유도하는 것이다. 그 바보 같은 삶이 진짜이기 때문이다.

그래서 한 목사님은 그리스도인은 바보지수가 높아야 한다고 했다. 그 지수는 세상 식으로 사는 지수가 아니다. 세상 사람들이 보기에 정말 바보 같이 사는 것이다.

지금 그리스도인들은 사람들의 눈으로 볼 때 지금 통나무를 지고 산으로 올라가는 바보로 보일 수 있다. 저런 바보들이 있나. 노아도 방주를 짓기 위해 나무를 잘라 산 정상까지 가지 않았는가. 그 때 사람들은 노아를 정신병자 취급을 했을 것이다. "정신 나간 노인네로군." 우리는 지금도 세상 사람들이 보기에 바보 같은 방식으로 전도하고, 미련하게 헌신하고, 참 재미없게 산다. 연변과기대의 경우 봉급도 생활비도 주지 않는데 너도나도 와서 헌신한다. 그 삶을 기뻐하고 감사하고 찬양한다. 알다가도 모를 일이다. 참 바보들이다.

물론 복셀이 쓴 바보 이야기와 프로스트의 바보 예수와는 개념이 다르다. 복셀의 바보는 그 어리석음을 통해 우리의 지성이 깨어나지만 바보 예수는 그 어리석음을 통해 우리의 영성이 깨어난다. 그리스도인에게는 두 가지 모두가 필요하다. 지성의 깨침과 영성의 깨침이 균형을 이룬다면 우리 모두 그 길을 택할 것이다. 바보들을 비웃지 말라. 지금 그들은 세상의 생각과는 달리 천국의 삶을 살고 있다. 그들만의 이야기가 새롭게 엮어지고 있다. 어때요, 바보 한 번 되어보실래요?

## 40. HiHi 어프로치와 (9,9)형 신앙생활

그리스도인으로서 가장 많이 질문하는, 그러면서도 중요한 것 가운데 하나는 "신앙생활을 어떻게 할 것인가" 하는 것이다. 여러 목회자들, 신학자들, 그리고 성도들이 이 질문에 대해 나름대로 해답을 제시해왔다. 하지만 아직도 이 물음이 계속되고 있다. 아직도 충족되는 답이 없어서라기보다 실행이 문제라 생각된다. 그 물음은 오고 오는 세대 속에서도 물음으로 남아 계속 우리에게 던져질 것이다. 주님이 오시는 그 날까지 이 물음은 계속 이어지리라 본다. 그리스도인으로서 신앙생활을 어떻게 해야 하는가를 생각하는 것은 매우 바람직하고 또 한 번씩 고민해야 할 문제이다. 이 문제를 생각하는 것 자체로도 귀하다.

신앙생활을 하는 방법은 크게 두 가지가 있다. 하나님은 자기(이 세상)의 눈을 가지고 신앙생활을 하는 것이고, 다른 하나는 하나님의 눈을 가지고 신앙생활을 하는 것이다. 자기의 눈으로 신앙생활을 한다는 것은 보는 눈, 판단기준이 자기 위주다. 말씀을 읽기는 하지만 이따금 자기 행동을 미화하는데 사용되고, 자기 생각대로 남의 신앙을 판단하며 참견하기 쉽다. 하나님의 눈을 가지고 신앙생활을 하는 것은 자기 생각보다 하나님의 뜻을 우선하고, 자기 영광보다는 하나님의 영광을 생각한다. 나의 것을 내세우기보다 주님이라면 어떻게 하실까 먼저 생각한다. 성경은 여러 곳에서 자기의 눈을 가지고 신앙생활을 했을 때 왜 실패했는가를 적나라하게 보여준다. 그리고 우리로 하여금 하나님의 눈을 가지고 신앙 생활하도록 일깨워주고 있다.

라우(J. Lau)는 경영자와 종업원의 관계에서 LoLo, MeMe, HiLo, LoHi, HiHi를 상정한다. LoLo는 가장 나쁜 상태이고, HiHi는 가장 이상적인 상태이다. MeMe는 중간이고, HiLo나 LoHi는 어느 한쪽에 치우쳐 있어 문제다. 만일 하나님과 우리의 관계에서 HiLo라면 우리를 향한 하나님의 열심은 큰데 하나님을 향한 우리의 열심은 밋밋하거나 냉냉한 상태다. 이를 HiHi 상태로 바꿔야한다. 주님은 말씀하신다. "볼지어다 내가 문밖에 서서 두드리노니 누구든지 내 음성을 듣고 문을 열면 내가 그에게로 들어가 그로 더불어 먹고 그는 나로 더불어 먹으리라"(계3:20). 지금도 우리를 향해 문을 두드리고 계시는 주님을 향해 열심을 낼 필요가 있다. HiHi 어프로치를 할 때 하나님 나라의 영역이 더 넓어질 뿐 아니라 우리의 신앙도 크게 성장할 수 있다.

블레이크와 무튼은 관리그리드 개념을 통해 (9,9)의 모형을 지향하도록 한다. x좌표는 생산에 대한 관심을, y좌표는 인간에 대한 관심을 나타낸다. (1,1)는 가장 나쁜 것이고, (5,5)은 중간, (1, 9)나 (9,1)는 어느 한쪽에 치우쳐 문제고, (9,9)는 가장 이상적이다.

우리는 이 그리드 모형을 신앙의 차원으로 바꿔 생각할 수 있다. x축을 하나님에 대한 관심으로, y축을 이웃을 향한 관심으로 바꾼다. 이 경우 (9,9)는 힘을 다하여 하나님을 사랑할 뿐 아니라 이웃 사랑에도 최선을 다하는 것이 된다. 주님은 말씀하신다. "네 마음을 다하고 목숨을 다하고 뜻을 다하여 주 너의 하나님을 사랑하라 하였으니 이것이 크고 첫째 되는 계명이요, 둘째는 그와 같으니 네 이웃을 네 몸과 같이 사랑하라 하셨으니 이 두 계명이 온 율법과 선지자의 강령이니라"(마22:37-40).

우리는 지금까지 하나님을 사랑하기보다 우리 자신을 더 사랑하는 우를 범했다. 하나님의 일보다 나의 일에 더 관심이 많았다. 너무 우리 자신 위주의 생활을 해왔다. 이 불균형의 신앙을 균형으로 바꿀 필요가 있다. 우리의 이성이나 감성에 따라 신앙생활을 하기보다 하나님의 생각, 하나님이 기뻐하시는 바를 따르고, 주님을 향해 열심을 보이며, 온 마음과 정성을 다해 하나님과 이웃을 사랑함으로써 그리스도의 정신을 이 땅에 구현시켜야 한다. 이런 신앙생활을 할 때 우리 사이에 하나님의 나라가 더욱 굳게 설 것이다. 우리는 결코 말만의 그리스도인이 되어서는 안 된다. 문제는 실천이다.

# 제3부 아르논 골짜기를 건너라

#  1. 광야의 사람, 모세

우리는 모세의 전체 생애를 40, 40, 40으로 구분한다. 그는 120세를 살았다. 첫 40은 바로 왕궁에서 왕자에 버금가는 삶을 살았고, 중간의 40은 살인을 한 후 미디안 광야에서 양치기로 40년을 살았으며, 마지막 40년은 이스라엘을 이끌고 광야에서 살았다. 이 구분은 그의 삶을 정리하기에 딱 맞다. 그러나 뒤집어 보면 그는 처음부터 광야의 사람이다.

## 1) 광야 같은 바로 왕궁에서의 모세

모세는 이스라엘 자손의 번성을 막기 위해 남자를 낳으면 죽이고 여자를 낳으면 살리라는 왕명이 시행되던 때 태어난 인물이다. 산파들은 비록의 왕명이 그러할지라도 왕보다 위에 계신 하나님을 두려워하여 "히브리 여인은 건장하여 산파들이 도착하기 전에 해산 하였나이다"(출1:19) 왕을 속이고 남자 아이들을 살려냈다. 해산의 과정에서 살아났다 한들 산 것이 아니었다. 왕은 살아난 히브리 남자 아이들을 나일 강 하수에 던지도록 명령을 내렸다. 수장시키라는 것이다. 광야가 인간이 살 수 없는 곳이라면 광야는 따로 없다. 그는 처음부터 인간으로서 살 수 없는 지경에서 건짐을 받은 것이다.

그러나 모세의 어머니는 차마 아이를 강에 버릴 수 없었다. 석 달 동안 아이를 숨겨가며 길렀다. 더 이상 숨길 수 없는 상황에 다다르자 갈대 상자를 가져다가 역청과 나무진을 바르고 아이를 그 상자에 담았다. 어찌하던 살려내고 싶은 어미의 마음이 담겨 있다. 그리고 그를 강가에 띄었다. 광야에 버려짐을 당한 것과 결코 다르지 않다.

어미의 정성일까. 그 강가에서 멱을 하던 바로의 공주가 갈대 상자 속에서 우는 아이를 불쌍히 여기고, 아이의 어머니로 하여금 유모로 삼게 하였다. 물론 아이의 엄마라는 사실은 숨겼을 것이다. 공주는 아이를 자기 아들로 삼았고, 그 이름을 모세(Moses)라 하였다. 모세라는 이름은 히브리어로 마시(Mash)이고, 애굽어로는 '모스'(Mos) 또는 '메스'(Mes)이다. '아이', '태어남' 그리고 '건져냈다' '끌어냈다'는 뜻을 가지고 있다. 성경은 건짐을 받았다는 뜻으로 소개되고 있다. 물에서 건져내었기 때문이다(출2:10). 그를 건져내신 분은 공주가 아니라 바로 하나님이시다. 하나님의 오묘한 섭리, 곧 그의 출생을 통해 이스라엘을 향한 구원의 섭리가 시작되었기 때문이다.

모세는 투트모세 1세(Thutmose I) 때 태어났다. 모세를 거둬들인 바로의 공주는 투트모세 1세의 딸인 하트쉡수트(Hatshepsut)로 알려져 있다. 그는 무남독녀로 자식이 없었다. 모세를 아들로 삼은 이유도 여기에 있다. 광야 같은 삶에서도 하나님은 그때그때마다 구원자를 보내 위기를 면하게 하신다.

모세의 생애사를 연구한 학자들은 모세의 어머니가 모세를 기를 때 단지 유모로서의 역할만 한 것이 아니라 그 안에 히브리 정신을 길러 주었으리라 본다. 공주는 자기의 아들을 차기 애굽의 큰 인물로 키우고 싶었을 것이다. 그러나 유모는 그렇게 하지 않았다. 이스라엘인으로서의 정체성을 잃지 않도록 했다. 네가 있을 곳은 바로 왕궁이 아니라 지금 고통당하는 네 민족 이스라엘이라는 것이다. 모세는 비록 육체적으로 호화로운 왕궁에 거하고 있었지만 그곳은 그가 살기에 적합지 않은 광야였다. 바로란 큰 집, 곧 왕궁이란 뜻이다. 그 큰 집이 그에겐 광야였고, 특히 이스라엘인으로서의 정체성을 드러내기엔 너무나 위험한 곳이었다. 자기를 자식처럼 생각하는 공주가 없었다면, 아니 그를 지키시는 하나님이 없었다면 그는 그 광야 생활을 견뎌내지 못했을 것이다.

## 2) 미디안 광야의 모세

모세는 어느 날 과감하게 자기의 정체성을 드러내게 된다. 이스라엘 사람들이 고역을 치르고 있는 현장에서 횡포를 일삼는 애굽의 현장 감독관을 보고 때려 숨지게 한 것이다. 이 사건을 히브리 사람들은 덮어줄 줄 알았다. 그러나 다음 날 현장에선 히브리 사람들끼리 싸움을 하고 있었다. 잘못한 자라고 생각되는 사람을 향해 충고하자 "누가 너를 법관으로 세웠느냐 어제는 애굽사람을 죽이더니 오늘은 나를 죽이려느냐"며(출2:14) 대들었다. 일이 탄로 나자 모세는 미디안 광야로 피신했다.

미디안 광야에서 그곳 제사장 이드로의 양을 치는 목자가 되었고, 그의 딸 십보라와 결혼하기에 이른다. 결혼으로 안정을 찾았을까. 그러나 아들을 낳아 이름을 게르솜이라 한 것을 보면 평안하지는 못한듯하다. 게르솜은 내가 타국에서 객이 되었다는 뜻이다. 이 이름은 그의 삶이 광야의 삶이라는 철저한 의식을 담고 있다. 그는 마치 버려진 자처럼 느꼈을 것이다.

어느 날 그는 호렙 산에 왔다. 호렙은 불모지, 배버려진 땅이라는 뜻이다. 땅 이름마저 그 자신의 모습처럼 외롭다. 인간적으로 꺾인 그의 위세는 왕궁에 있을 때와는 너무 대조적이다. 그는 지금 낮아질 때로 낮아진 상태다. 아무도 그를 주목하지 않지만 하나님은 그를 보시고 계셨다. 그의 숨소리, 그의 생각 하나 주목하고 계셨다.

모세는 지금 홀로 외로운 투쟁을 하고 있다. 그만 투쟁을 하고 있는 것이 아니다. 애굽에서는 이스라엘이 민족적으로 고통하며 투쟁하고 있다. 이스라엘도 생각했을 것이다. 우리 민족이 애굽에서 내버려진 것은 아닌가. 하나님은 왜 우리를 돌보지 않으시는가. 하나님은 그 민족의 아픔을 보고, 고통의 소리를 들으시며 아파하신다.

하나님은 때를 기다리신다. 그 때는 아브라함에게 약속하신 때다. 애굽에서 네 자손을 이끌어내시리라 하신 그 때다. 그 약속의 시간이 다가오고 있는 것이다. 민족적인 절망 상황에서 하나님은 그들의 고통소리를 들으시고 언약을 기억하셨다.

하나님의 때가 되자 하나님은 모세를 찾으셨다. "모세야, 모세야." 하나님은 그를 두 번이나 불렀다. 이삭을 바치려는 순간 하나님은 아브라함의 이름을 불렀다. "아브라함아, 아브라함아." 엘리의 집에 있는 사무엘도 그렇게 찾으셨다. "사무엘아, 사무엘아." 그리고 다메섹 도상에서 주님은 사울을 찾으셨다. "사울아, 사울아." 두 번 부르신 것은 그만큼 긴급하고 중요하다는 의미다. 광야의 모세를 부르듯 그 하나님이 오늘 우리를 아시고 부르신다.

이름을 부르신다는 것은 더 이상 버려진 자가 아니라는 말씀이다. 그 부르심에서 우리의 인생은 새롭게 시작한다. 김춘수의 시 가운데 "내가 그의 이름을 불러주었을 때 그는 꽃이 되었다."는 시가 있다. 버려진 자를 주님이 불러주셨을 때 우리는 더 이상 버려진 자가 아니다. 그 순간 우리는 주님이 알아주는 사람이 된다.

광야는 인간의 생존이 위협을 받을 만큼 위험한 곳이다. 유대인들이 이따금 광야 체험을 한다. 체험을 하다가 죽기도 하고, 길 잃고 헤매다 극적으로 구조되기도 한다. 이스라엘을 방문했을 때 미국인 6명이 죽고, 한국인 5명도 헤매다 구조되었다 했다. 구조 된 사람들은 말한다. "생의 가장 짧은 시간에 가장 긴 기도를 드렸다." 모세가 40년이나 광야 생활을 한 것도 이스라엘의 40년 광야 생활을 위해 철저히 준비시킨 것이다. 광야는 훈련 받는 장소이다. 수동적인 사람도 능동적으로 변한다.

광야는 하나님 한 분만 의지하며 살아가는 곳이요 하나님의 임재를 체험하는 곳이다. 광야는 자연이지만 그곳에서 하나님을 만난다는 점에서 초자연적인 곳이다. 당시 미디안 광야에는 성막이 없었지만 광야 모두가 성막이 되었다. 우리가 그 주님의 이름을 부르면 눈물이 나는 곳이다.

광야는 하나님이 우리를 부르시는 곳이며, 말씀이 주어지는 곳이다. 광야는 하나님과 그분의 말씀을 묵상할 곳이다. 광야는 듣는 곳이다. 모세는 지금 광야에서 하나님의 부르심을 받았다. 그리고 말씀을 받았다. 예수님도 세례 요한도 광야와 가까운 삶을 사셨다. 민수기 신학을 광야 신학이라 한다. 그 광야에서 약속의 땅을 유업으로 받았고, 그 광야가 거룩함을 열망하는 장소가 되었기 때문이다.

하나님이 있는 한 광야는 더 이상 끝이 아니다. 오히려 그 끝에서 새로운 시작을 한다. 우리가 지금 광야 끝에 있다 해도 주님이 있는 한 그곳은 끝이 아니다. 오히려 그곳에서 하나님을 만난다. 인생의 황량한 땅에서 오히려 주님을 가깝게 만날 수 있다.

하나님은 모세에게 명령하신다. "너의 선 곳은 거룩한 땅이니 네 발에서 신을 벗으라"(출3:5). 광야 그 자체는 거룩함이 없다. 오히려 황량하다. 그러나 황량한 곳이라 할지라도 하나님이 계시는 한 그곳은 거룩한 곳이 된다. 광야가 거룩한 것이 아니라 하나님이 거룩하시기 때문이다. 우리도 마찬가지다. 우리 자신은 거룩한 것이 없지만 거룩한 하나님의 형상을 닮았기 때문에, 거룩한 성령이 우리 안에 있기 때문에 거룩한 것이다. "신을 벗으라." 신을 벗는 것은 가장 거룩하신 자 앞에 우리의 발, 곧 가장 부끄러운 부분까지 나의 있는 모습 그대로 드러내는 것을 의미한다. 주님 앞에 나의 약함, 나의 천박함 모두 감출 수 없다. 나 자신을 숨김없이 드러낸다. 나의 있는 모습 그대로 나갈 때 주님은 우리의 낮아진 마음속에 임하신다.

그 하나님은 모세에게 명하신다. "고난 중에 있는 내 백성 이스라엘을 애굽에서 인도하여 젓과 꿀이 흐르는 땅, 곧 약속의 땅으로 인도하라." 우리 하나님은 광야 끝에서 우리를 내버려두지 아니하고 찾아오신다. 종살이 하는 중에 버려두지 아니하시고 돌아오게 하시는 하나님, 그 하나님이 바로 우리의 하나님이시다. 이 절대적인 부르심 앞에 모세도, 애굽의 이스라엘도 순종했다. 순종했을 때 홍해가 갈라지는 역사가 일어났다.


### 3) 이스라엘과 함께 한 광야 40년의 모세

홍해를 건넌 이스라엘을 기다리고 있는 것은 가나안이 아니라 광야였다. 모세의 삶의 조건도 역시 광야였다. 그는 평생 광야를 벗어나지 못했다. 지금 그는 이스라엘을 데리고 광야로 왔다. 그러나 그 삶은 그 나라 백성으로서의 삶이라는 점에서 다르다. 과거의 광야생활과는 다르다. 하나님 말씀을 따라 사는 삶을 시작한 것이다.

이 광야에는 애굽과 같은 억압과 고통은 없다. 그들을 괴롭혔던 애굽 왕과 감독관들도 보이지 않는다. 그러나 그들의 눈에 보이는 것은 크고 두려운 광야다. 물이 흐르는 시내도 없고 곡식이며 고기를 얻을 수 있는 곳도 없다. 광야의 생활이 길어질수록 그저 고통을 안겨주는 광야, 그리고 죽음이 기다리는 광야다. 백성의 눈으로 볼 때 그곳은 하나님의 품안이 아니었다. 그래서 어려움이 생기고 난관에 부닥칠 때마다 불만했다. 심지어 모세가 자기들 위에 군림하는 왕이 되려고 이곳까지 끌고 온 것이 아닌지 오해하기도 했다.

환경이 어려울 땐 불만 하는 것은 인간의 자연적인 성정이다. 우리도 그들처럼 불만하고 또 불평했을 것이다. 불만할수록 보이는 것은 험악한 환경이다. 위를 바라볼 여유도 없다. 자꾸만 아래만 보며 불만했다. 오죽하면 하나님께서 징벌하고 또 징벌하셨을까. 그뿐 아니다. 해안 길로 며칠이면 닿을 수 있는 거리를 돌고 돌아 40년을 광야에서 방황했다. 길을 잃어서가 아니다. 하나님을 신뢰하지 않으면, 불평하고 불만하면 돌고 돌 수밖에 없다.

이런 이스라엘 백성을 이끌고 가야 하는 모세는 얼마나 힘들었을까. 그러나 지도자 모세는 백성들과는 생각이 달랐다. 그는 그 험한 광야 생활을 한 마디로 이렇게 표현한다. "광야에서도 너희가 당하였거니와 사람이 자기 아들을 안음같이 너희 하나님 여호와께서 너희의 행로 중에 너희를 안으사 이곳까지 이르게 하셨느니라 [--] 그는 너희 앞서 행하시며 장막 칠 곳을 찾으시고 밤에는 불로, 낮에는 구름으로 너희의 행할 길을 지시하신 자니라"(신1:31, 32). 그 속에서 그는 하나님의 안아주심, 함께 하심, 동행을 경험했음을 고백한다. 그러나 백성들은 달랐음을 말한다. "이 일에 너희가 너희 하나님 여호와를 믿지 아니하였도다"(신1:32). 같은 광야 생활인데 이렇게 생각이 다를 수 있을까.

모세는 광야를 하나님의 품안으로 보았고, 우리 모두를 안아 주셨다고 말한다. 광야에서의 고난은 지겨운 것이 아니라 오히려 그 어려움을 통해 하나님을 바라보게 하고, 하나님의 은혜를 체험할 수 있게 한다. 모세는 아래를 보지 않고 위를 보았다. 그가 백성처럼 아래만 보았다면 더 이상 이스라엘 백성을 이끌 수 없었을 것이다. 하나님은 우리의 필요를 공급하지 않으셨는가. 신발이 헤지지 않게 하고, 만나도 메추라기도 공급하여 주셨다. 불기둥과 구름기둥으로 추위와 더위를 이기게 하시고 갈 길을 지시하지 않으셨는가. 하나님의 인도함을 받는다는 것이 어디 작은 일인가.

이 불만세대와 함께 가나안으로 갈 수 없다고 결단을 내린 것은 모세가 아니라 하나님이시다. 하나님은 그 불만세력을 광야에서 죽게 하셨다. 광야 40년은 한 마디로 세대교체 기간이다.

모세는 죽기 전 이스라엘 모두를 모아놓고 여러 가지로 당부한다. 그는 백성들에게 하나님이 우리 모두의 아버지이심을 선언한다. "우매무지한 백성아 여호와께 이같이 보답하느냐 그는 너를 얻으신 너의 아버지가 아니시냐 너를 지으시고 세우셨도다"(신32:6). 모세는 구약에서 하나님을 아버지라 부른 최초의 인물이다. 그 오랜 광야생활에서 영원하신 팔로 우리를 안으신 분이 우리 아버지 하나님이시다. "여호와께서 그를 황무지에서, 짐승의 부르짖는 광야에서 만나시고 호위하시며 보호하시며 자기 눈동자같이 지키셨도다 마치 독수리가 그 보금자리를 어지럽게 하며 그 새끼 위에 너풀거리며 그 날개를 펴서 새끼를 받으며 그 날개 위에 그것을 업는 것같이 여호와께서 홀로 그들을 인도하셨고 함께 한 다른 신이 없었도다"(신32:10-12). 우리가 신뢰할 분은 오직 하나님 아버지 한 분뿐이라는 것이다.

모세는 경고한다. "내가 죽은 후에 너희가 스스로 부패하여 내가 너희에게 명한 길을 떠나서 여호와의 목전에 악을 행하여 너희의 손으로 하는 일로 그를 격노케 하므로 너희가 말세에 재앙을 당하리라"(신31:29). 선견자 모세의 모습을 본다. 이런 경고를 받았다면 그 길에 서지 않도록 해야 했다. 그랬다면 이스라엘이 포로로 잡혀가는 일도 없었을 것이다. 이 경고는 지금 우리에게도 그대로 적용된다.

이사야는 하나님만이 유일하신 참 하나님임을 선언하며 말한다. "야곱 집이여 이스라엘 집의 남은 모든 자여 나를 들을지어다 배에서 남으로부터 내게 안겼고 태어서 남으로부터 내게 품기운 너희여 너희가 노년에 이르기까지 내가 그리하겠고 백발이 되기까지 너희를 품을 것이라 내가 지었은즉 안을 것이요 품을 것이요 구하여 내리라"(사46:3-4). 하나님은 지금도, 아니 장래도 우리를 끝까지 안아주시는 분이다. 이 하나님이 우리의 하나님임을 안다면 광야라도 두렵겠는가.

우리는 지금 인생의 광야를 걷고 있다. 지금 당신은 광야 끝에 버려진 자처럼 느껴지는가. 그러나 하나님은 이미 우리를 하나님의 자녀로 부르시고 자녀답게 살라 하셨다. 부르심을 입은 자는 결코 버려진 자가 아니다. 우리를 자기의 자녀로 삼으신 주님에게 버려진 인생은 없다.

광야가 두려운가. 우리 아버지는 언제나 "두려워 말라" 하신다. 우리는 지금 하나님 아버지 품에 안겨 있다. 안겨 있는 자녀는 떨지 않는다. 아버지를 믿기 때문이다. 내 영혼아 왜 떨며 두려워하는가. 나를 향해 밀려오는 그 고난만 보며 떨지 말라. 오히려 그것을 능력으로 제압하시는 하나님을 보며 기뻐하라.

우리는 하나님의 자녀들이다. 하나님은 우리의 아버지시다. 그분은 광야생활을 승리로 끝나게 해주는 유일한 분이시다. 그분을 전적으로 신뢰하라. 그러면 우리도 모세처럼 하나님을 아버지라 고백하고, 그의 안아주심을 순간순간 느끼며 감사하게 될 것이다.

## 2. 아르논 골짜기를 건너라

이스라엘만 광야생활을 했을까? 아니다. 지금 우리도 광야생활을 하고 있다. 그들이 약속의 땅 가나안을 향해 걸어갔듯 우리도 그 나라를 향해 가고 있다. 이 땅은 우리가 영원히 거해야 할 곳이 아니다.

우리의 신앙생활도 광야다. 하지만 광야라고 다 같은 광야가 아니다. 모래사막과 같은 광야도 있고, 도저히 넘어갈 수 없는 산들로 구성된 광야도 있다. 그것을 넘고 또 넘어 우리는 가나안으로 가야 한다. 주님이 오시는 그 순간까지 우리는 그 길을 가야 한다.

신명기 2장을 보면 세대가 완전히 교체된 후 어떤 일이 벌어지는가를 보여준다. 약속의 땅을 바라보며 애굽을 나왔던 열조들이 자신들의 불신앙과 불만으로 인해 광야에서 생을 마감했다. 하나님은 그러한 신앙으로는 가나안에 들어갈 수 없다 생각하신 것이다. 주님은 광야에서 태어난 새로운 세대들을 중심으로 진을 짜고 새롭게 출발하신다. 믿음의 전열을 가다듬은 것이다. 그리고 그들을 향해 마침내 명령을 내리신다. "세렛 시내를 건너가라!" "아르논 골짜기를 건너라!" 주님은 지금 이 같은 명령을 우리에게도 내리신다.

### 1) 세렛 시내를 건너라

이스라엘의 항구 에일랏을 거쳐 요르단에 들어섰다. 요르단은 이슬람 국가이기는 하지만 성경과 연관된 지역이 많아 매우 친숙한 느낌이 든다. 요르단하면 페트라를 비롯해서 볼만한 곳이 많다. 그러나 성경과 연관된 지역을 만나면 다시 보게 된다.

요르단 남쪽으로부터 시작해서 북으로 올라가는데 하루는 여기가 세렛 시내라 한다. 지금은 광야와 구별이 가지 않을 정도이고 물도 보이지 않았다. 하지만 비가 오면 달라질 수 있다. 여기가 물길이라 말해주지 않으면 무심코 지나가기 십상인 곳이다. 차를 세우고 마치 강을 건너는 것처럼 그곳을 밟아보았다. 그 많은 이스라엘 민족이 건넜을 세렛 시내. 나의 마음은 잠시 다시 그 옛날로 돌아간다. 신명기 2장으로 간다.

오늘 세렛 시내에 관심을 가지는 이유는 무엇인가? 그것은 이스라엘 민족의 전환점(turning point)이 되기 때문이다. 이스라엘이 모압 광야 길에 들어섰다. 그 때 하나님은 말씀하신다. "모압을 괴롭게 말라 그와 싸우지도 말라 그 땅을 내가 네게 기업으로 주지 아니하리니 이는 내가 롯 자손에게 아르를 기업으로 주었음이라"(신 2:9). 모압은 이스라엘이 거할 땅이 아니라는 것이다. 하나님은 목적지를 분명히 하셨다. 그리고 다시 명령하셨다. "이제 너희는 일어나서 세렛 시내(Zered Valley)를 건너가라"(신2:13). 이스라엘은 아무 불평 없이 세렛 시내를 건넜다. 모압 땅은 지금까지 거쳐 왔던 곳과는 달랐다. 더 이상 행진하지 않고 안주하면 얼마나 좋을까. 그러나 하나님은 그것을 허락하지 않으셨다. 불평이 통하지 않는다는 것을 이미 배우지 않았던가.

시내를 건넌 후 신명기 2장은 다음과 같은 사실을 지적한다. "가데스 바네아에서 떠나 세렛 시내를 건너가기까지 삼십팔 년 동안이라 이때에는 그 시대의 모든 군인들이 여호와께서 그들에게 맹

세하신 대로 진중에서 다 멸절되었나니 여호와께서 손으로 그들을 치사 진중에서 멸하신 고로 필경은 다 멸절되었느니라"(신2:14, 15). 불만했던 1세대가 다 죽고 광야에서 태어난 2세대가 지금 세 렛 시내를 건넌 것이다. 그러므로 세렛 시내는 그저 물이 흐르는 시내가 아니라 구세대와 신세대를 가르는 분깃점이다. 그러니 우리 가 주목하지 않을 수 없다.

"세렛 시내를 건너가라." 하나님의 이 명령이 우리에게 어떤 의 미를 가질까? 이것은 새로운 시대를 여는 것이다. 새로운 시대는 그저 열리지 않는다. 먼저 하나님과의 관계를 새로이 하고 앞으로 의 걸음 하나하나 민족의 역사를 새롭게 써 나가는 것이다. 더 이 상 과거의 삶을 답습하지 않는다. 뒤를 보지 말고 앞으로 나간다. 그리고 오직 하나님을 바란다.

1세대는 불평과 불만과 불순종으로 점철된 세대였다. 그들은 조 금만 힘들면 애굽의 삶을 그리워했다. 하나님은 그들을 노예 상태 로부터 해방시키고자 하는 데도 불구하고 아직도 노예근성을 버리 지 못했다. 고기를 그리워하며 불만했을 때 하나님은 그들에게 메 추라기를 보냈다. 그러나 상당수는 그 고기가 씹히기도 전에 죽어 야 했다. 이것은 하나님의 노가 얼마나 컸는가를 단적으로 보여준 다. 하나님을 신뢰하지 못한 죄로 40년을 광야에서 방황해야 했다. 한 마디로 실패한 세대다. 그 가운데서도 하나님을 전적으로 신뢰 한 모세, 아론, 여호수아, 갈렙 등 몇 사람, 곧 남은 자만 살아남을 수 있었다.

2세대는 1세대가 아니다. 그들은 애굽을 알지 못한다. 모두 광야 에서 태어난 사람들이다. 2세대는 광야에서 단련 된 사람들이다.

애굽을 그리워할 필요도 없다. 애굽이 고향이 아니라 광야가 고향이다. 2세대는 불평하지 않았다. 힘들어도 참고, 믿음으로 순종하며 나아갔다. 이 세대가 바로 세렛 시내를 건너 가나안을 향한다. 2세대는 한 마디로 성공한 세대다.

1세대가 육적인 시험, 물질적인 시험뿐 아니라 영적인 시험에서도 실패했다. 이에 반해 2세대는 그러한 시험과정을 하나하나 극복해 나갔다. 광야는 음식 먹기도 힘들고 걷는 것조차 힘들다. 그곳은 인간의 한계를 시험하는 곳이요 영적으로 도전받는 곳이다. 그 시험을 통과한다는 것은 불가능에서 가능의 길을 개척하는 것과 같다. 힘들어도, 괴로워도 그들은 1세대처럼 행동하지 않았다. "세렛 시내를 건너가라." 이 말씀은 끝이 가까웠으니 최선을 다하라, 희망을 가지고 나아가라는 말이다.

하나님을 원망하던 우리 열조는 다 죽었다. 하나님이 세우신 지도자를 향해 반역했던 우리 열조는 다 죽었다. 그 열조들을 다 광야에 묻고 새로운 땅으로 나아가는 것이다. 세렛 시내를 건너면서 그들은 무엇을 생각했을까. 아니 어떤 설렘으로 나아갔을까.


## 2) 아르논 골짜기를 건너라

세렛 시내를 건너 행군해 나가던 그들은 모압 변경에 가까웠다. 이제 조금만 더 가면 모압이 끝나고 암몬 족속의 땅이 나온다. 그때 하나님께서 말씀하셨다.

"네가 오늘 모압 변경 아르를 지나리니 암몬 족속에게 가까이 이르거든 그들을 괴롭게 말라 그들과 다투지도 말라 암몬 족속의 땅은 내가 네게 기업으로 주지 아니하리니 이는 내가 그것을 롯 자손에게 기업으로 주었음이라"(신2:18, 19).

암몬도 이스라엘이 거할 곳이 아니라는 것이다. 모압과 암몬은 아브라함의 조카 롯의 후손들이다. 이 땅을 그들에게 기업으로 주었기 때문에 그곳에는 이스라엘의 몫이 없다는 것이다. 그곳에 안주해 거하려는 생각도 하지 말고, 그들을 괴롭게도 하지 말라는 것이다. 하나님은 경계를 확실히 그어주시고, 한번 하신 약속은 철저히 지키신다.

그리고 엄히 명령하신다. "너희는 일어나 진행하여 아르논 골짜기(Arnon Gorge)를 건너라 내가 헤스본(Heshbon) 왕 아모리 사람 시혼(Sihon)과 그 왕을 네 손에 붙였은즉 비로소 더불어 싸워서 그 땅을 얻으리라"(신3:24). 이 명령의 초점은 아르논 골짜기를 건너라는 것이고, 헤스본 왕과 싸우라는 것이다. 이 명령은 과연 어떤 의미를 가질까? 두 명령 모두 세렛 시내를 편히 건넌 2세대들이 어렵게 맞아야 하는 엄중한 과제가 되었다. 그 어려운 과제를 통과해야 땅을 얻을 수 있다는 것이다.

아르논 골짜기는 결코 쉬운 곳이 아니다. 경사가 심해 한 민족이 이동하기엔 너무나 힘든 장벽과 같은 곳이다. 평지에서 갑자기 골짜기로 변하는 이곳은 마치 천 길 낭떠러지 같다. V자형 아르논 골짜기 맨 아래엔 아르논 강이 실 낫 같이 보인다. 아르논 강은 깊은 계곡에 있는 강이요 크고 험한 강이다. 이 강은 모압과 암몬, 그리고 아모리를 가르는 강이다. 낭떠러지 같은 곳을 따라 내려가 아르논 강을 건너도 또 다시 그 험난한 고도를 올라야 하는 어려움이 따른다.

지금은 길을 내어 버스도 다니도록 만들었지만 아로논 골짜기를 보는 순간 그것의 크기에 압도당하고 말았다. 순간 생각했다. 이 불가능의 골짜기를 그들은 어떻게 건넜을까. 혼자의 몸으로 내려가기조차 어려운 이곳을 식구들을 데리고, 가축들을 데리고 어떻게 건넜을까. 믿을 수 없는 일이다. 아로논 골짜기를 내려가 강을 건너고, 그리고 다시 맞은 편 골짜기를 올라가 지금까지 올라온 길을 다시 내려다보았다. 그리고 수천 년을 돌아가 그들의 모습을 상상해보았다. 그들은 모두 하나님의 말씀에 순종했고, 모두 건넜다. 건너는 과정에서 얼마든지 불만할 수 있었지만 성경엔 결코 그들의 불만 소리는 없다. 오히려 그 험난한 골짜기에서 희망을 바라보았다. 하나님의 백성이 아닌가. 하나님의 군대가 아닌가.

　아로논 골짜기는 평지에서 갑자기 계곡으로 떨어지는 형상이다. 그러나 건너편에는 가나안 땅이 보인다. 이 골짜기를 건너면 이젠 그곳부터 점령하며 나의 땅으로 삼을 수 있다. 힘들어도 희망을 가지면 어려움도 기쁨으로 극복할 수 있다. 그들도 사람이 아닌가. 불평하고 불만할 수 있다. 길이 힘들어 마음이 상하긴 했어도 불평하지 않았다. 그 앞에서 좌절한다면 지금까지의 광야 40년은 물거품이 된다. 마지막으로 극복해야 할 장애물이다. 넘어야 한다. "아르논 골짜기를 건너라." 지금 주님은 우리로 하여금 이 땅에 있는 그 큰 골짜기를 건너라 하신다. 그래야 하나님의 나라로 들어갈 수 있다.

　아르논 골짜기를 건넌 이스라엘은 헤스본 왕 시혼에게 사자를 보내 에서의 자손 에돔, 롯의 자손 모압이 선히 통과하도록 도와주었던 것처럼 대로(the main road), 곧 왕의 대로(King's Highway)를 이용해 줄 수 있도록 협조를 부탁했다. 대로는 닦여진 길로, 많은 사람이 이동하는데 매우 도움을 주는 길이다. "나를 네 땅으로 통과하게 하라 내가 대로로만 행하고 좌로나 우로나 치우치지 아니하리라 너는 돈을 받고 양식을 팔아 나로 먹게 하고 돈을 받고 물을 주어 나로 마시게 하라 나는 도보로 지날 뿐인즉 [--] 그리하면 내가 요단을 건너서 우리 하나님 여호와께서 우리에게 주시는 땅에 이르리라"(신2:27-29).

왕의 대로로 가지 못한다면 이스라엘은 아르논 골짜기와 다름없는 광야 길을 택하지 않으면 안 된다. 그 길은 험난한 산들로 이뤄져 있어 사실상 민족 이동이 불가능하다. 이 절박한 상황에서 헤스본 왕은 통과를 불허함은 물론 이스라엘에 대해 적대적인 태도를 취했다. 그가 이렇게 된 것은 다 하나님의 섭리가 작용한 것이다. "이는 너의 하나님 여호와께서 그를 네 손에 붙이시려고 그 성품을 완강케 하셨고 그 마음을 강팍케 하셨음이라"(신2:30).

이스라엘은 헤스본 왕 시혼과 싸워 아모리 족속의 땅을 초토화시켰다. 이 과정에서도 하나님이 명하신대로 암몬 족속의 땅은 침범하지 않았다. 바산(Bashan) 왕 옥(Og)이 군사를 이끌고 이스라엘을 대적하자 그들을 대파시키고 바산을 점령했다. 헤스본이 사해 동쪽에 위치해 있었고, 바산은 요단 동쪽에서부터 얍복강에 의해 나뉘는 길르앗 북쪽까지의 비옥한 지역이다. 바산은 '비옥한'이란 뜻을 가지고 있다. 어떤 이는 바산을 다마스커스까지 포함시키기도 한다. 결국 이스라엘은 요단강 이편 땅, 곧 길르앗과 바산의 온 땅을 점령하는 쾌거를 이루었다. 이 땅들은 분배 때 르우벤 자손과 갓 자손, 그리고 므낫세 반 지파에게 돌아갔다(신3:12, 13). 이스라엘이 가나안에 이르기 전에 마침내 땅을 얻게 된 것이다. 모세는 비록 가나안에 들어가지는 못했지만 이스라엘이 부분적이기는 하지만 땅을 차지하는 눈물겨운 역사를 목도할 수 있었다.

하나님은 아르논 골짜기를 건너게 하시면서 말씀하셨다. "오늘부터 내가 천하 만민으로 너를 무서워하며 너를 두려워하게 하리니 그들이 네 명성을 듣고 떨며 너로 인하여 근심하리라"(신2:25) 하셨는데, 그 말씀이 그대로 이뤄지게 된 것이다. 이스라엘은 자신의 역사에서 헤스본 왕 시혼과 바산 왕 옥을 깨뜨린 것을 잊지 못하고 있다. 그것의 시작은 바로 여기에서 시작된다. "아르논 골짜기를 건너라." 그 명령에 순종할 때 하나님은 땅을 허락하셨다. 하나님의 역사는 경건한 순종에서 시작된다.

이스라엘이 전열을 가다듬고 세렛 시내를 건넜을 때 그 느낌이 어떠했을까. 그 너른 평지에 나있는 시내를 쉽게 건너며 이제 비로소 광야를 마감하고 평안이 도래했다고 생각했을지 모른다. 그러나 그것은 단지 또 다른 신앙의 출발선이었다. 과거의 삶을 마감하고 새롭게 출발하라는 것이다.

이어지는 명령은 아르논 골짜기를 건너는 것이다. 그것은 죽음의 골짜기기도 하고 생명의 골짜기기도 하다. 절망하며 포기하는 사람들에게는 그 골짜기는 죽음이 될 것이고, 하나님의 약속을 붙잡고 희망을 잃지 않는 사람들에게는 생명의 골짜기가 될 수 있다. 지금 우리는 어떤 골짜기인가.

주님은 우리로 하여금 전열을 가다듬고 다음을 대비하라 하신다. 우리는 지금 주님이 그어놓으신 출발선에 서있다. 세렛 시내를 건너가는 것이다. 그 후에 아르논 골짜기가 기다리고 있다. 이 골짜기는 과거 세대가 건너보지 못한 엄청난 고비의 골짜기다. 그러나 그 골짜기를 약속을 믿고 건넜을 때 기회가 주어졌다. 그 기회도 그저 주지 않는다. 믿음으로 싸워 이기지 않으면 얻을 수 없는 것들이다.

절망할 필요는 없다. 우리는 하나님의 약속을 가진 사람들이다. 하나님이 우리를 헤스본 왕과 바산 왕의 무리들에게 붙이신다 할지라도 주님이 함께 하시면 넉넉히 이길 수 있다. 이김을 주시는 하나님께 감사하라. 그는 우리의 하나님 여호와시다.


##  3. 그가 찔림은 우리의 허물 때문이요

이사야 53장은 구약가운데서 그리스도의 수난과 그에 따르는 영광, 그리고 고난의 이유를 가장 잘 드러내고 있다. 이사야는 그리스도께서 큰 고통을 당하실 것을 예고하면서 그 고통은 하나님 아버지의 뜻에 따른 것이며 자기의 죄 때문이 아니라 전적으로 인류의 죄를 위한 속죄 행위임을 밝히고 있다.


### 1) 연한 순, 마른 땅에서 나온 뿌리

먼저 그리스도의 배경에 대해 언급한다. "우리가 전한 것을 누가 믿었느냐 여호와의 팔이 누구에게 나타났느냐 그는 주 앞에서 자라나기를 연한 순(tender shoot) 같고 마른 땅에서 나온 뿌리(a root out of parched ground) 같아서 고운 모양도 없고 풍채도 없은즉 우리가 보기에 흠모할 만한 아름다운 것이 없도다."(1-2절). 마른 땅에서 나온 줄기는 메시야의 배경이 비천함을 가리킨다. 그는 매력을 끌만한 외모를 가지지 못했다. 그는 유대인들이 괄시하는 갈릴리 지방 출신이었다.

## 2) 멸시와 버림받음

"그는 멸시를 받아(despised) 사람들에게 버림 받았으며(forsaken) 간고(sorrows)를 많이 겪었으며 질고(grief, infirmities)를 아는 자라 마치 사람들이 그에게서 얼굴을 가리는 것 같이 멸시를 당하였고 우리도 그를 귀히 여기지 아니하였도다(we did not esteem him) 그는 실로 우리의 질고를 지고 우리의 슬픔을 당하였거늘 우리는 생각하기를 그는 징벌을 받아 하나님께 맞으며 고난을 당한다 하였노라"(3-4절). 그러나 그의 고통과 죽음은 대속을 위한 것이었다. 즉 우리 죄를 위하여 대신 수모를 당하고 죽으셨다.

그는 간고, 질고, 멸시 다 짊어지셨다. 질고는 육신의 아픔을 말한다. 슬픔은 정신적 아픔을 말한다. 육신의 아픔에서 정신적 아픔까지 모든 아픔을 다 짊어지셨다. 공의의 하나님은 그리스도로 하여금 십자가를 대신 지게 하심으로 우리의 죄 값을 지불하게 하셨다. 그 값을 지불함으로써 하나님과의 관계가 다시 새로워지고 치유함을 받게 되었다. 주님은 누리를 우리를 치유하는 분이시다.

우리의 질고를 지셨음에도 불구하고 우리는 그가 징벌을 받아 고난을 당한다 생각했다. 이렇게 잘못된 오해가 있을 수 없다. 오해에 의한 상처 또한 얼마나 크셨을까. '실로(surely)'는 진실로, 분명하게라는 뜻이다. 주님이 우리 때문에 상처받고 십자가를 지심이 진실이라는 것이다. 그는 그 질고를 이겨냈고, 우리는 그 고난을 믿는 믿음을 통해 의롭다 함을 입는다.

## 3) 그의 찔림은 우리의 허물 때문이요

"그가 찔림(pierced through)은 우리의 허물(our transgressions) 때문이요 그가 상함(crushed)은 우리의 죄악(our iniquities) 때문이라 그가 징계를 받으므로(the chastening) 우리는 평화(our well-being)를 누리고 그가 채찍에 맞으므로(by His scourging) 우리는 나음을 받았도다(we are healed) 우리는 다 양 같아서 그릇 행하여 각기 제 길로 갔거늘(turn to his own way) 여호와께서는 우리 모두의 죄악을 그에게 담당시키셨도다(fall on Him)"(5-6절).

우리가 죄악을 범했을 때 그 길은 심판을 받아 멸망하는 길밖에 없었다. 그러나 하나님 아버지는 메시야를 보내 우리를 구원해 주셨다. 그러나 공의의 하나님은 스스로 그 대가를 치루셨다. 찔림, 상함, 맞음은 그 대가가 어떠했는가를 보여준다. 그것은 우리가 찔리고, 상하고, 맞아야 할 아픔들이었다. 우리를 향하신 하나님의 사랑은 그 아픔보다 크다.

찔림, 상함, 맞음은 죄를 지면 심판받고 고난 받을 수밖에 없음을 보여준다. 다윗이 범죄했을 때 아내의 수욕과 자식의 반란 등을 통해 고난을 받았다. 죄는 필연적으로 벌을 받게 되어 있다.

주님은 나대신 슬픔을 당하시고, 매를 맞으며, 찔리고, 상하고, 징계를 받고 채찍에 맞으셨다. 나대신, 우리 대신 고통당하시고 그 값을 치루셨다. 이것은 망신당한 정도가 아니다. 십자가의 죽음은 말할 수 없는 고난과 고통을 동반한다. 주님은 그 모든 수모와 아픔을 우리를 위해 담당하셨다.

우리의 허물과 우리의 죄악 때문이다. 허물은 우리가 하나님을 배반함으로 인해 관계가 파괴되었음을 의미한다. 죄악은 원어적으로 볼 때 하나님이 정하신 원칙을 왜곡시키고, 구부러지게 하며, 비틀어 떠나감을 의미한다. '우리'라는 말이 계속 반복되는 것에 주목해야 한다. 주님은 나 자신을 포함해 우리 모두를 위해 십자가를 지셨음을 심각하게 느껴야 한다. 우리의 내적인 죄, 외적인 죄 모두가 예수님을 찌르고 매 맞게 했다. 십자가는 불의, 권리박탈, 버림받음, 갈증, 죽음이 있는 곳이다. 생명 자체이신 주님이 죽임을 당하신 곳이다.

예수님이 징계를 받음으로 우리가 평화를 누릴 수 있게 되었고 나음을 입게 되었다. 샬롬은 단지 평화만을 의미하지 않는다. 인간의 전 존재가 하나님 앞에 가까이 있는 것을 말한다. 여기서의 '우리'는 죄악가운데 있는 '우리'와는 성격이 다르다. 변화된 우리이기 때문이다. 예수님이 징계를 받음으로 하나님과 우리 관계는 모두 치유되었다. 하나님은 치료하시는 하나님(여호와 라파)이시다. 죄 가운데 있을 때 우리에겐 평화가 없었고, 무질서했다. 그러나 하나님과의 관계가 회복됨으로 인해 육체적으로나 정서적으로, 도덕적으로 회복되었다.

'그가 채찍에 맞음으로 우리가 나음을 입었도다.' 이 나음은 영과 육의 나음을 의미한다. 우리는 주님께 빚진 자이다. 우리는 주님 앞에 빚진 자로서 주님을 위해 살아야 한다. "저가 모든 사람을 대신하여 죽으심은 산 자들로 하여금 다시는 저희 자신을 위하여 살지 않고 오직 저희를 대신하여 죽었다가 다시 사신 자를 위하여 살게 하려 함이니라"(고후5:15).

'우리는 양 같아서 그릇 행하여 각기 제 길로 갔거늘.' 여기서 '우리'는 하나님 보시기에 인간이 어떤 존재였는가를 잘 나타내고 있다. 하나님 보시기에 인간은 목자를 떠난 양처럼 천방지축으로 생활하고 있었다. 양은 풀이 어디에 있는지 몰라 목자의 인도함을 받아야 한다. 양은 초식동물로 다른 맹수들로부터 자신을 방어할 능력도 없어 목자의 보호가 필요하다. 목자에게 연결되어 있어야 할 양이 자기 죽을 줄도 모르고 제멋대로 멀리 갔다.

사사기에 "각각 그 소견대로 행하였더라"는 말씀이 있다. 이것은 바로 그릇행하여 각기 제 길로 갔음을 보여준다. 당시 사회는 무조건 힘으로 빼앗는 사회였다. 에봇을 보면 빼앗고, 남의 아내를 윤간하는 등 하나님의 법도에서 멀어졌다. 이사야 당시에도 사회는 강포와 흉악으로 가득 찼고 연약한 자의 것을 빼앗는 사회로 전락했다. 하나님이 세우신 원칙을 무시하면 하나님과의 관계가 깨지게 된다. 의사가 기술을 자기 멋대로 사용하면 살리는 의사가 아니라 죽이는 의사가 된다. 지식인이 자기의 지식을 멋대로 사용하면 하나님의 일과는 멀어진다. 그리스도인은 자기 소견대로 사는 사람이 아니라 주님의 뜻을 따라 사는 사람이다.

'우리 무리의 죄악을 그에게 담당시키셨도다.' 하나님은 우리가

담당해야 할 죄의 짐을 예수님으로 지게 만드셨다. 사랑의 하나님
께서 인간이 망해가는 것을 차마 볼 수 없으셨기 때문이다. 하나님
은 그만큼 우리를 사랑하셨다. 예수님은 상처받고서도 십자가를 대
신 지셨다. 질고, 간고, 멸시, 슬픔 등 온갖 상처를 다 짊어지셨다.
대속제물인 아사셀 양이 된 것이다(레16:21). 이스라엘의 모든 불의
와 죄를 염소 머리 위에 얹듯 주님은 우리 모든 것을 짊어지셨다.
주님이 우리 죄의 짐을 지심으로 평안을 얻고 치유함을 받게 되었
다. 작은 예수인 우리도 무리의 죄악을 비판만 할 것이 아니라 치
유를 위해 그 짐을 나누어지는 생활을 해야 한다.

## 4) 곤욕을 당하여도 그 입을 열지 아니하고

"그가 곤욕을 당하여 괴로울 때에도 그의 입을 열지 아니하였음
이여 마치 도수장으로 끌려가는 어린 양과 털 깎는 자 앞에서 잠잠
한 양 같이 그의 입을 열지 아니하였도다 그는 곤욕(oppression)과
심문(judgment)을 당하고 끌려갔으나 그 세대 중에 누가 생각하기
를 그가 살아 있는 자들의 땅에서 끊어짐(cut off)은 마땅히 형벌 받
을 내 백성의 허물 때문이라 하였으리요 그는 강포를 행하지 아니
하였고(no violence) 그의 입에 거짓이 없었으나(nor was there any
deceit in His mouth) 그의 무덤이 악인들과 함께 있었으며 그가 죽
은 후에 부자와 함께 있었도다
여호와께서 그에게 상함을 받게 하시기를 원하사(the Lord was
pleased to crush Him) 질고를 당하게 하셨은즉 그의 영혼을 속건제

물(a guilt offering)로 드리기에 이르면 그가 씨를 보게 되며(He will see His offspring) 그의 날은 길 것이요(He will prolong His days) 또 그의 손으로 여호와께서 기뻐하시는 뜻을 성취하리로다 그가 자기 영혼의 수고한 것을 보고 만족하게 여길 것이라 나의 의로운 종(the Righteous One)이 자기 지식으로(by His knowledge) 많은 사람을 의롭게 하며 또 그들의 죄악을 친히 담당하리로다 그러므로 내가 그에게 존귀한 자와 함께 몫을 받게 하며(divide the booty) 강한 자와 함께 탈취한 것을 나누게 하리니 이는 그가 자기 영혼을 버려 사망에 이르게 하며 범죄자 중 하나로 헤아림을 받았음이니라 그러나 그가 많은 사람의 죄를 담당하며 범죄자를 위하여 기도하였느니라"(7-12절).

그가 입을 열지 않았다는 것은 지고한 순종과 사랑을 드러낸다. 그리스도는 속죄양이 되셨다. 그는 도살장에 끌려가면서도 입을 열지 않으셨다. 털 깎는 자 앞에서 잠잠한 양같이 조용히 징계를 받으셨다. 우리가 그릇행하여 각기 제 길로 갔다는 것은 그만큼 죄를 지었다는 말이다. 죄의 보편성이다. 그러나 주님은 기쁨으로 그 질고를 감당하셨다. 그의 씨는 그리스도를 믿게 될 사람이며 그 날이 길게 하기 위해 그는 부활했고 하나님의 뜻을 성취했다. 그리스도는 죄가 없으시지만 친히 우리의 죄를 담당하신 중보자시다. 그는 인류의 죄를 담당하셨고, 십자가에서도 죄인을 위해 기도하셨다. 그분이 바로 예수 그리스도시다.

**4. 죽은 자의 장사와 그리스도 따르기**

## 1) 제자가 되고자 하는 적극적인 사람들

예수님이 이곳저곳을 방문하실 때마다 사람들이 나와 제자 되기를 청하였다. 병자를 고치고 기적이 일어날수록 사람들의 관심은 더했다. 무리들이 주님을 에워싸기도 했다. 마태복음 8장을 보자.

마침 저편으로 건너가자 하시는데 서기관 한 사람이 나아와 말한다.

"선생님이여 어디로 가시든지 저는 따르리이다"(마8:19).

아주 적극적이다. 그러나 주님은 소극적인 반응을 하신다. "여우도 굴이 있고 공중의 새도 거처가 있으되 인자는 머리 둘 곳이 없다"(20절). 그런데도 나를 따르겠느냐는 말씀이다. 제자 된다는 것은 이처럼 어려운 상황에 처하는 것인데 그것을 이길 수 있겠느냐는 것이다.

제자는 적극적인 태도가 중요하다. 하지만 그리스도의 제자 된다는 것은 그보다 더한 커미트먼트가 필요하다. 이런 의미에서 주님의 태도는 결코 소극적 반응이 아니다. 상대의 적극성을 이끌어내는 소극성이다. 그런 각오를 가지고 어디든 나를 따르라는 말씀이다.

## 2) 제자이면서 소극적인 사람들

21절과 22절에 소개된 또 다른 제자와의 담화 내용은 위의 경우와 아주 다르다. 제자 가운데 한 사람이 말한다. 이 제자는 예수의 12제자 가운데 하나라기보다 열두 제자 외에 예수의 가르침을 받고자 따르던 여러 제자 중 하나로 간주되고 있다.

"주여 내가 먼저 가서 내 아버지를 장사하게 허락 하옵소서"(21절).

소극적이다. 이에 반해 주님은 아주 적극적이시다.

"죽은 자들이 그들의 죽은 자들을 장사하게 하고 너는 나를 따르라"(22절).

그는 예수를 따르는 제자이다. 그럼에도 불구하고 지금 아버님이 돌아가셨기 때문에 제자 역할을 수행하기에 어려움이 있다는 것이다. 그러므로 이 문제를 고려해 주실 수 없겠느냐는 것이다. 이에 대한 주님의 답은 매우 단호하고 적극적이시다. "죽은 자들이 그들의 죽은 자들을 장사하게 하고 너는 나를 따르라."

상을 당한 제자를 이해하지 못할 만큼 주님은 매정하신가. 아니면 불효를 하라는 말씀이신지 종잡을 수 없다. 하지만 주님을 매정하신 분, 또는 효를 무시하는 분으로 생각지진 말자. 주님은 그 뜻으로 말씀하신 것이 아니다.

장례를 치루지 말라는 것도 아니다. 장례 치루는 일은 허락하셨다. 그런데 문제는 죽은 자들로 하여금 죽은 자들을 장사하게 하라는 그 말씀이다. 이 말씀은 이해하기 아주 어려운 구절이다.

## 3) "죽은 자들이 죽은 자들을 장사하게 하고"의 다양한 해석

### (1) 영적으로 죽은 자와 육적으로 죽은 자의 구분

22절 말씀에 대해 여러 해석이 있다. 그 가운데 가장 많이 지지를 받는 것은 영적으로 죽은 자와 육적으로 죽은 자의 구분이다. 22절에 죽은 자가 두 가지 경우로 소개되어 있다. 앞의 죽은 자는 영적으로 죽은 자(불신자)이고, 뒤의 죽은 자는 육체적으로 죽은 자이다. 영적으로 죽은 자는 아직 죽지 않았다 해도 앞으로 죽을 자이다. 예수를 믿지 않는 불신자로 하여금 지금 육체적으로 죽어 있는 자를 장사하도록 하라는 것이다. 이 말씀은 여러 교훈을 준다.

주님의 사역은 생명의 사역이라는 것이다. 그리스도의 사역은 생명에 관계된 일로, 땅위의 그 어떤 일도 그리스도를 따르는 것보다 중요한 일이 없다는 것이다.

복음 선포의 긴박성이다. 지금 이 말씀을 하시는 정황을 보자. 주님은 제자들과 함께 배를 타고 건너편으로 가기로 이미 결정하셨고, 배는 항구를 떠나려 한다. 그런데 이 제자는 장례문제로 주저하고 있다. 이 땅에서 주님의 일은 급박한데 우리 일로 지체될 수는 없다. 제자로서의 아이덴티티를 확실히 하라는 것이다. 제자의 아이덴티티는 예수를 따르는 것이다. 그 선택에서 제자가 해야 할 일은 합류지 다른 길은 없다. 이 경우 장례는 다른 친척들에게 맡길 수밖에 없다.

기회의 우선순위를 확고히 하라는 것이다. 영적으로 살기를 바라는 자의 우선순위는 다르다. 죽은 부친의 장례는 다른 친척들도 얼마든지 치룰 수 있다. 하지만 영적인 기회는 한번 지나가 버리면 영원히 다시 만날 수 없는 경우도 있다. 그러므로 이 기회를 놓치지 말라는 것이다.

관계의 우선순위이다. 영적인 관계는 이 세상 어떤 관계보다도 앞선다. 가족 관계라 할지라도 영적 관계를 앞설 수 없다. 주님의 제자는 희생이 따른다. 주님은 따름에 있어서 그 어떤 예외를 두지 않으신다. 주님은 완전한 충성을 요구하신다. 주님의 말씀에 순종함에 있어서 가족관계도 예외일 수 없다.

신적인 명령은 거부할 수 없다는 것이다. 예수님은 그를 향해 "나를 따르라"하셨다. 어떤 상황에서도 이 부르심을 가볍게 생각하거나 거역해서는 안 된다는 해석이다.

## (2) 유산상속에 관련된 해석

당시 풍습으로 아들이 아버지의 장례에 참석하면 그 아들은 유산을 상속받을 수 있지만 참석하지 않을 경우 상속을 받지 못할 수 있다. 그러므로 주님의 말씀은 유산, 곧 돈에 너무 집착하지 말라는 의미이다. 재물이 더 중한가, 아니면 주님이 더 중한지 그 우선순위를 바로 하라는 말씀이다.

## (3) 중단될 수 없는 제자 사역

나중이 아니라 지금 그리고 계속해서 따르라는 말씀이다. "나를 따르라"는 명령은 현재진행형이다. 장례를 치게 되면 장례 참석은 물론이고 법적인 절차, 상속문제 등을 처리하는 데 시간이 걸린다.

적어도 1년, 많게는 2년이 소요될 수 있다. 장례문제를 빌미로 제자로 주님 따르기를 당분간 쉬겠다는 것이다. 우리도 이런저런 이유를 대며 중단하고자 하지 않는가. 그러나 그리스도의 참 제자라면 주의 부르심에 중단은 없다.

### (4) 장사보다 중병설(?)

첫 번째 해석은 교훈의 큰 틀에서 어느 정도 이해가 가능하다. 하지만 이 해석은 장례라는 대사를 두고 사람을 신자와 불신자 등 이분법으로 구분하고, 불신 친척들은 효를 행하지만 예수를 믿는 제자는 효를 행하지 못하는 문제를 낳는다. 장례에서 아들의 역할은 필수적이다. 특히 유대인들에게 있어서 죽은 사람을 장사지내는 일은 모든 일보다 우선하는 종교적 의무로, 율법을 공부하는 일보다 앞섰다. 따라서 이러한 의무를 이행하지 않는다는 것은 상상할 수 없다.

따라서 이 문제에 대한 합리적인 답을 찾기 위해 어떤 이는 제자가 말하는 아버지의 장사를 장례식으로 보지 않고 그의 아버지가 노쇠하거나 중병에 걸려 있는 것으로 상정한다. 언제 돌아가실지 모르기 때문에 아버님을 잘 돌보고 장례까지 치룬 다음 다시 오겠다는 것이다. 효를 행하는 동안 제자의 역할은 잠시 중단된다. 이에 대해 주님은 제자의 역할은 어떤 경우에서라도 중지될 수 없다는 뜻으로 그렇게 말씀하셨다는 것이다.

그러나 이 해석은 장사를 장사로 해석하지 않고, 말씀을 왜곡시킬 우려가 높다. 지금 우리 시각으로 해석하기 어렵다고 해서 말씀을 자의적으로 상정한다면 더 큰 문제를 낳을 수 있다.

## 4) 제자도 다시 생각하기

주님을 따르려는 사람들에 대해, 그리고 그를 따르는 제자들에 대해 주님은 아주 적극적이다. 소극적으로 말씀하신다 해도 그것은 그들을 적극성으로 이끌기 위해 의도적으로 하시는 말씀이다.

소극적인 제자들에 대해서는 세상이 생각하는 이상으로 더 적극적이어야 한다는 것을 강조하신다. 장사문제에 있어서도 그 문제를 그렇게 소중하게 생각하는 유대 율법주의들의 생각과 달리 주의 일을 더 중시하신다. 주님은 말씀하신다. "죽은 자들이 그들의 죽은 자들을 장사하게 하고 너는 나를 따르라." 이 극명한 말씀이 주님의 생각을 그대로 드러내고 있다.

그러나 이 구절은 매우 이해하기 어렵다. 이 난해 구절에 대해 여러 해석을 살펴보았다. 이 해석 가운데 어느 것이 주님의 뜻을 정확히 반영하는가를 말하기는 쉽지 않다. 첫 번째 해석이 가장 유력하고, 두 번째와 세 번째 해석도 많은 지지를 받고 있다.

중요한 것은 제자도가 어떤 것인가 하는 것이다. 주님은 이 말씀을 통해 우리로 깨닫게 하신다. 제자는 주님을 가장 우선순위에 놓아야 한다. 주님을 아이팟, 부모, 친척, 친구, 학교, 휴가, 재물, 명예 그 모든 것과 섞어놓지 말자. 그리스도인에게 있어서 주님은 우선순위중 제일이요 키다. 그것이 돈이든 가족이든 주님보다 앞설 수 없다. 주님의 일은 장사보다 더 급하고 중요한 일이다. 주님 외에 다른 것은 비우고 또 비우자. 우리 속에 주님의 파이를 더 넓히자. 그리고 주님의 일은 전진이 있을 뿐이다. 중단은 없다. 따라서 제자의 직분은 언제 어디서든 중단될 수 없다.

# 5. 황금과 유향과 몰약

## 1) 황금과 유향과 몰약

"저희가 별을 보고 가장 크게 기뻐하고 기뻐하더라 집에 들어가 아기와 그 모친 마리아의 함께 있는 것을 보고 엎드려 아기께 경배 하고 보배 합을 열어 황금과 유향과 몰약을 예물로 드리니라"(마 2:10, 11).

동방박사들은 황금과 유향과 몰약을 왜 예물로 드렸을까? 신학자 들 가운데는 황금과 유향과 몰약은 왕, 제사장, 그리고 선지자로서 예수님의 역할을 상징한다고 주장한다.

황금(gold)은 왕권을 상징한다. 왕은 왕관을 쓰고 금띠를 찬다. 예수는 만왕의 왕이요 평화의 왕이다. 우리는 어떻게 황금을 주님 께 선물로 드릴 수 있는가? 주님을 왕 중의 왕, 영원한 왕임을 고 백하고 그분의 말씀과 그분의 뜻에 복종함으로써 지금도 황금을 예물로 드릴 수 있다. 요한계시록을 보면 심판의 보좌 앞에 선 24 장로들이 자기의 면류관을 보좌 앞에 던지며 찬양한다(계4:10). 영 광을 받으실 분은 우리가 아니라 오직 주님이심을 보여준다. 그 관 은 우리가 써야 할 관이 아니다. 그분만이 우리의 왕이요 그분만이 그 관을 쓰기에 합당하시다. 오늘도 우리의 겸손한 삶을 통해 그 면류관을 주님께 돌려드려야 한다.

유향(乳香, frankincense)은 유향나무에서 나온 진액이나 껍질에 상처를 내 흘러나오는 액즙을 말린 것이다. 그 향이 아주 좋아 고대에서는 제사를 드릴 때 방향제로 사용했다. 출애굽기를 보면 하나님은 성막에서 제사를 드릴 때 향을 사용하도록 했고, 그 때 여러 향품에 유향을 섞도록 하셨다(출30:34). 따라서 유향은 제사장에게 드리는 선물임을 알 수 있다. 예수님은 우리를 하나님과 화목케 하시는 대제사장이시다. 그분은 죄인인 우리가 하나님께 갈 수 있게 길을 열어 주고, 문을 열어준 분이시다. 지금도 우리를 위해 간구하신다.

"예수는 영원히 계시므로 그 제사 직분도 갈리지 아니하나니 그러므로 자기를 힘입어 하나님께 나아가는 자들을 온전히 구원하실 수 있으니 이는 그가 항상 살아서 저희를 위하여 간구하심이니라"(히7:24, 25).

우리는 어떻게 유향을 주님께 선물로 드릴 수 있는가? 오늘도 예수가 우리의 대제사장임을 고백하고, 예수님처럼 사람들에게 복음을 전하며 하나님과 화목케 한다면 그것은 유향을 선물로 드리는 것과 같다.

  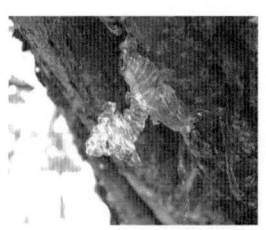

유향나무                           유향 눈물

 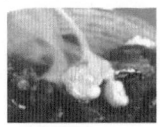

유향          유향 태우기

바울은 우리를 가리켜 그리스도의 향기라 했다. "우리는 구원 얻는 자들에게나 망하는 자들에게나 하나님 앞에서 그리스도의 향기니"(고후2:15). 그리스도의 향기가 없으면 그리스도인이 아니라는 얘기다.

요한계시록 5장을 보면 네 생물과 24장로들이 어린양 앞에 엎드렸고, 그 손에 거문고와 향이 가득한 금 대접을 가졌다. 이 향은 성도의 기도들이라 했다(계5:8). 향기 가득한 금대접이다. 이것은 우리가 어떤 삶을 사느냐에 달려있다. 우리 삶이, 우리 믿음이 향내를 내지 못하면 금 대접에 오를 수 없다.

몰약(沒藥, myrrh)은 아랍어로 쓰다(murr)는 말에서 나왔다. 쓰지만 향이 있어 기분을 좋게 한다. 헬라어로는 muron(μύρον)이라는 단어를 사용하는데 이것은 향료라는 뜻을 가지고 있다. 몰약은 통증 완화, 소독, 방부제로 여러 용도로 사용되어 왔다. 예수님이 십자가에 달리셨을 때 로마 군인들이 신 포도주, 곧 몰약을 탄 포도주를 가져다주었다(마27:34). 이것이 진통제 역할을 하기 때문이다. 그러나 주님은 그것을 거부하셨다. 고통을 경감하고자 했다면 처음부터 십자가를 지지 않으셨을 것이다. 아니 이 세상에 오지도 않으셨을 것이다. 주님의 사랑은 그 고통만큼이나 크다. 당시에는 방부를 위해 죽은 자의 몸에 몰약을 바르거나 또는 죽은 자의 몸에서 나는 악취를 제거하기 위해 몰약을 태우기도 했다. 네로는 그의 아내 파페아의 장래를 위해 많은 몰약을 사용했다고 한다. 니고데모도 예수님의 장례를 준비하기 위해 몰약과 침향을 가져왔다(요19:39). 몰약은 요긴하게 사용할 수 있는 만큼 매우 귀해서 유향보다 고가에 거래되었다.

한 마디로 몰약은 십자가다. 몰약은 예수가 장차 우리를 위해 십자가 위해서 고난 가운데 죽으시고 우리를 낮게 하실 것을 예표 한다. 그의 죽으심과 구원에 감사하고 미리 기념하는 것이다. 이처럼 예언적 성격을 띠므로 몰약 예물은 선지자이신 주님께 드리는 예물로 본다.

아가서 1장 13절에 "나의 사랑하는 자는 내 품 가운데 몰약 향낭이요"이란 말씀이 있다. 예수님을 몰약 향낭이라 한 것이다. 향낭이 뭘까. 몰약은 유향처럼 나무껍질이 자연히 쪼개지거나 칼자국을 낼 때에 나무껍질 속에 있는 수지관에서 흘러나온다. 공기에 노출되면 이 유체는 점점 딱딱해지면서 방울들과 불규칙한 덩어리들을 만드는데 이것을 '눈물'이라 부른다.

몰약 나무                                   몰약

아가서는 주님을 단지 한 방울의 눈물이 아니라 향낭, 곧 몰약 덩어리라 표현하고 있다. 몰약이 잔뜩 들어있는 향낭이다. 그 많은 눈물을 바로 우리에게 사랑이란 이름으로 주셨기 때문이다. 몰약 향낭은 우리를 낮게 하기 위해 주님이 흘리신 그 많은 눈물과 피를 상징한다.

우리는 지금 어떻게 몰약을 예물로 드릴 수 있을까? 주님이 나를 위하여 십자가의 죽으심을 믿고 감사하며, 예수처럼 자신을 희생하며 하나님의 사랑을 전하고 실천하면 주님께 드리는 몰약이 될 수 있다.


## 2) 우리가 드려야 할 황금과 유향과 몰약

지금은 그리스도인이 많아 아기 예수께 드리고 싶은 것이 많을 것이다. 그런데 당시 주님은 아무도 알아주지 않는 가운데, 아무도 찾지 않는 가운데 외롭게 태어나셨다. 그럼에도 불구하고 주님을 찾아온 몇 사람들이 있었다. 가까이서는 베들레헴의 목자들, 그리고 멀리서는 동방박사들. 마치 대표단 같다. 구주 탄생은 우리의 생각과는 달리 너무 초라하게 오셨다. 지금 같으면 각국 대통령은 물론이고, 각계에서 빠짐없이 참석하느라 베들레헴이 좁을 것이다.

동방에서 온 이 박사들은 전에 관찰하지 못했던 이상한 별을 따라 왔으므로 천체연구를 하는 사람으로 이해되고 있다. 또 몇 사람이 찾아왔는지 명확하지 않다. 세 가지 예물로 미루어 그저 세 사람이었을 것으로 추정하고 있다.

우리는 그들 못지않게 주님을 사랑하는 사람들 아닌가. 이제 우리도 그들처럼 주님을 찾아가 당시에 가장 귀하게 여겼던 황금과 유황과 몰약을 드리자. 주님을 향한 우리의 황금 같은 믿음과 유향 같은 사랑과 몰약 같은 헌신을 드리자.

황금과 유향과 몰약, 그 모두 귀한 것들이었다. 구약시대에 그것들은 모두 귀중한 교역품목이었다. "그들이 앉아 음식을 먹다가 눈을 들어 본즉 한 무리의 이스마엘 사람들이 길르앗에서 오는데 그

낙타들에 향품과 유향과 몰약을 싣고 애굽으로 내려가는지라"(창 37:25). 요셉이 팔려갈 때 바로 약대 상들이 취급하던 품목도 그것이었다. 또한 야곱이 애굽의 총리에게 줄 선물품목에도 그것을 잊지 않도록 했다. "그들의 아버지 이스라엘이 그들에게 이르되 그러할진대 이렇게 하라 너희는 이 땅의 아름다운 소산을 그릇에 담아 가지고 내려가서 그 사람에게 예물로 드릴지니 곧 유향 조금과 꿀 조금과 향품과 몰약과 유향나무 열매와 감복숭아이니라"(창43:11).

아가서 여러 곳에서도 이것의 귀중함을 노래한다. "몰약과 유향과 상인의 여러 가지 향품으로 향내 풍기며 연기 기둥처럼 거친 들에서 오는 자가 누구인가"(아3:6). "나도와 번홍화와 창포와 계수와 각종 유향목과 몰약과 침향과 모든 귀한 향품이요"(아4:14). "날이 저물고 그림자가 사라지기 전에 내가 몰약 산과 유향의 작은 산으로 가리라"(아4:6). 이 귀한 것 드려 주님을 찬양하자. 우리의 모든 것 주님께 드려도 아깝지 않으리라.

## 3) 이사야 60장의 찬양과 61장의 큰 구원의 기쁜 소식

이사야 60장은 시온에 미칠 하나님의 큰 구원에 대해 예언하는 말씀을 담고 있다. 그 가운데 허다한 약대, 스바의 사람들이 금과 유향을 가지고 와 찬송하는 장면이 소개되고 있다.

"허다한 약대, 미디안과 에바의 젊은 약대가 네 가운데 편만할 것이며 스바의 사람들은 다 금과 유향을 가지고 와서 여호와의 찬송을 전파할 것이며"(사60:6).

그리고 이사야 61장은 우리들에게 미칠 큰 구원의 기쁜 소식을 전한다. 메시야가 오실 것에 대한 소식이다. 그분은 가난한 자에게 아름다운 소식을 전할 자, 마음이 상한 자를 고칠 자, 슬픈 자를 위로하는 자, 희락의 기름과 찬송의 옷을 입히는 자, 여호와의 영광을 나타낼 자시다(사61:1-3).

그분은 오래 황폐하였던 곳을 다시 일으키시는 분이고, 영영한 기쁨을 주시며, 우리와 영원한 언약을 세우고 그대로 이행하는 분이시다(사61:4, 7, 8). 그 후손은 복 받은 자다. 그분이 바로 우리 주 예수 그리스도시다.

이사야는 이렇게 찬양한다. "내가 여호와로 인하여 크게 기뻐하며 내 영혼이 나의 하나님으로 인하여 즐거워하리니 이는 그가 구원의 옷으로 내게 입히시며 의의 겉옷으로 내게 더하심이 신랑이 사모를 쓰며 신부가 자기 보물로 단장함 같게 하셨음이라 땅이 싹을 내며 동산이 거기 뿌린 것을 움돋게 함같이 주 여호와께서 의와 찬송을 열방 앞에 발생하게 하시리라"(사61:10, 11).


동방박사들은 황금과 유향과 몰약을 드렸다. 헤롯왕은 죽일 궁리를 하는데, 당시 종교지도자들은 베들레헴에서 구주가 난다는 사실을 알면서도 관심을 보이지 않았다. 그럼에도 불구하고 동방의 박사들이 그 험로를 마다하지 않고 말구유까지 찾아와 예물을 드리고 경배했다. 얼마나 놀라운 일인가.

주님은 누구신가. 이사야 60장에는 스바의 사람들이 약대들을 타고 금과 유향을 가지고 와 여호와의 찬송하는 장면을 소개하였다. 주님은 우리를 진토에서 일으키시고, 슬픔 가운데서 찬송이 있게 하신 분이다. 그분은 우리의 찬송을 받기에 너무나 합당한 분이시다.

당시에 동방박사들이 있었다면 이 시대 우리는 어떻게 해야 할까. 황금과 유향과 몰약을 내가 취할 것이 아니라 주님께 드려야 하지 않을까. 지금 우리도 그것을 주님께 드릴 수 있다. 황금 같은 믿음과 유향 같은 사랑과 몰약 같은 헌신이다. 우리가 주님을 위해 황금이 되고, 유향이 되고, 몰약이 되는 것이다. 우리가 그것을 온전히 내놓을 때 주님은 기뻐하신다. 그리고 말씀하신다. "착하고 충성된 종아." 이렇듯 기뻐하시는 주님의 모습을 상상해보라. 이제 당신이 그 기쁨이 될 차례다.

 **6. 당신, 진짜 죽었습니까?**

### 1) 도은미 사모의 고백

도은미 사모. 그가 쓴 책에 「고쳐 달라 말고 죽여 달라 하라」는 것이 있다. 우선 그 책의 이야기 속으로 들어가 보자.

어느 날 별 것 아닌 것 가지고 3일 동안 남편과 말도 하지 않고 지난 사건이 벌어졌다. 어느 날 밤 브라질 식단으로 정성껏 저녁상을 준비했는데 밖에서 들어온 남편이 말한다.

"이렇게 정성껏 저녁을 준비했는데 어쩌지? 정말 미안하지만, 나 오늘 라면 먹고 싶어!"

실은 점심을 잘 먹고 왔기 때문에 저녁은 간단히 먹고 싶었다. 남편은 계속 라면을 고집했다. "라면은 내일 먹고, 오늘은 이것 먹읍시다." "라면 끓여달라니까. 내 말 안 들려." 할 수 없이 라면을 끓여주었지만 화가 나서 미칠 지경이다.

결국 3일을 말을 하지 않고 지냈다. 그래도 남편은 전에 약속한 철야기도를 해주었다. 온누리 교회 성령축제에 강사로 초빙 받은 사모를 위해 40일 철야기도를 하기로 했기 때문이다. 세상에 강사 초빙 받았다고 40일 철야 기도한다는 얘기는 처음이다.

그런데 자신을 위해 철야 기도하는 남편 황 목사조차 밉다.

"위선자! 내 속을 새까맣게 태워놓고 기도가 나오니? 황 목사, 당신이야말로 위선자다."

그러면서도 "왜 별것도 아닌 것을 가지고 이렇게 잘 삐칠까, 왜 나를 위해 기도해주는 사람을 위선자라 욕할까. 왜 난 내 의만 강할까."하는 생각들이 들락거렸다.

자기도 철야를 한다고 엎드렸다. 너무 부끄러워 고개를 들 수 없었다. 어느 새 바닥을 치며 통곡을 하고 있었다.

"하나님, 날 좀 고쳐주세요. 제발 날 좀 고쳐주세요."

간절한 마음으로 흐느끼고 있는데, 한 소리가 그의 심령 속에 들어왔다.

"은미야, 고쳐 달라고 하지 말라. 죽여 달라고 해라!"

순간 그는 너무 놀라 거꾸러졌다. 아! 그렇구나! 고쳐지는 것이 아닌데, 죽는 것인데. 그 음성을 들은 후 그는 깨달았다. 그리고 점점 치유되었다. 그리고 이 경험을 바탕으로 새사람 학교를 세우고, "이제 나는 죽었고 예수님이 사셨다." 선언하며 사람들을 만나 앞으로 나로 살지 말고 예수로 살라고 외친다. 사소한 밥상 싸움에서도 하나님은 이처럼 강하게 역사하신다.

도은미는 말한다. "충돌하라. 그러면 진짜 나를 만난다." 그 충돌을 통해 내가 얼마나 나쁜 사람인가를 알게 된다. 치유는 거기에서 출발한다.


## 2) 우리 모두 앓고 있는 병, 자기중심의 병

누가 묻는다. 죽은 자와 산자의 차이는 무엇일까?

"산 자는 서서 다니지만 죽은 자는 누워있다." 그런데 어떤 이가 말한다. "발동의 작품에선 죽은 자가 산자를 깨물며 공격을 하데요."

"그건 작품 얘기지요."

"산 자는 말을 하지만 죽은 자는 말이 없다."

"산 자는 남을 욕하고 말이 많습니다. 공동묘지에 가서 실컷 욕해보세요. 그분들은 다 참습니다. 자기자랑도 안 해요. 너무 얌전하세요."

그렇다. 죽은 자는 말이 없다. 그러나 산자는 말이 있다. 아니 말이 너무나 많다. 그런데 자세히 살펴보면 그 말은 주로 자기 말이다. 자기를 크게 내보이고, 선전하고, 알아주기를 바라고.

문제는 자기를 알아주면 기분이 들뜨고 자기를 알아주지 않으면 섭섭하다는 것이다. 들뜸의 정도가 지나치면 자만에 빠지고, 섭섭함의 정도가 깊어지면 우울증에 빠진다.

자만은 교만을 먹고 산다. 교만이 깊어지면 자기만 보이고 남이 보이지 않는다. 자기 속에 남은 없고 자기만 있다. 남이 존중 받으면 슬슬 배가 아파오는 증세가 있다. 이 증세가 심하면 잠이 오지 않는다. "어떻게 그가 내게 그런 말을 할 수 있어."

우울증도 자기로의 도피다. 자기 안에 울타리를 쳐놓고 아무도 들어오는 것을 허락하지 않는다. 그러면서 아무도 나에게 관심이 없다며 슬퍼한다. 자기연민에 빠져있다. 우리 모두 자기 병을 앓고 있다. 자기중심의 병이다.

처칠도 우울증을 앓았고, 설교자 스펄전, 종교개혁자 마르틴 루터, 철학자 키르케고르, 성경 번역가 필립스 등도 그 병을 앓았다. 그렇게 성공한 분들도 그 병을 앓았다니 의외라는 생각이 든다. 하지만 우리 모두는 인간으로써 한계를 가지고 있음을 보여준다.

우울증이 나쁘기만 한 것은 아니다. 하나님은 그 깊은 슬픔과 소외감 속에서도 역사하시기 때문이다. 나 자신을 돌아보고, 주님 앞으로 나가게 만들기 때문이다. 그 때 우리는 주님 앞에 나아가 무릎을 꿇어야 한다. 그리고 주님의 소리에 주목하고 스스로 물어야 한다.

> "아무든지 나를 따라오려거든 자기를 부인하고 자기 십자가를 지고 나를 좇을 것이니라"(마16:24).

"주님은 네 자신을 부인하라 하셨는데 나는 정말 죽었는가?" "당신은 진짜 죽었는가?"

우리는 모두 나 자신을 크게 그리며 사는 사람들이다. 얘기를 해도 그것에서 자기가 주인공이 되기 바라고, 많은 사람들이 자기에게 집중하기를 바란다. 다른 사람에 대해서는 사실 관심이 없다. 내 이름은 어느 누구의 이름보다 크고 귀하다. 당신은 지금 당신교의 교주이다.

바리새인도 모두 당신교의 교주들이었다. 그들은 사람들의 시선을 독차지하고 싶어 했다. 하지만 주님은 그들에게 질타를 보내셨다. "너희들이 하나님을 믿는다고. 당신들 마음속에 하나님은 없어. 오직 너희들만 있다." 주님 보시기에 그들의 기도도 위선이었고, 그들이 드리는 십일조도 위선이었다. 그들의 신앙생활 모드에 문제가 있다. 지금 우리가 그들과 무엇이 다른가.

이제 교주 자리에서 내려와야 한다. 아니 교주심리를 과감히 버린다. 이를 위해 사람들로부터의 칭송을 멀리하라.

> "화있을진저 너희 바리새인이여 너희가 회당의 높은 자리와 시장에서 문안 받는 것을 기뻐하는도다"(눅11:43).

높아지고자 하는 마음도 버리라. 높아지려는 자는 반드시 추락한다. 액턴 경은 말했다. "권력은 부패를 낳고 절대 권력은 절대적으로 부패한다." 우리는 모두 내 문제에 관한 한 내 스스로 절대 권력을 행사하고자 한다. 나를 가장 높은 곳에 올려놓고 절대 내려놓지 않으려 한다. 나를 무시하면 가차 없이 공격한다. 교만은 바로 그것에서부터 시작된다.

우리는 지금 영적으로 부패해 있다. 아니 깊은 병에 들어있다. 그 병을 치유하지 않고서는 주님 앞에 온전히 나갈 수 없다. 신앙생활을 해도 늘 거기에 서 있다. 가다가도 다시 돌아온다. 나 자신을 십자가 위해 못 박지 않는 한, 나 자신을 죽이지 않는 한 발전이 없다. 남이 문제가 아니라 내가 문제다. 내가 지금 주님의 대적이 되고 있다.

## 3) 자기를 불쌍히 여기라

그는 갇혀 있었다. 여기서 그는 바로 우리다. 남이 아니다. 캄캄한 감옥에. 어디를 둘러보아도 벽이었다. 그는 소리소리 질렀다. 주먹으로 벽을 쳐도 보고, 발로 차도 보았다. 그러나 감옥은 꼼짝도 하지 않았다. "아아!" 그는 기진맥진하여 쓰러졌다. 이 때 어디에선가 들려오는 소리가 있었다.

"나오너라!"

그는 대답했다. "어디로 나갑니까? 사방이 벽인데요."

"네가 둘러친 벽이면서 뭘 그러느냐!"

"내가 언제 이런 감옥을 지었단 말입니까? 나는 결코 이런 무서운 벽을 만든 적이 없습니다. 도대체 이 감옥 이름이 무엇입니까?"

"'나'라는 감옥이다! 지금 너는 '나'라는 감옥에 갇혀 있는 거야!"

"어찌 이런 감옥이 생길 수 있다는 말입니까?"

"너만 아는 너의 이기주의 때문이지!"

그는 두 무릎 사이에 얼굴을 묻고 울기 시작했다.

"가장 무서운 이기주의라는 감옥에서 나오라."

이것은 우리를 향한 주님의 목소리다. 이제 감옥에 갇힌 나를 불쌍히 여기라. 아니 그 나를 붙잡고 울라. 우리는 이미 사단과의 싸움에서 지고 있기 때문이다.

사단은 언제나 하나님보다 우리 자신을 크게 생각하며 살라고 부추긴다. "네가 중요한 거야. 즐겨. 살아봤자. 한 세상이지. 죽으면 모든 것은 끝나. 너를 위해 살아. 그것이 중요한 거야."

우리는 사단의 집요하고, 달콤한 말에 속고 있다. 아니 속는지 모르고 속고 있다. 우리도 이미 사단 쪽으로 기울었다. 거짓된 감정에 속고 있는 것이 그 증거다. 그렇게 해서 사단은 우리로 하여금 하나님 쪽으로 기우는 우리 마음을 빼앗는다. 주님이 주시고자 하는 평안, 곧 하늘의 기쁨을 누리지 못하도록 막는다. 신앙생활을 한다 하면서도 기쁨이 없는 것은 사단이 그 순간 우리 마음을 완전히 점령했기 때문이다. 점령군에게 두 손 든 당신을 불쌍히 여기라.

그런데, 그런 나를 향한 하나님의 모습을 보라.

> "너의 하나님 여호와가 너의 가운데 계시니 그는 구원을 베푸실 전능자시라 그가 너로 인하여 기쁨을 이기지 못하여 하시며 너를 잠잠히 사랑하시며 너로 인하여 즐거이 부르며 기뻐하시리라"(습3:17).

하나님이 이 말씀을 하실 때는 하나님께서 기뻐하실 상태가 전혀 아니었다. 예루살렘에 심판을 하고 포로가 될 것을 말씀하시는 가운데 이 말씀을 하신 것이다. 하나님은 왜 그런 말씀을 하실 수 있었을까? 그것은 그들이 다시 돌아오게 될 것을 아셨기 때문이다. 그들이 회개하고 돌아올 날을 미리 보시고 그 모습을 생각하며 이처럼 기뻐하신 것이다. 이 기쁨은 사단도 어찌할 수 없다. 회개하고 돌아오면 주님은 우리에게 구원의 팔을 펴신다. 불쌍한 나를 향해. 아주 넓게. 아주 높이. 우리를 향한 그 모습, 그 아버지의 모습, 탕자를 끌어안는 그 모습에 눈물이 나지 않는가.

## 4) 자기를 버리라

이제 우리가 해야 할 일은 거짓된 자아에 속고 있는 나, 탐욕과 질투로 포장된 나를 더 이상 존중하지 않는 것이다. 거짓된 가치관을 참으로 간주하며 속고 있는 나를 버리는 것이다. 아담 때부터 입은 그 거짓을 버린다.

잘난 모습, 강한 모습, 인기, 세상의 가치에 몰입해온 나를 불쌍히 여기고 더 이상 그 가치에 나를 세우지 않는다. 과거에는 그것이 나의 절대적 가치로 작용했지만 이젠 그 모든 것을 과감히 상대화 시킨다. 그리고 우리의 최우선순위를 주님이 원하는 삶, 주님을 닮아가는 삶으로 바꾼다.

바울은 자기의 모든 것을 배설물처럼 여겼다. 그가 그토록 소중히 여겼던 것을 버렸다. 그리고 우리로 하여금 나를 버리도록 한다. "모든 이론을 파하며 하나님 아는 것을 대적하여 높아진 것을 다 파하고 모든 생각을 사로잡아 그리스도에게 복종케 하니"(고후10:5). 철저한 자기포기다. "그리스도 예수의 사람들은 육체와 함께 그 정과 욕심을 십자가에 못 박았느니라"(갈5:24). 대단한 변화선포다.

우리도 말씀에 어긋난 모든 것에 대해 선을 긋고 행동에 나서야 한다. 어둠의 일, 빛의 생활에 어긋난 나의 모든 것, 말씀에 방해되는 것에 대해 대결을 선포해야 한다.

이제 그 말씀에 순종할 일만 남았다. 나의 생명을 더 이상 나에게가 아니라 주님께 희생 제물로 드려야 한다. 주님을 향해 나아가고 그를 따라야 한다.

하지만 나에겐 상대화할 수 있는 힘이 없다. 내가 할 수 있다고 말한다면 그것은 내 안에 교만이 아직 죽지 않았다는 증거다. 죽은 자가 할 수 있는 것은 그런 나를 불쌍히 여기고, 주님을 바라보는 것이다. 성령의 능력을 바라보는 것이다. 나는 할 수 없지만 주님은 할 수 있다.

자기를 버리는 일은 결코 쉽지 않다. 내안의 꽈리가 그것을 놓아주지 않는다. 그 단단한 고리로부터 자유하기 위해서는 대수술이 필요하다. 주님의 말씀을 주입하고, 성령의 능력으로 절단한다. 그때 비로소 나는 조금씩 거듭난다. 나의 말, 나의 생각을 내세우기보다 조금씩 양보하게 된다. "나는 언제나 옳고 너는 언제나 그르다"는 생각을 버린다. "나만이 최고"라는 생각도 버린다. 무슨 일을 하든지, 무슨 생각을 하든지 주님과 상의한다. 기도로, 말씀으로. "주님, 이렇게 하면 주님 뜻에 맞는 것일까요?" 우리는 지금 주님의 세미한 음성이 필요하다.

주님과의 동행은 아름답다. 그러나 그 아름다움을 유지하기 위해서는 지속적인 점검과 유지가 필요하다. 주님이 가시는 그 길을 나도 가고 있는지 확인한다. 목소리를 들을 땐 주님께 사이클을 맞춘다. 그것이 자기를 버리는 자의 삶이다.


## 5) 용서하라

자기를 버린 자는 남을 용서하고 용납한다. 자기를 버리는 대신 주님의 말씀으로 채우기 때문이다.

버린 자의 특징은 남의 말, 남의 생각을 조금씩 이해하고 용서한다는 것이다. 이해는 상대방 속으로 들어가는 것(understand), 용서는 상대의 마음과 같이 하는 것(恕), 곧 남의 입장에 서는 것이다.

용서할 수 없는 사람이 있는가? 섭섭한 사람이 있는가? 먼저 그 사람을 용서하라. 그 사람이 부모일 수도 있고, 친구일 수도 있으며 이성, 남편, 교인일 수도 있다. 상처를 입었다면 그 사람이 바로 용서의 대상이다.

내적 치유자는 당신을 눕혀놓고 말을 꺼내놓게 한다. 시간이 갈수록 내놓은 그 말들이 치유의 약으로 변한다. 때로는 빈 의자를 가져다 놓고 당신을 앉힌다. 그리고 말해보도록 한다. 그것으로 용서가 된다면 얼마나 좋을까. 용서하기 전에는 치유란 없다. 용서는 그만큼 가혹하다.

때로는 용서의 대상이 나 자신일 수도 있다. 자기를 용서할 수 없어 여기까지 끌고 온 사람은 철저하다 못해 무서운 사람이다. 완벽한 사람일수록 자신을 용서하지 못하고 자학하고 나는 왜 이것밖에 되지 않는가 자책한다. 자책은 자책골이다. 내 슈퍼에고 앞에 끌려온 나. 너무 불쌍해 보이지 않는가. 이 때 필요한 것이 자기연민과 자기용서다.

지기추상 대인춘풍(持己秋霜 待人春風), 자기 대하기를 가을의 서릿발처럼 하고 사람 대하기를 봄바람처럼 하라. 얼마나 좋은 말인가. 인간관계에서는 금언과 같지만 자기용서에 대해서는 독약과 같은 말이다. 남을 용서할 줄 아는 사람은 자기도 용서할 줄 알아야 한다. 자기를 아비의 심정으로 끌어안아야 한다. 그래야 하나님의 평화가 나의 이웃뿐 아니라 나에게도 자리를 잡을 수 있다.

진정한 그리스도인은 "나는 용서할 자격조차 없다"는 것을 아는 것이다. 모든 것을 내려놓고, 버린 자가 무엇이 남았기에 용서를 한다는 말인가. 용서고 말고가 어디 있는가. 오히려 나는 십자가로 용서받은 자인데. 그것만으로도 충분한데. 그 겸손함이 나를 더 완전한 사람으로 만든다.

상처가 있다면 그것을 주님 앞에 내놓으라. 서로 불쌍히 여기고 용서하라. 주님이 우리를 용서하심 같이.

> "너희는 모든 악독과 노함과 분냄과 떠드는 것과 훼방하는 것을 모든 악의와
> 함께 버리고 서로 인자하게 하며 불쌍히 여기며 서로 용서하기를 하나님이
> 그리스도 안에서 너희를 용서하심과 같이 하라"(엡4:31,32).

내가 용서하는 것이 아니다. 주님의 사랑이 내 안에 역사하도록 하라.

> "소망이 부끄럽게 아니함은 우리에게 주신 성령으로 말미암아 하나님의
> 사랑이 우리 마음에 부은바 됨이니"(롬5:5).

그 십자가 사랑으로 덮지 못할 것은 없다. 그 사랑이 너와 나를 치유한다. 그 사랑이 기름 붓듯 우리 안에 부어질 때 내면의 나, 그 단단한 나는 깨어진다. 주님의 피 묻은 손이 나를 일으키고, 나의 심장은 주님의 심장으로 바꿔진다.


## 6) 말씀을 가까이 하라, 주님께 다가서라

자기를 불쌍히 여기고, 자기를 버리고, 이웃과 자신을 용서한 사람에게 필요한 것은 날마다 자신을 정결하게 하는 일이다. 세수와

목욕이 나를 정결하게 하고, 빨래한 옷이 나의 건강을 지켜주듯 하나님의 말씀이 나를 깨끗하게 하고 정결하게 한다. 그 말씀에 나의 더러움 씻고, 아집을 빨아야 한다.

그러므로 하나님과 동행하는 사람은 먼저 하나님의 음성에 귀를 기울인다.

- "여호와는 선하시며 환난 날에 산성이시라 그는 자기에게 피하는 자들을 아시느니라"(나1:7).
- "그러나 여호와께서 기다리시나니 이는 너희에게 은혜를 베풀려 하심이요 일어나시리니 이는 너희를 긍휼히 여기려 하심이라 대저 여호와는 정의의 하나님이심이라 그를 기다리는 자마다 복이 있도다"(사30:18).
- "그의 노염은 잠깐이요 그의 은총은 평생이로다 저녁에는 울음이 깃들일지라도 아침에는 기쁨이 오리로다"(시30:5).

오늘 우울한가? 그렇다면 시편 77편을 읽으라. 그러면 주님께 한 걸음 더 다가설 수 있다.

- "또 주의 모든 일을 묵상하며 주의 행사를 깊이 생각하리이다"(12절)
- "회리바람 중에 주의 우뢰의 소리가 있으며 번개가 세계를 비취며 땅이 흔들리고 움직였나이다"(18절).

주를 묵상하면 할수록 주님이 얼마나 위대하신가를 알게 된다. 그 크고 위대하신 분이 당신을 지키시는 분이다. 그리고 자연을 보라. 한 동안 흐드러지게 핀 봄꽃은 사람들을 행복으로 인도했다.

그 자연 속에서도 주님의 놀라운 섭리가 있다. 그분의 섭리가 당신 안에도 있다. 주님이 우리 모두를 주의 꽃으로 곳곳에 피게 하시는 한 결코 우울할 이유가 없다.

## 7) 부활하라

자기를 버린 자가 꼭 거쳐야 할 마지막 관문이 있다. 그것은 부활하는 일이다. 새롭게 태어나는 것이다.

> "죽은 자의 부활도 이와 같으니 썩을 것으로 심고 썩지 아니할 것으로 다시 살며 [─] 육의 몸으로 심고 신령한 몸으로 다시 사나니 육의 몸이 있은즉 또 신령한 몸이 있느니라"(고전15:42, 44).

자기를 버린 자, 곧 자기를 십자가에 못 박은 자는 신령한 몸으로 태어난다. 이 땅에 하나님의 꽃으로 다시 태어난다.

> "그런즉 누구든지 그리스도 안에 있으면 새로운 피조물이라 이전 것은 지나 갔으니 보라 새 것이 되었도다"(고후5:17).

새로운 피조물은 생각도 다르고 행동도 다르다. 과거의 내가 아니다.

보스턴의 정신병원에 한 불쌍한 소녀가 수용되어 있었다. 소녀는 사람들을 공격하는 정서불안 증세를 가지고 있었다. 의사는 소녀에게 '회복 불능'이라는 소견을 냈다. '작은 애니'라 불리는 이 소녀에게 사랑을 보이는 사람은 아무도 없었다.

그는 부모와도 연락이 닿지 않은 가운데 고독한 날을 보냈다. 그런데 이 병원에 한 할머니 간호사가 있었다. 그는 매일 먹을 것을 들고 애니를 찾아 동무가 되어 주었다. 처음에는 아무 반응이 없던 애니는 6개월간이나 지극정성으로 찾아오는 할머니에게 마음을 열기 시작했다. 그 때부터 애니는 웃음을 찾았고 정상으로 돌아왔다.

어느 날 소녀는 한 신문기사에 눈을 떼지 못했다. "보고 듣고 말하지 못하는 삼중고의 헬렌 켈러라는 어린이를 돌볼 사람을 찾고 있습니다"라는 기사였다. 그는 이 글을 읽고 헬렌 켈러를 돌보기로 결심했다. 그리고 그는 자신의 경험을 살려 이 어린이의 평생 스승이 되었다. 이 사람이 바로 앤 설리번이다. 헬렌 켈러와 앤 설리번 선생의 이야기는 이렇게 시작된다. 다시 태어난 설리번.

미국 최초의 고등학교로 필립스 아카데미가 있다. 그 학교의 교훈은 'non sibi'이다. 이것은 '나 자신을 위해 살지 않는다(not for self)'는 뜻이다. 넌 시비 정신이 바로 학교의 건학 이념이다. 자신을 위해 살지 말고 지역, 국가, 세계를 위해 헌신하기 위해 공부하고 일하라. 그러면 하나님의 나라가 임한다.

다시 태어난 사람들은 다르다. 은사대로 봉사한다. 은사는 하나님이 우리 각자에게 주신 사랑의 무기이다. 다른 사람에게 좋은 영향을 미칠 때, 교회에 덕을 세울 때 그것을 사용한다. 사랑과 봉사로 길을 닦는다. 그것이 바로 그리스도인의 창조적 삶이다.


몰트만은 지평선 상의 태양을 보았다. 지평선은 어두워 가는 데 태양은 아직 밝다. 우리는 어둠과 밝음 그 사이에 있다. 어둠 쪽으로 조금만 가도 어둠 속에 있는 나를 보게 된다. 아직도 죽지 않은 나. 그러나 빛 쪽으로 조금만 가면 내가 아니라 주님이 보인다. 옛 사람은 보이지 않고 거듭난 내가 주님을 덧입는다. 우리의 몸이 비록 이 땅에 있다 할지라도 우리는 어둠의 자식들이 아니다. 그리스 도인은 달라야 한다. 어둠의 나를 불쌍히 여기라. 용서하라. 그리고 그것으로부터의 탈출을 과감히 시도하라.

주님은 우리를 가리켜 "너는 내 것이다"(사43:1), "보배롭고 존귀하다"(사43:4) 하셨다. 당신이 주안에서 새로워지기를 바란다면 지금 당신의 뒤틀린 자아를 십자가에 못 박고 그것을 옛 자아로 만들어야 한다. 고쳐 달라 기도하지 말라. 죽여 달라 하라! 정녕 당신이 죽고자 한다면 성령의 도우심을 받으라. 내 힘으로 할 수 없기 때문이다. 기름부음이 넘칠수록 당신은 더 새로워진다.

우리 속에 죽음의 고백이 넘쳐날 때 주님의 십자가는 더 의미 있게 다가올 것이다. 당신, 정말 죽었는가? 정말인가. 말로 죽는 것은 죽은 것이 아니다. 교만에 찬 당신의 자아가 십자가에 못 박히고, 창에 찔려야 한다. 물과 피를 흘려야 한다. 그리고 주님과 함께 부활해야 한다. 그게 당신이어야 한다. 주님은 그런 당신을 피 묻은 두 손으로 꼭 안아주실 것이다. "너는 내 것이다." "이제야 비로소 너는 내 것이 되었다." 그 순간 당신은 흐르는 눈물을 주체할 수 없을 것이다. "주님 사랑합니다." 오늘 이 고백이 당신의 고백이 되기를 기도한다.

# 양창삼

## ▌약 력

서울대학교 정치학과(학사, 석사)
서울대학교 대학원(경영학석사)
웨스턴일리노이 대학교(MBA)
연세대학교 대학원(경영학박사)
총신대학교 대학원(M. Div., Th. M.)
연변과기대 상경대학 학장
한양대학교 경상대학 학장
한양대학교 산업경영대학원 원장
현, 한양대학교 경상대학 경영학부 명예교수/목사

## ▌저 서

공의를 행하며 인자를 사랑하며(한국학술정보(주), 2009)
예수연구(한국학술정보(주), 2008)
고난의 신학(한국학술정보(주), 2008)
기독교세계관과 삶의 리포지셔닝(한국학술정보(주), 2007)
단순한 믿음이 주는 기쁨(기독신문사, 2005)
뒤틀리는 삶의 문제와 기독교적 답변(한양대학교 출판부, 2004)
자본주의 문화와 기독교의 사회적 책임(한양대학교 출판부, 2004)
21세기가 원하는 크리스천 리더(총신출판국, 2003)
평신도를 위한 신학 이야기(예영, 2003)
목회자, 당신은 일류인간(한국강해설교학교출판사, 2002)
영성회복의 신앙(기독신문사, 2001)
기독교교육행정(대한예수교장로회 총회, 2000)
교회행정학(총회교육국, 1998)
기독교와 현대사회(한양대학교 출판부, 1997)
교회경영학(엠마오, 1996)
기독교사회학의 인식세계(대영사, 1988)
그 외 다수

메디타치오 시리즈 5

너희가 사랑 가운데서
뿌리가 박히고

초판인쇄 | 2009년 10월 5일
초판발행 | 2009년 10월 5일

지은이 | 양창삼
펴낸이 | 채종준
펴낸곳 | 한국학술정보㈜
주  소 | 경기도 파주시 교하읍 문발리 파주출판문화정보산업단지 513-5
전  화 | 031) 908-3181(대표)
팩  스 | 031) 908-3189
홈페이지 | http://www.kstudy.com
E-mail | 출판사업부  publish@kstudy.com
등  록 | 제일산-115호(2000. 6. 19)

ISBN  978-89-268-0405-6 93230 (Paper Book)
      978-89-268-0406-3 98230 (e-Book)

내일을여는지식 은 시대와 시대의 지식을 이어 갑니다.

이 책은 한국학술정보(주)와 저작자의 지적 재산으로서 무단 전재와 복제를 금합니다.
책에 대한 더 나은 생각, 끊임없는 고민, 독자를 생각하는 마음으로 보다 좋은 책을 만들어갑니다.